삼국시대 사람들은 어떻게 살았을까 1

삼국시대 사람들은 어떻게 살았을까 1

한국역사연구회 지음

초판 1쇄 펴낸날 1998년 3월 14일
개정판 1쇄 펴낸날 2005년 7월 4일
전면개정판 펴낸날 2022년 7월 14일 초판1쇄
펴낸이 김남호 ｜ 펴낸곳 현북스
출판등록일 2010년 11월 11일 ｜ 제313-2010-333호
주소 07207 서울시 영등포구 양평로 157 투웨니퍼스트밸리 801호
전화 02)3141-7277 ｜ 팩스 02)3141-7278
홈페이지 http://www.hyunbooks.co.kr ｜ 인스타그램 hyunbooks
ISBN 979-11-5741-320-1 04910 ISBN 979-11-5741-287-7 (세트)

편집 전은남 이영림 ｜ 디자인 박세정 ｜ 마케팅 송유근 함지숙

한국역사연구회

삼국시대 사람들은 어떻게 살았을까

|전면 개정판|

고대인의 삶과 환경 **1**

현 북스

전면 개정판을 내며

역사학자들이 역사 대중화의 기치를 내걸고 대중과 소통하던 열정 넘치는 시대가 있었다. 1990년대 치열했던 역사 대중화를 위한 연구 활동과 열정, 그리고 그 성과로 '어떻게 살았을까' 시리즈가 시대별로 잇달아 나왔다. 부담 없이 무겁지 않게 옛사람들의 삶의 이야기를 담은 이 시리즈는 역사 대중화를 선도하여 스테디셀러가 되었다.

그로부터 20년이 넘게 흐른 지금, 역사는 여전히 무겁게 느껴진다. 21세기에 들어서 본격화되었던 역사 전쟁이 국정교과서 파동을 정점으로 잠시 잠잠해졌지만, 교과서 문제는 언제 폭발할지 모르는 휴화산에 가깝다. 하지만 역사 전쟁에서 싸움터가 되는 것은 정치사이지 생활사가 아니다. 그러다 보니 삶의 역사에 관한 관심도 잦아들어 가는 듯하다. 삶의 역사를 놓고는 역사 전쟁이 일어나지 않는다는 사실도 많은 생각을 하게 한다.

삶의 역사를 들여다본다는 것은 그 삶을 살아가는 사람들의 말과 행동에 관심을 가진다는 것을 의미한다. 흔히 생활사라고 하면 사람들의 의식주 또는 사람들을 둘러싼 물질세계를 떠올린다. 또한 삶에 기운을 북돋우거나 삶을 제약하기도 하는 정신세계를 떠올리기도 한다. 하지만 생활사는 그 물질세계와 정신세계를 빚고 엮어 가는 사람들의 이야기이다.

한편으로 생활사는 과거를 살았던 사람들과 오늘날을 살아가는 현대인을 이어 주는 연결고리이기도 하다. 어떤 점에서는 우리와 너무나 다른 것 같지만, 또 크게 변하지 않는 과거 사람들을 만나는 시간여행이기도 하다. 따라서 생활사는 결코 '작고 시시한' 이야기가 아니다. 그 안에서도 시대적 특징을 고스란히 드러내는 진중한 역사를 만날 수 있다.

첫 번째 책이 발간된 1996년으로부터 26년이 지난 2022년, '어떻게 살았을까' 시리즈는 새로운 개정판으로 다시 세상에 나오게 되었다. 이번 개정판의 기획은 지난 2020년 당시 여호규 회장(고대사분과)의 발의로 시작되었다. 정요근 회원(중세사 1분과)이 기획위원장을 맡고 각 분과 소속의 기획위원들이 내용 구성의 기획과 필자 섭외를 담당하였다. 정동준 회원과 권순홍 회원(이상 고대사분과), 정동훈 회원(중세사 1분과), 박경 회원과 최주희 회원(이상 중세사 2분과), 한승훈 회원과 고태우 회원(이상 근대사분과), 이정은 회원(현대사분과) 등 모두 8명이 기획위원을 맡아 주었다. 전상우 회원(고대사분과)은 간사로서 출판사와의 연락 등을 비롯한 잡다한 실무를 도맡아 처리하였고, 위가야(고대사분과) 회원은 미디어·출판위원장으로서 기획위원회 활동에 최선의 지원을 다해 주었다. 현 김정인 회장(근대사분과)의 배려와 지원 역시 이번 개정판 출간에 큰 동력이 되었다.

이번 개정판의 출간과 관련해서는 나름의 복잡한 과정이 담겨 있다. 그 내용을 간략히 기록으로 남기고자 한다. '어떻게 살았을까' 시리즈는 지난 1996년 조선시대 편 1, 2권이 청년사에서 발간된 이래, 1997년에 고려시대

편 1, 2권, 1998년에 고대사(삼국시대) 편이 청년사에서 출간되었다. 이로써 이른바 '전근대 생활사' 시리즈가 총 5권으로 완성되었으며, 2005년에는 5권 모두 개정판이 발간되었다. 한편 '근현대 생활사' 시리즈는 역사비평사를 통해서, 1998~99년에 《우리는 지난 100년 동안 어떻게 살았을까》라는 제목으로 3권의 책이 발간된 바 있다.

그런데 지난 2020년 청년사의 폐업으로 '전근대 생활사' 시리즈의 출간이 더는 어렵게 되었다. 그러나 다행히도 현북스의 제안으로 새로운 개정판의 출간이 가능하게 되었다. 나아가 역사비평사의 양해를 얻어 근현대 편 3권의 판권을 인수하였고, 이 역시 현북스를 통해 개정판을 발간하기로 하였다. 이에 두 시리즈를 합쳐서 전근대와 근현대의 생활사 모두를 아우르는 '어떻게 살았을까' 시리즈의 '통합' 개정판 출간이 실현되기에 이른 것이다. 이 지면을 통해 역사비평사 정순구 대표에게 다시 한번 깊은 감사의 뜻을 표한다. 아울러 이 과정에서 여호규 전 회장의 수고와 노력이 큰 역할을 하였음은 두말할 나위 없다.

기획위원회에서는 최초 발간으로부터 20년이 넘은 원고를 그대로 실어 개정판을 내기에는 부담이 있었다. 다행히도 검토 결과, 기존의 원고들이 여전히 생명력을 가지고 있다고 판단되어 대부분의 기존 원고를 그대로 실되, 필자들에게는 필요한 부분에 대한 수정을 요청하여 반영하였다. 한편 기존의 원고에서 다루지 못한 주제 가운데, 그동안 연구가 축적되어 원고 집필이 가능한 사례도 여럿 확인되었다. 그리하여 이번 개정판에서는 기존에 1권이었던 고대사(삼국시대사) 분야를 2권으로 늘리고 기존에 3권이었던 근현대사 분야를 4권으로 늘렸다. 이를 통해 한국사 전체를 아우르는 '어떻게 살았을까' 시리즈를 모두 10권으로 구성하였다. 다만 논의되었던 모든 주제를 원고로 포함하지 못한 점이 아쉬울 따름이다.

기존 원고의 필진 중에는 현역에서 은퇴하여 일선에서 물러난 연구자도 있다. 화살같이 빠른 세월의 흐름을 새삼 느낀다. 새로 추가된 원고는 학계에서 왕성하게 활동하는 40대 전후의 연구자들이 맡아서 집필하였다. 따라서 이번 개정판은 신구 세대를 아우르는 회원들로 필진이 구성된 셈이 된다. 어느덧 한국사학계의 중추가 된 한국역사연구회의 연륜과 위상을 실감하게 하는 대목이다.

책을 처음 낼 때만큼은 아니겠지만, 기존 책의 개정판을 내는 것 또한 결코 쉬운 작업은 아니다. 특히 '어떻게 살았을까' 시리즈는 20년 넘게 스테디셀러로 명성을 쌓은 터라, 개정판의 발간을 추진하는 일은 부담이 작지 않았다. 기존 원고에 비하여 새로운 원고가 많은 편은 아니라서, 독자들의 반응이 어떠할지도 걱정이 앞선다. 하지만 소박하게 한 걸음을 더한다는 태도로 용기를 내어 출간에 이르게 되었다. 출판계의 어려운 상황 속에서도 흔쾌히 출간을 맡아 좋은 책으로 만들어 준 현북스 김남호 대표와 전은남 편집장, 이영림 편집자에게 깊은 감사의 뜻을 표한다.

2022년 2월 한국역사연구회

전면 개정판 삼국시대권

머리말

 2년여의 준비 끝에 《삼국시대 사람들은 어떻게 살았을까》의 전면 개정판
이 출간된다. 한국역사연구회가 고대부터 현대에 이르기까지 한국 역사의
전 시기를 망라하여 기획한 '어떻게 살았을까' 시리즈의 고대 편이다. 내용
은 삼국 이전의 고대사회까지 포괄하면서도, 제목을 삼국시대라고 한 이유
는 고려시대, 조선시대 등과 함께 시리즈 총서로서의 일관성, 통일성을 높
이기 위해서였다.

 1998년의 초판에서는 '삶의 밑바탕', '삶의 애환', '생업과 터전', '나라의
경계를 넘어서', '고대사회의 이모저모'라는 소주제 아래, 총 23편의 글을 통
해 한국 고대사회의 생활, 풍속, 경제, 대외관계, 사회, 사상 등을 한 권에
담아 냈다. 20년이 넘게 흐른 지금, 한국고대사 연구는 주제의 확장과 연구
의 심화가 거듭되어 왔다. 개정판에는 그동안 축적된 연구 성과와 새롭게
밝혀진 내용들을 담아 낼 필요가 있었다. 시리즈의 구성에 따라, 권수도 두
권으로 확대 기획되었다. 다행히도 여전히 생명력을 갖고 있다고 판단된 기
존 글들에 더해서 그간의 연구 성과와 학계의 지향, 문제의식을 반영할 수

있는 새로운 주제들을 추가하였다.

'삶의 밑바탕'과 '삶의 애환', '생업과 터전', '나라의 경계를 넘어서'의 구성과 글들은 그대로 유지하되, 새로운 필진의 글이 1편씩 추가·교체되었다. '고대사회의 이모저모'는 '고대사회의 사람들'과 '고대사회의 정신세계'로 확대 개편되었다. 이에 더해 최근의 문제의식이 반영된 두 개의 소주제가 추가되었다. '생태와 환경'과 '경계를 오가는 사람들'이다. 전자는 생산력 증대만을 추구하는 서구 근대문명에 대한 비판과 함께 그 대안을 고민하는 주제이다. 예컨대, '신화를 통해 본 인간과 자연, 만남과 이별'에서는 인간과 자연이 공생하는 고대의 신화적 사유를 재조명하고, '숲 벌채와 인간 공간의 확대'에서는 역사서술이 자연환경과 인간사회의 상호관계 속에서 재구성될 필요가 있다는 점을 강조한다. 한편, 후자는 근대 이래의 배타적 민족주의를 반성하고, 공동체의 의미를 재고하는 주제이다. 가령, '이민족으로 살아간다는 것'에서는 고구려라는 울타리에 속해 있던 말갈인에 주목한다. 기존 23편의 글 가운데 20편을 기존 필진이 수정·보완하고, 그 외의 20편의 글을 새로운 필진이 집필하였다. 이로써 전면 개정의 구색을 갖추게 되었다.

20여 년 전, 초판 집필 당시 30~40대의 소장 연구자였던 기존 필진들은 어느덧 50대 이상의 중견 연구자가 되거나, 은퇴를 앞두고 있기도 하다. 한편, 새로운 필진은 현재 30~40대의 소장 연구자가 대부분이다. 주제뿐 아니라, 집필진 구성에서도 신구의 조화를 이루려고 노력하였다. 번거롭고 무리한 부탁에도 흔쾌히 원고의 수정과 집필을 맡아 주신 39명의 필자들께 이 지면을 통해 깊은 감사의 마음을 전한다.

끝으로, 이번 전면 개정판 발간에 큰 역할을 하신 분들을 언급하지 않을 수 없다. 발간 기획위원으로 참여한 정동준 회원과 권순홍 회원은 전체적인 기획, 신규 주제 발굴과 필자 섭외 등을 도맡아 수고해 주셨다. 원고 수합과 편집 실무 등은 전상우 회원이 도맡아 헌신해 주셨다. 세 분 회원에게 진심으로 고마움을 표한다. 아울러 출판계의 어려운 상황 속에서 흔쾌히 출간을 맡아 주신 현북스 측에도 감사의 말씀을 드린다. 이번 전면 개정판이 학계와 시민사회가 소통할 수 있는 하나의 창구로서 기능하길 기대한다.

2022년 7월 한국역사연구회 고대사분과

2005년
개정판 서문

　지난 몇 해 동안 나라 안팎에서 '역사 전쟁'이 벌어지는 것을 보며, '역사란 무엇일까?'에 대해 새삼스럽게 생각을 해 본 이가 한둘이 아닐 것이다.

　일본이 역사 교과서에 과거 일본 제국주의에 의해 정신적으로나 물질적으로나 엄청난 피해를 입은 한국과 중국 그리고 동남아시아 여러 나라 국민들의 자존심을 짓밟으며 왜곡된 내용을 담으려 할 때에도, 그에 대한 반발이 강력했었지만 그것을 '역사 전쟁'이라고 부르지는 않았었다. 그런데 중국이 고구려의 역사를 자기 나라의 역사로 편입하려 한다는 사실이 알려지면서 '역사 전쟁'이라는 말이 자주 입에 오르내리게 되었다. 중국의 시도는 단순한 역사 왜곡을 넘어서 한 왕조의 역사를 통째로 빼앗는 것으로 판단되었고, 이로부터 '역사 전쟁'이라는 말이 공공연히 쓰이게 되었던 것이다.

　자세히 살펴보면 역사 전쟁은 나라와 나라 사이에서만 벌어지고 있는 것이 아님을 알 수 있다. 참여정부가 출범한 이래로 격화된 과거 청산을 놓고 벌어지고 있는 다툼도, 한국 근현대사 교과서의 서술을 놓고 전개된 갈등도 모두 역사 전쟁이다. 이렇게 안팎의 역사 전쟁으로 다시금 역사에 대한 관심이 높아지고 있는 것은 역사를 연구하고 가르치는 사람 중의 하나로서 한편으로는 씁쓸하면서도 불행 중 다행이라는 생각을 떨쳐 버리기 쉽지 않다.

한국역사연구회에서 각 시대 각 분야 전문 연구자들의 힘을 모아 우리 역사 속에서 조상들이 과거에 '어떻게 살았을까'를 살펴 책으로 묶어 내기 시작한 지 어느덧 햇수로 10년이라는 시간이 흘렀다. 첫 성과물로 나온 것은 《조선시대 사람들은 어떻게 살았을까》였으나, 실제 먼저 작업에 들어간 것은 《고려시대 사람들은 어떻게 살았을까》였다. 그리고 기획에 들어간 때로부터 치자면 이미 10년을 더 넘긴 시점에 이르렀다. 그 사이에 우리 사회도 여러 굵직굵직한 사건을 겪으며 성장하였고, 한국 역사 연구도 여러 측면에서 새로운 진전이 이루어졌다. 이러한 까닭으로 수십만의 독자 여러분께서 삼국시대에서 조선시대까지 선조들의 삶의 자취를 묶어 펴낸 이 책자들을 애독해 주신 것에 대한 고마움이 미안함으로 바뀌어 가던 차에 출판사로부터 개정판을 내자는 제안을 받고 선뜻 응하게 되었다.

새삼스럽지만 다시금 이 '어떻게 살았을까' 시리즈를 소개하기로 한다. 새로 나온 국사 교과서나 한국 근현대사 교과서가 전보다 내용이 풍부해지기는 했으나, 아직도 커다란 정치적 사건과 주요 제도 및 인물 중심으로 내용이 짜여 있다. 그 반면에 근래에 쏟아져 나오다시피 출간된 역사 대중서 중에는 흥미를 끄는 단편적인 사실에 치우친 것들이 적지 않다. 이와 달리 이 '어떻게 살았을까' 시리즈는 각 시대 사람들의 삶에 초점을 맞추면서 당시의 역사상을 어느 정도 재구성할 수 있도록 내용을 갖추었다. 예를 들어 《삼국시대 사람들은 어떻게 살았을까》를 보면, 당시의 농민들이 어떻게 밭과 논을 만들어 농사를 지었고, 어떤 집을 짓고 무엇으로 옷을 만들어 살았는지를 소상히 밝히어 사회와 경제의 전체적 모습을 볼 수 있도록 되어 있다. 이와 동시에, 평범한 한 사람이 태어나서 사랑하는 사람을 만나 결혼을 하여 가정을 이루어 살아가는 과정, 나아가 죽음을 어떻게 이해하였는지도 담고 있다. 특히 원시사회와 고대사회를 살아가던 사람들만의 고유한 특질이 무엇이었는지를 알 수 있도록 했다는 점, 삼국 문화의 동질성 문제를 탐구한 점 등은 다른 책에서는 쉽게 찾아보기 어려운 장점이다. 이번 개정판에서는 그림과 유물 등의 사진 자료를 보강하는 데 많은 노력을 기울였다. 이렇게 지배층만의 역사가 아닌 당시 사회 구성원 전체의 역사로, 딱딱한 제도의 틀에 갇히지 않고 삶의 실상을 알려 주는 역사로, 흥미 위주로 매몰되지 않고 과학적으로 탐구한 진실을 전하는 역사로 만드는 일 역시 하나의 '역사 전쟁'이었다. 아무튼 이로써 독자들이 조상들의 삶을 전보다 더 생생하게 이해하기를 바라 마지않는다.

워낙 많은 연구자들이 함께 한 일이어서 개정 작업도 처음 책을 낼 때만큼이나 쉽지 않았다. 필자 대부분이 전보다 훨씬 바쁜 삶에 몰리고 있었고, 외국에 나가 있는 이도 있었으며, 이제는 다른 사회 활동으로 몹시 분주한 이도 있었다. 연구회 회원 몇 분이 중간에서 애를 써 준 덕분에 개정판 작업이 마무리될 수 있었다. 독자 여러분이 새 책을 보고 흡족해할지에 대한 걱정이 앞서기는 하나, 바쁜 와중에도 글을 다시 손봐 준 필자 여러분, 청년사의 정성현 대표와 사진 자료를 구하느라 또 더 예쁜 책으로 꾸미느라 고생한 편집부 여러분께 감사의 말씀을 전하지 않을 수 없다.

2005년 6월

한국역사연구회

초판 삼국시대권

머리말

지난 연말 돌연히 닥친 외환 위기로 온 나라가 시끄럽다. 정부 수립 후 50년 만에 처음 여야 간 정권 교체가 이루어졌지만, 새 정부에 거는 기대에 앞서 대량 실업과 물가앙등에 대한 두려움으로 마음이 무겁기만 하다. 이러한 어려운 시기에 한국역사연구회 고대사 분과에서는 '세상 물정 모르고' 이 책을 펴내게 되었다.

그렇지만 어려운 시기일수록 우리 역사를 올바로 이해할 수 있는 잣대가 더욱 필요하다는 생각을 하게 된다. 특히 우리는 지금 계층 간, 지역 간의 갈등과 남북 분단이라는 과제를 안은 채 흔히 '세계화'라는 말로 표현되는 세계사적 전환기를 맞고 있다. 냉철한 역사적 통찰력이 그 어느 때보다 절실히 요구되는 시대에 살고 있는 것이다. 이러한 때 사람들이 이 책을 통해 우리 역사와 문화를 올바르게 성찰하여 오늘의 난관을 극복할 지혜를 얻고, 세계사적 전환기를 헤쳐 나갈 비전을 얻을 수 있다면, 그것만으로도 이 책의 발간 의의는 충분하다고 믿는다.

이 책은 바로 이러한 점을 염두에 두고 일반 대중을 대상으로 쓰였다. 집필자들도 일반 대중에게 다가가기 위해 최대한 눈높이를 맞추려고 애썼다. 가능한 쉬운 용어와 평이한 문장을 사용하고, 때로는 소설적 기법을 가미하거나 강의 형식을 빌려 현장감을 살리려고 노력하였다. 그리고 여러 가지 사례를 중심으로 내용을 구성하고, 관련 그림과 사진 자료를 풍부하게 활용하여 흥미롭게 읽어 내려갈 수 있게 하였다.

고대사 분과에서는 지난 1994년에도 위와 같은 생각을 갖고 《문답으로 엮은 한국고대사 산책》이라는 책을 펴낸 바 있다. 그때에는 주로 일반인들이 궁금해하는 중요한 역사적 사실이나 주제를 다루었다. 그러다 보니 자연히 고대인의 실생활에 관한 이야기는 거의 다룰 수 없었다. 그래서 《문답으로 엮은 한국고대사 산책》을 보완하고, 또 조선시대와 고려시대에 이어 '어떻게 살았을까' 시리즈를 완결 짓는다는 뜻에서 고대인의 실생활을 다룬 이 책을 내놓게 되었다.

이 책은 '삼국시대'라는 제목을 달고 있지만, 실제로는 우리 역사의 첫 장인 원시·고대사회를 일구었던 고대인들의 삶 전체를 담고 있다. 독자들은 이 책을 펴는 순간 고대인들이 무엇을 먹고 입고 어디에서 잠을 잤는지 생생한 삶의 모습을 접할 수 있을 것이다. 아울러 그들이 어떤 과정을 거쳐 오늘날 우리와 비슷한 모습으로 살게 되었는지도 알게 될 것이다.

그렇지만 이 책에는 고대인들의 평범한 삶의 모습만 담겨 있는 것은 아니다. 원시·고대사회만이 간직하고 있는 고유한 특질을 비롯하여 오늘날 우리로서는 상상하기 힘든 고대사회의 건강성을 만날 수 있고, 고대인들의 삶에 깃들인 역사적 의미도 하나하나 곱씹어 볼 수 있을 것이다. 그러한 가운데 고대사는 아득히 먼 옛날의 '죽은 역사'가 아니라 바로 우리 곁에서 살아 숨

쉬고 있는 '산 역사'라는 사실을 깨닫게 될 것이다. 계층 간 갈등의 뿌리를 비롯하여 남북 분단의 극복 주체인 민족의 형성, 급변하는 국제 질서에 슬기롭게 대응하던 고대인들의 지혜 등을 보면서 '고대사는 바로 현재 역사의 시작이었구나.'라는 느낌을 받을 것이다.

이 책의 집필자들은 이 한 권의 작은 책에 위와 같은 내용을 담기 위해 1년 이상 많은 노력을 기울였다. 1997년 봄과 여름에 여러 의견을 수렴하여 전체 윤곽을 잡고, 가을에는 항목과 필자를 선정하여 집필에 들어갔다. 그리고 지난 겨울, IMF 한파를 녹일 정도의 뜨거운 열기로 교열·윤문 작업에 박차를 가하여 생명의 탄생을 알리는 새봄과 함께 이 책을 펴내게 되었다. 이처럼 혼신의 노력을 기울였지만, 아직 공부가 부족한 젊은 연구자들만의 힘으로 책을 만들다 보니, 어려움도 많았고 부족함도 많이 느꼈다.

그럼에도 불구하고, 우리 역사를 사랑하는 일반 대중들의 소리 없는 성원과 연구회 회원들의 아낌없는 격려 덕분에, 우리들은 1년 이상 이 책에 온 정열을 쏟을 수 있었다. 이 자리를 빌려 성원해 주신 모든 분께 깊이 감사드린다. 아울러 집필자를 비롯하여 기획·교열로 지난 1년을 정신없이 보낸 강종훈·고경석·김창석·여호규·전덕재, 윤문을 도와준 임기환·하일식, 삽도 수집을 담당한 구문회 등의 수고에도 고마움을 표한다. 끝으로 어려운 상황에서도 이 책의 출판을 선뜻 맡아 주신 청년사의 정성현 대표와 책을 예쁘게 꾸미느라 애쓰신 편집부 여러분께 감사 드린다.

1998년 3월 한국역사연구회 고대사 분과

차례

차례

1부 삶의 밑바탕

도토리밥에서 쌀밥까지

벌거숭이가 잘 꾸민 옷을 입기까지

동굴 집에서 기와집까지

성(性), 풍요와 다산의 상징에서 쾌락의 수단으로

고대인들은 시간을 어떻게 쟀을까

도토리밥에서 쌀밥까지

오영찬

삼국시대 사람들이 무엇을 먹고 살았는지 알아내는 좋은 방법은 무엇일까? 해답 가운데 하나는 당시의 화장실을 찾아내는 것이다. 오랜 시간이 지나 흙과 뒤섞인 화장실의 배설물을 분석하면 옛날 사람들이 무엇을 먹었는지 알 수 있다.

1994년 광주 신창동 유적에서 회충알과 편충알이 발견된 적이 있다. 음식을 주제로 한 글에서 기생충 이야기를 먼저 꺼내 대단히 미안하지만, 실제 기생충과 음식은 불가분의 관계에 있다. 회충과 편충은 음식물의 섭취를 통해 만들어진 몸속의 영양분을 먹고 살기 때문이다. 오늘날 고고학자들은 자연과학자의 도움으로 유적의 흙 속에서 기생충 알까지 찾아낼 수 있다.

미국과 멕시코의 동굴 유적에서 배설물을 분석하여 옛사람들이 어떤 종류의 음식을 먹었는지 알아낸 적이 있다. 이는 이 지역이 아주 건조한 기후 조건을 갖춘 곳이었기에 가능한 일이었다. 한편 서북 유럽의 저습지에서는 'Bog man'이라는 사람의 시체가 썩지 않은 채 발견되었는데, 그 사람의 위장을 해부하여 죽기 몇 시간 전에 먹었던 음식을 알아냈다. 그리고 덴마크

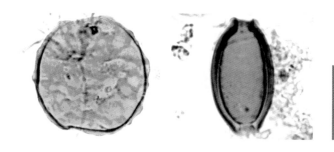

광주 신창동 유적의 편충알
(왼쪽)과 회충알
기원전 1세기경 저습지 생활 유
적에서 출토되었는데, 이 도시
형 기생충들로 당시 농경이 일
반화되었으며 인구밀도가 높았
음을 짐작할 수 있다.

에서 발견된 한 시체에서는 흑수병(黑穗病: 깜부깃병), 맥각병(麥角病)에 걸린
곡물을 먹은 사실이 확인되기도 하였다.

먹지 않고 살 수 있는 사람은 없다. 그러므로 음식의 역사는 인간의 역사
와 떼려야 뗄 수 없다. 불완전하기는 하지만 우리는 오늘날 남아 있는 문헌
과 고고학 자료를 통하여 삼국시대와 그 이전 사람들이 무엇을 먹고 살았는
지 알아낼 수 있다. 이제 인류의 태초부터 사람들이 먹었던 음식들을 훑어
보기로 하자.

최초의 주 메뉴

아득한 옛날, 원숭이와 비슷하게 생긴 인류의 조상이 막 등장한 시절의
일이다. 약육강식의 자연 세계에서 인류의 조상은 매우 나약한 존재였다.
그래서 백화점 식료품 매장처럼 먹을거리가 풍부한 밀림에서 황량한 초원
지대로 쫓겨날 수밖에 없었다. 이것이 전화위복! 그들은 드넓은 초원에서
살아남기 위해 맹수들의 접근을 미리 알아차려야 했다. 수시로 허리를 펴서
몸을 세우고 사방을 둘러볼 수밖에 없었다. 직립보행이 시작되는 찰나였다.

또한 먹을 것이라고는 풀뿌리와 작은 벌레밖에 없는 초원이었기에, 먹고 살기 위해서 작은 물체를 잡는 데 앞발을 자주 놀려야 했고, 급기야 앞발이 손으로 발달하게 되었다. 인간이 먹은 최초의 주 메뉴는 여기에서 시작되었다. 이 음식은 인간이 원숭이에서 진화하는 데 가장 큰 기여를 했던 것이다.

시간이 흐르면서 인간은 자연에 널려 있는 음식을 줍거나 따 먹는 데서 한 걸음 나아가게 되었다. 돌이나 나무로 된 도구를 만들어 사용하면서 자기보다 날쌔고 힘센 동물을 잡을 수 있게 된 것이다. 그리고 강에서는 작살, 창, 그물, 낚싯바늘을 이용하여 물고기를 잡아먹었다.

울산 반구대에 있는 커다란 바위에는 당시 사냥하였던 여러 짐승들이 새겨져 있다. 고래, 바다거북, 물개, 사슴, 호랑이, 멧돼지, 개 등의 짐승 그리고 이들을 사냥하는 데 쓰였던 그물, 배, 작살 등과 함께 울타리가 자세히 묘사되어 있다. 이 그림들은 더 많은 사냥감이 잡히기를 기원하는 바람과 함께, 자라나는 젊은 세대에게 사냥하는 방법을 가르치기 위하여 그려진 것이다.

바닷가에 사는 사람들은 조개나 굴을 즐겨 먹었다. 조개나 굴은 껍질이 딱딱하고 까기도 번거로웠지만, 1년 내내 언제라도 쉽게 구할 수 있었고 영양가가 높았다. 당시 사람들이 먹고 버린 굴이나 조개 껍데기 쓰레기장이 바로 조개무지(패총)이다.

당시 널리 먹게 된 메뉴 중 하나가 도토리였다. 주변의 산에서 쉽게 구할 수 있어, 특별한 노력 없이도 배를 불릴 수 있었기 때문이다. 이는 우리나라뿐 아니라 일본 조몬[繩文]시대나, 미국 캘리포니아 인디언들까지도 즐겨 먹던 국제적인 음식이었다. 그러나 도토리는 타닌이 많아 떫은맛이 있기 때문

울산 반구대 암각화의 다양한 사냥 장면(울산시 울주군 소재)
창에 찔린 고래, 그물에 갇힌 동물, 바다거북, 사슴, 한 손에 작살을 들고 사냥하는 사람
들이 보인다.(사진 출처: 《한국생활사박물관》1, 사계절출판사, 2000, 68~69쪽.)

에 재와 풀로 싸서 모래에 묻어 두거나 물속에 담가 두는 방식으로 떫은맛
을 없앴다. 오늘날 시골에서 도토리묵을 만들 때에도 이런 방법을 사용한
다. 당시 유적에서 많이 출토되는 갈판과 갈돌은 도토리 등을 가공하는 데
도 쓰였던 요리 기구였다.

　이처럼 수렵과 채집을 통한 식량 조달은 구석기시대에 이어 농경이 본격
적으로 시작된 신석기시대 그리고 청동기시대, 삼국시대까지도 계속되었다.

쌀밥, 그 귀중함

　인간은 짐승이나 물고기, 나무 열매 등 자연에서 주어진 것을 그대로 채
집하여 먹고사는 단계에서 이제는 스스로 식물을 재배하여 음식물을 직접

생산하는 단계로 나아가기 시작하였다. 이것이 바로 농경의 시작이다. 농경은 인류 역사를 획기적으로 발전시켜 '신석기 혁명'이라고 일컬어진다. 식물을 재배하기 시작한 것은 세계사적으로 신석기시대 이후의 일이다.

우리나라에서도 역시 신석기시대 이후에 그 증거들이 나타난다. 유적에서 불에 탄 채 발견된 곡식과 토기의 바닥에 찍혀 있는 곡물 자국이 바로 그것이다. 물론 농경이 처음 시작되었을 때부터 벼농사를 지어 쌀밥을 먹었던 것은 아니다. 벼농사를 짓기 시작한 것은 그보다 한참 뒤의 일이다.

그럼 우리나라에서는 신석기·청동기시대에 무엇을 먹고 살았을까? 신석기시대 유적인 황해도 봉산 지탑리 유적에서는 피 또는 조 그리고 평양 남경 유적의 신석기 문화층에서는 조가 발견되었다. 청동기시대에는 종류가 더욱 늘어나서 무산 호곡동 유적, 함북 회령 오동리 유적 등지에서 기장, 수수, 콩, 팥 등이 발견되었다. 즉 농경을 처음 시작했을 때에는 주로 밭농사를 지어서 여러 가지 잡곡을 먹었던 것이다.

청동기시대의 여러 유적에서는 벼농사의 흔적도 확인된다. 여주 흔암리 유적, 평양 남경 유적, 부여 송국리 유적 등에서 탄화미가 발견되었으며, 볍씨가 찍힌 토기도 여러 곳에서 발견되었다. 쌀은 다른 곡식보다 맛이 좋을 뿐 아니라 낟알도 크고 생산성이 높은 곡식이다. 그러나 벼농사를 짓는 데는 따뜻한 기후와 충분한 물, 그리고 농업기술 등이 뒷받침되어야 하는 어려움이 있다.

《삼국사기》를 보면 삼국시대 초기에는 쌀에 대한 기록은 보이지 않고, 자연재해로 피해를 입은 콩과 보리에 대한 기록이 자주 보인다. 당시에는 쌀보다 콩과 보리를 많이 심었던 것이다. 일반적으로 기장이나 콩은 보리나

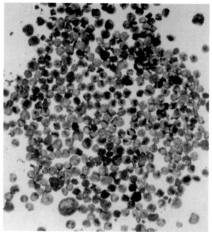

농경의 증거인 탄화된 벼(왼쪽)와 조(평양 남경 유적 출토)

벼에 비하여 수분을 많이 필요로 하지 않아 일찍부터 밭농사의 주요 작물로 재배되었다. 특히 콩은 재배하기 쉽고 가뭄에 잘 견디므로 고대사회에서 주식으로 널리 이용되었다. 보리는 다른 밭작물에 비해 짧은 기간에 자라고 가뭄에 잘 견디며 늦어도 6월이면 추수할 수 있는 이점 때문에 빠른 속도로 밭농사에 보급되었다. 이런 이유로 삼국시대 초기까지도 콩과 보리를 주로 먹었던 것으로 보인다.

그러나 6세기 이후 주곡이 콩과 보리에서 벼로 바뀌어 간 것으로 보인다. 저수지 등 수리관개시설의 확충과 철제 농기구 및 소갈이의 보급으로 수분을 많이 필요로 하는 벼를 더 많이 재배하게 되었다. 이후 우박으로 벼가 피해를 입었다거나 고리대의 곡식으로 벼를 내었다는 기록들이 자주 보이는 것이 이를 말해 준다.

벼농사가 일반화되었지만 모든 사람들이 쌀밥으로 배를 채울 수 있었던 것은 아니다. 일반 백성들은 벼농사를 짓더라도 국가나 귀족들에게 바치고, 자신들은 주로 보리, 조, 콩 등의 잡곡과 도토리 등으로 굶주린 배를 채웠다.

한편 벼농사는 기후와 지형적 요인에 크게 좌우되었다. 고구려는 산이 험하고 평균기온이 낮아서 벼농사에 적합하지 않아 밭농사를 지어서 조, 콩, 수수 등을 주식으로 하였다. 그러나 부지런히 농사를 지어도 식량이 충분하지 않았기에 이웃 나라를 공격하여 곡물을 자주 약탈하였다. 이에 반해 남부 지방의 진한과 변한은 토지가 비옥하여 오곡과 벼를 심기에 적합하였다고 한다.

재산목록 1호, 쇠솥

인간은 불을 이용하게 된 이후 음식을 익혀 먹었다. 처음에는 음식물을 불에 직접 구워 먹었다. 그러다가 음식물이 쉽게 그을리는 것을 막기 위하여, 구덩이에 가열된 돌과 함께 음식물을 넣은 다음 식물의 껍질로 그 위를 덮어 열로 음식을 익히게 되었다. 그 후 토기가 등장함에 따라 이제 물로 삶는 요리를 할 수 있게 되었다. 그러나 물에 삶아 조리할 때에도 음식물이 토기에 달라붙어 불편했다. 이때에는 곡식을 물과 함께 끓여서 죽처럼 만들어 먹었다.

이어 음식물을 수증기로 찌는 시루가 새로 개발되면서 곡식을 쪄 먹을 수 있게 되었다. 그리고 철기가 보급되면서 쇠로 만든 솥이 새로이 등장하였다. 바로 오늘날처럼 솥에 밥을 해 먹을 수 있게 된 것이다.

　신라 고승 가운데 의상대사의 10대 제자 중 한 명인 진정법사가 있었다. 그는 출가하기 전에 집이 너무 가난하여 품을 팔아서 어머니를 봉양하였는데, 집안의 마지막 재산으로 다리가 부러진 쇠솥 하나를 갖고 있었다고 한다. 당시 웬만한 집에는 모두 쇠솥이 있었으며, 이는 재산목록 1호이자 생존의 마지막 수단이었다. 비교적 최근까지도 그러한 상황은 계속되었는데, 한국전쟁 때 가마솥과 이불을 등에 진 피난민 대열을 상상해 보면 쉽게 연상이 될 것이다.

　음식물을 담는 그릇은 주로 나무로 만들어 썼기에 모두 썩어 없어져 오늘날까지 전해지는 경우는 아주 드물다. 신라에서는 버드나무로 만든 그릇을 많이 사용하였고, 구리로 만든 유기나 흙을 구워 만든 토기도 썼다. 왕실과 귀족 집안에서는 금이나 은으로 만든 호화스러운 그릇을 사용하기도 하였다.

　신라 지배층의 무덤인 경주 황남대총에서는 금은 그릇이 다량으로 발견되어 세상을 놀라게 하였다. 한편 고구려 무용총 벽화에서는 귀족들이 식탁에서 의자에 앉아 식사하는 모습을 볼 수 있다. 한 귀족이 스님으로 보이는 손님을 접대하고 있는데, 개다리소반 위에 떡, 과일, 차 등과 식사가 독상으로 차려져 있다. 하지만 가난한 일반 백성들은 독상에서 식사를 했던 것이 아니라 온 식구들이 한데 모여 왁자지껄하게 식사를 하였을 것이다.

　우리나라에서는 예로부터 물기가 많고 차지며 따뜻한 음식이 주를 이루었으므로 동남아시아에서처럼 음식을 손으로 집어 먹기 힘들었다. 그래서 숟가락과 젓가락을 사용하는 수저 문화가 발달하였다. 백제 무령왕릉에서

무용총의 접객도(중국 지린성 지안 소재)
개다리소반 위에 음식을 차려 손님을 대접하는 장면이 인상적이다.

청동 수저가 발견되기도 하였지만, 일반 백성들은 대부분 나무로 만든 숟가
락과 젓가락을 사용했을 것이다.

소금에 절인 김치, 반찬 되네!

인간은 밥만 먹고는 살 수 없다. 밥을 통해서는 주로 탄수화물을 섭취하
고 다른 반찬으로 다양한 영양소를 섭취해야 한다. 반찬은 산과 강과 바다

에서 나는 채소, 생선, 해조류, 육류 등이었다. 오늘날과 마찬가지로 도시와 농촌 그리고 빈부에 따라 질적인 면에서 격차가 많이 났다.

한국인이라면 누구나 즐겨 먹는 김치나 된장은, 사람의 생존에 필수적인 염분을 공급하는 반찬으로서 오랜 역사를 지니고 있다. 사람은 어떤 형태로든 하루에 10그램 이상의 염분을 섭취해야 하는데, 사냥한 짐승을 먹고 살았던 구석기시대에는 동물의 내장이나 피를 먹음으로써 간접적으로 염분을 섭취하였다. 농경이 본격화된 신석기시대 이후에는 주로 곡식과 채소를 먹었으므로 염분 보충을 위해 따로 소금을 섭취해야만 했다.

소금은 양념으로서뿐 아니라 생선이나 고기의 부패를 막고 오랫동안 보관하는 데도 필요하였다. 우리나라에는 육지에서 나는 암염이 없으므로 바닷물에서 소금을 생산하였다. 고구려는 일찍이 동해안의 동옥저를 정복하여 소금과 생선을 공급받았다. 후에 고구려의 15대 왕(미천왕)이 된 을불은 궁궐에서 쫓겨나 갖은 고난을 겪던 시절에 소금을 지고 여기저기 팔러 다니며 소금 장사를 하였다. 소금은 통일신라 때에는 쌀과 함께 절에 시주될 정도로 귀중한 물품으로 취급되었다.

김치는 채소를 먹을 수 없는 겨울철에 비타민 C를 공급받기 위하여 채소를 저장하는 방법으로 개발되었다. 채소를 겨우내 보관하기 위하여 소금을 넣어 화학적으로 숙성시킨 것이 김치의 시초였다.

삼국시대의 김치에는 오늘날처럼 고춧가루가 들어가지 않았다. 고추가 우리나라에 들어온 것은 17세기 이후이기 때문이다. 물론 젓갈도 넣지 않았다. 젓갈의 비린내를 막기 위해서는 고추가 들어가야 하기에 젓갈은 19세기 이후에나 김치에 들어갔다. 소금을 뿌린 채소에다가, 일찍이 단군신화에서

안악 3호분 동수 무덤의 주방 부분(황해도 안악군 소재)
부뚜막 위의 큰솥에서 음식을 끓이는 여인의 모습과 여러 가지 고기가 매달린 고기 창고
가 보인다.

곰과 호랑이가 먹었다는 마늘 등의 향신료를 넣어서 맛을 낸 것이 당시의 김치였다. 고려시대 문인 이규보의 《동국이상국집》에는 "소금 절인 김치, 겨울 내내 반찬 되네."라는 구절이 있다.

김치 못지않게 중요한 반찬은 단백질과 염분을 안정적으로 공급해 주던 된장이다. 된장은 한반도와 만주 일대에서 많이 나는 콩을 소금과 함께 발효시킨 음식으로, 일반 백성들에게는 단백질 공급원으로 중요한 역할을 하였다. 한편 된장은 민간요법에서 상처에 바르는 비상 구급약으로도 널리 이용되었다. 일찍이 신라에서는 호랑이에 물린 상처에 흥륜사의 된장을 바른 뒤 나았다는 이야기가 있고, 고려시대에도 상처에 된장을 발랐다고 한다. 이런 된장과 관련된 우리 조상의 지혜는 오늘날까지 내려오고 있다.

중국 사람들의 눈에도 고구려 사람들이 발효 식품을 잘 만드는 것으로 보여 《삼국지》에 특별히 기록하였다. 고구려 안악 3호분의 고분벽화에는 우물가에 된장 같은 발효 식품을 저장해 놓은 듯한 장독들이 보이며, 고구려 덕흥리 고분에는 술과 고기와 쌀 그리고 된장이 창고에 가득하다는 글이 자랑처럼 적혀 있다. 《신당서》에서는 발해 책성(柵城) 지방의 특산물로 된장을 꼽고 있다.

50가지 요리와 나무껍질

백성들은 채소 반찬에 잡곡으로 연명한 반면 왕실과 귀족들은 음식에 대단한 사치를 부렸다. 문무왕의 동생 거득공(車得公)은 지방 형편을 살피기 위해 재상 신분을 감추고 돌아다니다가 안길(安吉)이라는 사람의 집에서 크게 신세를 졌다. 훗날 그는 서라벌로 돌아와서 안길을 초대하여 50여 가지 요리를 차려 답례의 잔치를 베풀어 주었다. 이것들은 일반 백성들이 꿈도 꾸지 못할 음식이었을 것이다.

오곡, 과일, 채소, 술, 안주, 반찬 등이 거의 중국과 같았다는 《주서》 백제 전의 기록으로 미루어 볼 때, 당시 중국에서 유행하던 많은 요리들이 우리나라에도 들어왔으리라 짐작된다. 상상을 초월한 대식가였던 신라 태종 무열왕의 경우, 한 끼에 쌀 서 말과 꿩 아홉 마리를 먹었다는 기록이 《삼국유사》에 전한다. 백제를 멸망시킨 이후에는 점심은 먹지 않고 아침, 저녁만 먹었다고 한다. 그러나 하루의 식사량을 계산해 보면 쌀 여섯 말, 꿩 열 마리를 해치웠다고 하니 과장된 표현임을 감안하더라도 당시 지배층의 풍족한 생활을 짐작할 수 있다.

한편 신문왕이 김흠운의 딸을 부인으로 맞아들였는데, 이때 들인 혼수품 항목에는 폐백 15수레, 쌀·술·기름·간장·된장·포·식혜 135수레, 벼 150수레가 적혀 있다. 오늘날로 치면 호화 혼수로 사회적인 지탄의 대상이 되었을 법하다. 그러나 당시는 왕이 곧 국가인 엄격한 신분제 사회였다. 따라서 이러한 호화 혼수는 백성들의 기를 죽여 왕실의 권위를 세우고 억지 존경을 받아 내는 역할을 하였을 것이다. 혼수의 대부분을 음식물이 차지하고 있는 사실이 눈에 띄는데, 특히 중국 역사책인 《수서》에서는 빈부에 따라 혼례에서 음식과 술이 차이가 난다고 적고 있다.

반면 일반 백성들의 가장 큰 근심은 굶주림이었다. 과연 세끼 밥은 찾아먹을 수 있었을까. 성덕왕 때 흉년이 들자 나라에서는 굶주린 백성들에게 각각 하루에 석 되[승(升)]를 나누어 주었다. 그런데 진정법사의 경우 한 끼에 한 되(200밀리리터)를 먹었다고 하므로, 당시 사람들도 세끼를 먹었음을 알 수 있다. 그러나 가뭄이나 홍수 같은 잦은 자연재해와, 국가와 귀족들에게 내는 많은 세금 때문에 사정은 여의치 않았다.

"내 자식은 굶주림을 참지 못해 산으로 느릅나무 껍질을 벗기러 갔소." 궁궐에서 쫓겨난 평강공주가 장안에 소문난 바보 온달의 집을 찾아갔을 때, 온달 어머니가 내뱉은 첫마디였다. 나무껍질을 먹다니! 궁궐에서 세상 물정 모르고 곱게 자란 평강공주는 얼마나 당황했을까. 한참 후 온달이 느릅나무 껍질을 등에 지고 나타났다.

백성들은 양식이 떨어지면 곧잘 느릅나무나 소나무 껍질을 벗겨 먹으면서 허기진 배를 채웠다. 보리나 콩, 조 등 잡곡이 부족할 때에는, 산과 들에서 나는 나무껍질이나 나물 등 먹을 수 있는 모든 것을 동원하여 배를 채웠다. 바보 온달이 자주 먹었던 느릅나무 껍질이나 소나무 껍질, 진감선사의 비문에서도 보이는 도토리와 콩을 섞은 나물범벅 등이 바로 그것이다. 도토리는 신석기시대부터 즐겨 먹던 음식이다.

통일신라 때 손순(孫順)이라는 사람은 아내와 함께 품팔이를 해서 늙은 어머니를 어렵게 봉양하고 있었다. 먹을 것이 부족했기에 본인들은 굶고 노모에게만 밥을 드릴 정도였다. 그런데 손순의 어린 아들이 할머니 식사 때마다 옆에서 뺏어 먹자 어머니를 위해 자기 자식을 산에다 생매장하려 했다. 또한 향덕(向德)이라는 사람은 부모가 거의 굶어 죽게 되자 자신의 넓적다리 살을 베어 먹인 일도 있다.

손순과 향덕의 사례는 어떤 면에서 훌륭한 효행이지만, 다른 한편으로는 당시 기근이 얼마나 심각했는가를 보여 주는 실례이다. 이 밖에도 먹고살기 위해 몸을 팔아서 부잣집의 노비로 들어가거나, 자식을 팔아서 목숨을 부지하는 비련의 부모들도 있었다. 마지막에는 사람이 사람을 잡아먹는 일도 있었다.

예나 지금이나 굶주림은 인간 사회에서 생존의 가장 큰 적이다. 굶주림은 자연의 굴레에다 지배층의 착취가 더해져서 나오는 것으로, 이를 극복하기 위하여 끊임없이 노력해 온 궤적이 곧 역사의 발전 과정이라고 할 수 있다.

오영찬 _이화여대 교수

벌거숭이가 잘 꾸민 옷을 입기까지

송호정

누구나 멋지게 보이고 싶은 본능을 갖고 있지만, 모두 다 멋쟁이가 되는 것은 아니다. 대개 사람들은 멋쟁이가 되려면 값비싼 옷가지를 여럿 장만해야 하거나, 옷거리가 좋아야 한다고 생각한다. 하지만 겉 맵시의 좋고 나쁨을 가름하는 데는 정신적인 면이 오히려 크게 작용한다.

사람의 옷차림이란 그 사람의 내면을 드러내는 거울 같은 것이다. 따라서 지적 분위기가 느껴지며, 유행을 세련되게 소화시킨 옷차림은 그 옷을 입은 사람에게 사회적 지위와 품위를 부여한다. 조선시대 선비의 도포와 갓이 구름처럼 높은 선비들의 이상을 표현했던 것처럼 말이다.

그러면 어떻게 해야 자신의 내면을 잘 표현하고 유행에 뒤지지 않을 수 있을까. "아는 만큼 보인다."라는 말처럼 제대로 알아야 멋지게 차려입을 수 있다. 과거에서부터 현재에 이르기까지 옷에 대해 폭넓게 아는 것은 겉모습뿐만 아니라 내면적인 깊이를 더해 가는 것과도 맥이 통한다.

인류 최초의 발명은 무화과 잎의 앞치마?

"인류 최초의 중요한 발견은 그의 나체였으며, 최초의 발명은 무화과 잎의 앞치마였다."(에이브러햄 링컨, 〈발견과 발명에 관한 강연〉에서)

인간의 역사를 볼 때 옷은 다양한 목적에서 착용되었다. 기독교인들은 아담이 선악과를 따 먹은 후 부끄러움과 치부를 가리는 과정에서 옷을 입었다고 믿는다. 그 때문에 인류 최초의 옷으로 폭이 큰 무화과 잎이 자주 언급된다. 반대로 옷은 몸의 어느 부분에 대한 관심을 끌기 위해 그 부분을 가리는 데서 비롯되었다고 보는 사람도 있다. 혹자는 옷이 초자연적인 힘으로부터 보호와 소원 성취를 바라는 부적에서 기원했다고 한다.

그러나 옷은 신체를 가리거나 추위로부터 보호할 필요에서 나왔다고 보는 것이 가장 자연스러운 해석이라 하겠다. 즉 나체 생활에서 오는 상해를 막고, 신체의 각 부위를 보호할 물체로서 착용했을 것이다. 따라서 인류 최초의 옷은 아마도 짐승의 가죽과 나무 잎사귀로 만들었을 것이고, 이것을 끈으로 엮어 신체의 민감한 부위를 보호하였을 것이다.

우리나라 구석기시대 유적에서는 의복과 관련된 자료가 전혀 발견되지 않아 의생활 모습을 알 수 없다. 그러나 사람들이 어떻게 살아왔는가를 밝혀 주는 인류학의 연구 성과를 볼 때, 구석기인들은 나무의 잎과 껍질 그리고 동물의 가죽이나 털로 몸을 가리고 추위로부터 몸을 보호했으리라 짐작된다. 그들은 동서양을 막론하고 옷감을 짜서 입기보다는 여름에는 나체로, 추운 겨울에는 짐승의 가죽 등을 걸치고 다녔을 것이다.

신석기시대에 와서 환경과 기후가 변하고, 사람의 의식구조 등이 변하면서 자연히 의생활의 필요성이 생겼다. 평남 온천 궁산리 유적에서 나온 삼껍질로 만든 실이나 함북 웅기 서포항 유적에서 발견된 뼈바늘과 바늘통은 신석기인들의 의생활을 잘 말해 준다.

신석기인들은 처음에는 뼈바늘을 써서 나무껍질이나 짐승의 가죽을 원상태 그대로 꿰매어 옷을 만들어 입었을 것이다. 그러다 뒤에는 돌이나 흙으로 만든 가락바퀴를 이용하여 짐승의 털이나 삼 등의 재료에서 실을 자아내고, 이것으로 옷감을 짜서 옷을 만들었던 것으로 보인다. 그들은 이렇게 옷을 만들어 입고는 동물의 어금니, 조개껍데기, 구슬로 만든 꾸미개로 옷을 치장하기도 하였다.

청동기인들이 어떤 옷을 입었는지는 실물이 남아 있지 않아 정확히 알 수 없다. 다만 신석기시대와 비슷한 형태의 가락바퀴가 청동기시대 대부분의 무덤에서 출토되고 있고, 베틀이 발견되는 것으로 보아 옷 만드는 기술이

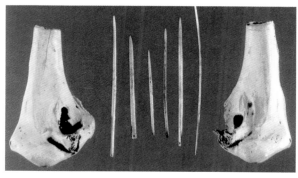

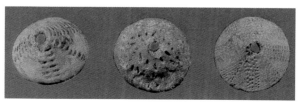

신석기시대 뼈바늘과 바늘통 (위)과 가락바퀴(함북 웅기 굴포리 서포항 유적 출토)
신석기인들은 식물에서 실을 뽑아 뼈바늘과 가락바퀴를 이용하여 베를 짜서 옷을 만들어 입었다.

더욱 발달하였음을 알 수 있다.

청동기시대 의생활의 흔적은 여러 곳에서 확인된다. 부여 사람들이 살던 곳에서는 양털과 개털을 이용한 직물과 청동제 빗을 사용하였고, 두만강 유역에서는 청동 구슬에 꿰어 있는 삼베가 발견되기도 하였다. 이것은 우리 고대국가를 이룩한 예맥(濊貊)족들이 이미 원시적인 방직을 했고, 상층 계급에서는 짐승의 털이나 가죽, 섬유를 이용해 옷을 해 입었다는 사실을 말해 준다. 이처럼 청동기시대에 권력과 경제력을 크게 확보할 수 있었던 족장이나 그의 가족들은 권위를 표시하기 위해 의복을 갖추었을 것으로 짐작된다.

우리나라 고유 복식의 형성

청동기시대 이래 국가가 성립되는 단계에 오면 지역과 종족에 따라 차이는 있겠지만, 일반민들도 위아래 의복을 갖춰 입는 정도에 이르렀다. 따라서 이 당시에는 우리 민족도 고유의 의생활 풍습을 형성한 것으로 보인다.

우리 옷의 처음 모습에 대해서는 실물이 없어 명확한 상을 그리기가 어렵다. 다만 짐승의 가죽을 이용하지 않았을까 생각한다. 문헌에 따르면 부여의 대인(大人)들은 여우나 담비 가죽으로 만든 가죽 옷을 즐겨 입었다. 제주도로 추정되는 주호국(州胡國)에서도 가죽 옷을 입었는데, 윗옷만 있고 아래옷은 없어서 마치 벗은 듯하였다고 전한다. 이러한 풍습은 북방의 숙신(肅慎)·읍루(挹婁)족의 경우에도 동일하였다. 따라서 단편적인 자료지만 우리 민족이 처음 지어 입은 옷은 완전한 옷이라기보다는 아마도 동물의 가죽을 원 상태 그대로 이용하여 몸을 덮고 목과 팔다리를 나오게 하는 형태였을 것이다.

이러한 단계를 거쳐 점차 사람들의 인지가 발달하고 생활 형태도 대부분 농경 생활로 정착되면서 의복 재료도 가죽에서 섬유로 바뀌는 등 변화가 일어났을 것이다. 그리하여 삼국시대가 시작될 무렵이면 이미 상당히 발달된 단계의 복식이 형성된다. 그 형태는 중국의 원피스 스타일과는 달리 상·하의가 분리된 구조여서 꽤 활동적인 의생활 풍습을 갖게 되었다.

삼국시대에 확립된 우리 민족의 고유한 의상을 보면 상의로는 저고리, 하의로는 바지와 치마, 여기에 머리에는 관모(冠帽)를 쓰고 허리에는 띠를 매어 고정하며, 발에는 신을 착용하여 몸을 완전히 감싸는 형태를 하고 있다. 동시에 그 위에 두루마기를 덧입어 냉대성 기후에 적합한 북방 유목민 계통의 의복 구조를 하고 있다. 게다가 우리 옷은 옷자락을 여밀 때 오른쪽 자락이 왼쪽 자락을 덮는 왼쪽여밈[좌임(左衽)]이 고유한 형태인데, 이 점도 활동적이고 실용적인 북방의 유목민계 양식이다.

당시 중국 옷은 위아래가 원피스처럼 통옷이고 오른쪽여밈을 하였다. 《논어》에서는 이러한 여밈의 차이가 중화[화(華)]와 오랑캐[이(夷)]를 구별하는 징표라고까지 말하였다. 따라서 우리의 복식 형태는 우리 민족의 형성 및 생활문화의 많은 부분이 북방 유목민에 원류를 두고 있음을 방증하는 좋은 사례이다.

어떤 재료로 옷을 만들었을까

시대에 따라 의생활이 발달하고 사회적 신분에 따라 다양해졌다는 점은

덕흥리 고분의 견우직녀도(평남 남포시 소재)
이 벽화를 통해 견우와 직녀의 전설이 5세기 이전 고구려에 있었음을 알 수 있다.

바로 그 근본이 되는 옷감이 발달했음을 의미한다. 고대인들은 일찍부터 삼과 누에에서 실을 자아내고, 길쌈을 통해 다양한 옷감을 만들어 옷을 입었다.

고구려 고분벽화에는 은하수를 사이에 두고 앞에서 소를 끌고 있는 견우와 그 뒤에 서 있는 직녀의 그림이 있다. 우리가 어린 시절부터 들어 온 견우직녀 이야기를 표현한 것이다. 여기서 견우는 농사의 신을 상징하고, 직녀는 길쌈하는 신을 상징한다. 이들은 아마도 농경 사회의 수호신 모습을 표현한 것으로 보인다. 이처럼 농경 생활을 한 우리 민족에게는 농사와 함께 길쌈(의생활)이 매우 중요한 생활의 자산이었음을 알 수 있다.

신석기시대 이래 가장 일반적으로 사용된 옷감은 베[포(布)]였다. 특히 갈포(褐布)라고 표현되는 거친 실로 짠 베옷이 일반민들의 주된 옷이었던 것 같다. 그리고 지역에 따라서는 질이 떨어지는 짐승 가죽으로 옷을 해 입는 경우도 있었다.

일반 사람들은 이러한 베옷만으로 겨울을 지냈다. 신분이 높은 사람이야 두루마기나 짐승 가죽, 털을 이용한 옷으로 겨울을 났지만, 일반민들은 추위를 이기기 위한 특별한 옷을 따로 준비하지 못했다. 여름에는 그저 간편하게 홑저고리와 바지만을 입다가 겨울이 오면 옷을 겹쳐 입는 방법으로 추위를 극복했다. 그러나 겉옷 없이 겨울을 나기가 일쑤였고, 대개는 움집에 설치한 원시적인 구들에 불을 때고 그 열에 의지하여 긴 겨울을 났던 것이다.

귀족들의 옷감으로는 아주 가는 실로 곱게 짠 겸포(縑布)가 사용되었다. 기록에는 예(濊)에서 삼을 심고 누에를 쳐서 명주·비단을 짤 줄 알았고, 부여에서는 비단으로 옷을 만들었다고 한다. 삼한에서도 누에를 쳤다고 전하는 것으로 보아 매우 오래전부터 비단이 이용되었음을 알 수 있다.

고구려에서는 왕이 법령을 내려 급하지 않은 일을 줄이고, 농사와 양잠을 하도록 장려하였다. 고구려 쌍영총 벽화에 그려진 인물이나 대안리 1호 무덤의 베를 짜는 여인 등은 당시의 발달된 방직 기술의 면모를 잘 보여 준다. 백제에서도 고이왕 때 서소 같은 직공을 일본에 보내 직조 기술을 가르칠 정도로 길쌈 기술이 발달했다. 신라에서도 박혁거세 때 백성에게 농업과 아울러 양잠을 장려하며 농토를 알뜰하게 이용하도록 하였다. 특히 유리왕은 육부(六部)의 여자들을 두 패로 갈라 길쌈을 시키고, 진 편에서 술과 음식을 차려 이긴 편에 사례하게 하는 '가배(嘉俳)'를 시행하였다고 한다.

　직물 생산은 이처럼 중요한 생업의 하나로 간주되어 국가에서 크게 장려하였고, 직물을 이웃 나라에 수출하기도 하였다. 따라서 다양하고 고급스러운 직물이 생산되었을 것은 의심의 여지가 없다. 특히 비단은 주로 왕실과 중국 등 다른 나라와의 무역에 이용되었으며, 진덕여왕은 당나라에 태평송(太平頌)을 비단에 수놓아 보냈고, 경문왕 때에도 꽃무늬어아금[화어아금(花魚牙錦)], 조하금(朝霞錦) 등 각종 비단을 당나라에 수출하였다고 한다.

저고리는 길게, 바지는 헐렁하게

　삼국시대 이후 중국 복식의 압도적인 영향 속에서도 우리 생활양식에 꼭 맞고 우리다운 미의식에 알맞은 우리 옷의 멋과 특징은 계속 존재하였다.

　고대 우리 옷에는 종류에 상관없이 깃, 소맷부리 등 가장자리에 다른 색의 천으로 띠처럼 선(襈)을 돌렸다. 그리고 선 안에 다양한 장식과 무늬를 그

무용총 벽화에 보이는 여러 종류의 의복(중국 지린성 지안 소재)
춤추는 인물들의 의복에서 저고리와 두루마기의 왼쪽여밈이나 선을 두른 모습 등 삼국 시대 우리 복식의 기본 형태를 엿볼 수 있다.

려 넣었다. 이것은 오늘날 한복 저고리의 '회장'과 '끝동'에 그 전통이 남아 있다.

고대의 저고리는 남녀 모두 엉덩이를 덮을 정도로 길었다. 이 저고리는 너무 조이지도 않고, 그렇다고 헐렁하지도 않은 자연스러운 상태에서 허리를 띠로 매어 입었다. 띠는 옷이 몸에 잘 붙어 활동하기 편하도록 하는 것인데, 그것을 여러 가지 색깔의 천과 가죽 혹은 금속으로 만들어 맴으로써 옷맵시를 아름답고 단정하게 꾸미는 효과를 냈다. 이처럼 우리 옷은 실용과 장식을 겸비하고 있었다.

바지의 경우에도 원래는 북방계 민족의 옷으로 통이 좁았으나, 우리 민족에 맞게 다양하게 변용하여 남녀 모두 즐겨 입었다. 고분벽화에 등장하는 여자들이 일상복으로 바지를 많이 착용한 사실은 그것이 고대의 보편적인 풍속이었음을 말해 준다. 대부분의 바지에는 물방울무늬, 마름모무늬 등 다양한 무늬가 그려져 있어 개성과 멋이 표현되고 있다. 바지통은 약간 헐렁하여 활동에 자유로울 정도였고, 바지 끝을 잘록하게 좁혀 놓아서 발목 부분에서 자연스럽게 매이는 양식을 하고 있다.

이러한 복식은 처음에는 남녀의 구분이 없었던 것으로 보인다. 여성은 초기에는 긴 저고리와 좁은 바지를 입다가 점차 저고리와 자락이 길고 폭이 넓은 치마를 입었다. 벽화에 나오는 고구려 여자들은 바지만 입거나 바지 위에 치마를 입고 치마만 입기도 하였다. 그러나 대부분의 여인들은 치마, 특히 주름치마를 입고 있다. 반면에 문헌과 벽화에서 남자들이 치마를 입은 모습은 볼 수 없다. 따라서 삼국시대에는 치마가 남녀를 구분하는 주요한 기준이 되었고, 남성은 저고리와 바지, 여성은 저고리와 주름치마를 입는 전형적인 의생활 풍습이 형성되었음을 알 수 있다.

신분에 따라 옷을 달리 입었다는데

삼국시대에는 최고의 계층에 속한 국왕과 귀족들만이 금으로 만든 금관을 썼다. 그 이하의 계층에서는 천으로 만든 모자를 썼다. 이러한 점이 당시 복식 문화의 특징으로 손꼽히고 있다. 고대사회에서는 계급과 신분에 따라 사회적 지위가 결정되었으므로 복식도 이처럼 신분에 따라 철저히 구분하였다.

의복은 연령의 구별 없이 처음에는 소매가 좁은 저고리와 가랑이의 통이 좁은 바지를 착용하였다. 그러나 점차 귀족층을 중심으로 소매가 길고 넓으며 자락이 긴 저고리와 통이 넓은 바지를 입었다. 그 밖의 계층에서는 여전히 긴 저고리와 통이 좁은 바지를 답습하였다. 특히 신분이 높은 사람은 옷의 깃이나 소매 등에 두르는 선의 폭을 넓게 하고, 그 안에 다양한 문양을 꾸며 넣었다. 때로는 저고리 위에 붉은색이나 색깔이 있는 두루마기를 입어 높은 신분을 과시하기도 하였다.

신분에 따른 복식의 차이는 관리들의 옷에서 가장 두드러지게 드러난다. 삼국 모두 관리들에게는 관직의 등급에 따라 색깔을 구분하여 공복(公服)을 입게 하였다. 공복을 입는 사람들은 대부분 귀족들로 이들은 예의를 갖출 때에는 고급 두루마기를 입고 모자를 썼다. 관복은 등급에 따라 금 혹은 은 등의 장식에 제한을 두었다. 고분벽화를 보면 귀족들은 등급에 따라 푸른 비단으로 만든 관, 붉은 비단으로 만든 관 등을 썼고, 왕은 흰색 비단으로 만든 관을 썼다. 왕 밑의 관리들은 뿔이 난 듯한 문관 모자와 뒤가 높은 무관 모자, 새 깃을 꽂은 고깔 모양의 모자[조우관(鳥羽冠)] 등을 썼으며, 일반 평민들은 검은 머릿수건을 둘렀다.

신라에서는 공복은 철저하게 등급에 따라 자색, 비색, 청색, 황색 등 네 가지로 색을 달리하여 입었다. 삼국 통일 이후 당(唐)의 관복을 모방하였을 때에도 등급에 따라 비단과 장식물 사용에 엄격한 제한을 두었다.

그러나 신라 말기에 이르자 의복도 대단히 사치스러워졌고, 도덕과 윤리 또한 문란해졌다. 상하 구별 없이 외래품을 숭상하고 토산품을 천시하는 폐단이 나타났다. 흥덕왕은 이것을 방지하고 신분에 따라 복식의 질서를 바로잡기 위하여 834년에 교서(敎書)를 반포하였다.

그 교서에는 당시 의복 제도를 알아볼 수 있을 정도로 작은 부분에 이르기까지 세밀하게 기록되어 있다. 심지어 남녀의 속옷 재질에 대해서까지 금지 사항이 정해져 있다. 남성은 진골에는 아무런 제한을 두지 않았으나, 평민은 명주로 짠 견포(絹布)만을 쓸 수 있도록 규정하였다. 베는 가장 질이 낮아 올이 성기고 굵은 12승(升) 이하를 사용하도록 하였다. 당시 진골이 올이 촘촘한 26승 이하의 고운 베를 사용했던 것과 비교하면 귀족과 일반 백성들의 옷은 상당한 차이가 있었음을 알 수 있다.

흰옷을 즐겨 입은 까닭은

고대사회의 지배계급은 관복(官服)으로 오채(五彩) 찬란한 비단옷을 입었으나 일반 백성들은 흰색 의복을 입었다.

부여인들은 흰옷을 숭상하여 흰 베로 만든 소매가 큰 두루마기와 바지를 입었다. 그러나 외국에 나갈 일이 있을 때에는 수를 놓은 비단으로 지은 옷과 털옷을 입었다고 한다. 이러한 풍속은 고구려에서도 거의 동일하였다. 부여에서는 장례를 치를 때에도 남녀 모두 흰색 옷을 입었다. 이것은 모두 흰색을 존중하고 신성시하는 풍속에서 나온 것으로 볼 수 있다.

흰색 옷을 즐겨 입기는 백제와 신라도 마찬가지였다. 중국 문헌에는 신라인들이 흰색 옷을 숭상했다는 사실을 분명히 밝히고 있다. 석탈해 설화에는 탈해의 물심부름을 한 하인(평민)이 등장한다. 그런데 그 인물은 단지 '흰옷[백의(白衣)]'이라 표현되어 있다. 이것은 당시 일반민들이 흰옷 입은 사람으로 통용되었음을 말해 준다. 변진(弁辰)과 백제에서도 의복이 청결하다는 점을 일부러 밝혀 놓고 있다. 이는 세탁할수록 순백해지는 삼베를 평상복으로 삼았던 데에 그 일차적 원인이 있겠지만, 보다 중요한 점은 밝고 깨끗하고 우아한 것을 좋아하는 정서가 의복에 반영되었기 때문이라 생각된다.

일부의 주장처럼 고대인들이 흰색 옷을 즐겨 입었던 이유가 염료의 부족 때문일 수도 있다. 실제 삼국시대 일반 평민들의 의복에는 주로 마직물이 이용되었는데, 이 마직물은 염색하지 않은 것이 대부분이었다. 그러나 삼국시대나 통일신라시대에는 나무판에 각각 음각하여 그 사이에 천을 넣어 날염하는 납힐(蠟纈) 등 염색 기술이 높은 수준에 있었다.

자세한 기록은 없으나 고구려 벽화에 나오는 인물 중 극히 신분이 낮은 경우를 제외하고는 대부분이 색이 있는 옷과 무늬 있는 옷을 입었다. 그리고 색깔은 원색뿐만 아니라 중간색도 사용하였으며 같은 계통의 색, 예를 들면 붉은색 계열에도 이미 진홍색[비색(緋色)], 자주색[자색(紫色)], 붉은색[적색(赤色)]의 구분이 있었다. 이것은 당시에 색깔이 얼마나 다양했는지를 말해 준다. 다만 신분에 따라 옷감 종류와 색깔을 제한하였고 흰옷을 즐겨 입는 습성 때문에 일반인들은 화려한 옷을 입지 않았던 것이다.

이처럼 고대 우리 민족은 흰옷을 즐겨 입었고, 이 풍습은 고려시대나 조선시대까지 이어진다. 《고려도경》에 보면 당시 여자 옷에는 색깔을 들이지 않는 풍습이 있었고, 나라에서 꽃무늬 있는 비단옷을 금지하자 백성들이 잘 따랐다고 한다. 특히 여자들은 흰 모시 저고리에 노란 치마를 입었는데 귀족부터 일반인까지 동일하였다고 한다.

고대사회에서 유행한 옷은

옷차림은 자기표현의 방법이다. 자기에게 맞는 스타일이란 자신의 생각

쌍영총 벽화의 두 여인(평남 남포시 소재)
주름 잡힌 긴 치마에 저고리가 엉덩이까지 내려
오고, 깃이나 소매에 선을 둘러 다양한 문양을 넣
은 모습으로 당시 상층 여인들의 복장을 잘 보여
준다.

과 생활을 잘 표현해 주는 것이다. 노력하면 누구나 자기만의 스타일을 찾고 만들 수 있다. 그러나 국가가 정해 준 일정한 규격 안에서 옷을 입어야 했던 고대인들이 과연 자신만의 개성을 표현할 수 있었을까? 그랬다면 어떻게 하였을까?

삼국시대 중국 옷의 영향 속에서도 귀족 여자들은 고유한 옷을 변용하여 개성 있는 멋을 냈다. 고구려 삼실총 벽화에 그려진 한 여인은 머리를 단정히 빗은 후 양 볼에 두 가닥의 머리카락을 늘어뜨린 애교머리로 한껏 멋을 부리고 있다. 쌍영총 벽화에는 주인공의 첩(또는 딸)으로 생각되는 여인들이 날렵한 저고리와 주름치마를 입고 현재의 헤어밴드 같은 머리띠로 머리카락이 흘러내리지 않게 매어 멋을 냈다. 아마도 이 여인들은 당시로서는 최첨단의 세련된 패션 감각을 표현한 것으로 보인다.

고분벽화에 보이는 고구려 여인들은 색깔을 넣지 않은 주름치마와 다양한 문양의 선을 두른 두루마기를 착용하였고, 머리는 고운 빛깔의 주옥(珠玉)으로 장식하였다. 백제 여인들은 혼인 전에는 머리카락을 땋아 뒤로 드리우다가, 시집을 가면 두 갈래로 나누어 위로 올렸다. 이러한 머리 꾸밈은 삼국 모두 동일하였다. 고구려 여인들은 얼굴에 화장을 한 것 같다. 그러나 신라 여인들은 화장을 하거나 눈썹을 그리지는 않고 대신 볼에 연지를 찍었다.

삼국시대에는 주로 신분이 높은 여자들이 패션을 주도했다. 삼국 중기까지 고유 복장이 지배적일 때에는 유행이랄 것이 없었다. 그러나 삼국 말기에 당나라 복식이 도입되면서부터는 당나라 복식을 모방하여 다양한 멋을 부렸다.

삼국 말 이래 당나라 옷은 국제복이나 다름없었다. 당나라 복식은 선진 문화의 상징과도 같은 것으로 마치 20세기의 양복과 같은 구실을 했다. 그 때문에 일찍이 중국의 선진 문화를 받아들여 당나라 옷을 입었던 신라는 사신들에게도 당나라 옷을 입혀 보냈다.

이제 관리들은 깃을 둥글게 만든 원피스 형태의 단령(團領)을 입었다. 일반인들도 종전의 고유한 의복이 여전히 주류를 이루고는 있었지만, 우리 옷의 특징인 왼쪽여밈 대신 중국 복식의 영향으로 오른쪽여밈 옷이 유행하였다. 그리하여 삼국시대에는 오른쪽여밈이 왼쪽여밈과 함께 사용되다가 통일신라 이후에 오면 오른쪽여밈으로 고정되어 현재 한복의 특징으로 이어지고 있다. 남성들은 진골부터 평민에 이르기까지 모두 머리를 감싸는 관모를 쓰게 되었으며, 여성들은 목 뒤에서 가슴 앞까지 길게 드리

신라 토용에 보이는 당나라풍 복식(경주 용강동 고분 출토, 국립경주박물관 소장)
당의 복식을 한 인물들에게서 중국의 영향이 강하게 느껴진다.

우는 일종의 목도리를 하기도 하였다. 또 남녀를 막론하고 사두품 이상에서는 소매 없는 겉옷이 유행하였다고 한다.

삼국시대 말부터 중국에서 들어와 유행한 복식은 지배층 위주의 것이었다. 복식은 자연환경과 기후, 전통에 크게 제약을 받는다. 따라서 일반인들에게는 곧바로 질적인 변화를 가져오지 못하였다. 중국의 복식 제도는 왕실과 귀족층 일부의 관복과 예복에 국한되었고, 그들도 보통 때에는 우리의 전통 옷을 입었다. 그러나 이때 들여온 옷이 궁중이나 특수 신분층에게만 착용되었다 할지라도, 이후 우리 복식은 고유의 복식 전통과 중국의 복식이 병용되었다.

송호정 _한국교원대 교수

동굴 집에서 기와집까지

고경석

집안 형편이 어려워 학교를 제대로 다니지 못한 사람은 "배우지 못한 것 보다 서러운 것은 없다."라고 말한다. 그러나 우리나라 사람들 가운데 가장 많은 사람이 경험했고 공감하는 설움은 '집 없는 설움'이다. 셋방살이할 때 주인 집 아이의 텃세 때문에 자기 자식이 맞고 울어도, 우리의 부모님들은 아무 말 못 한 채 눈물을 삼켜야만 했다. 그런 때문인지 아직까지도 자기 집 을 마련했는가의 여부가 그 사람의 생활수준을 가늠하는 기준이 되고 있다.

집의 가장 중요한 기능은 따뜻한 보금자리를 제공하는 것이다. 이 기능은 인류 역사가 시작된 이래 변함없이 지속되고 있다. 그러나 시대가 변하고 사회가 발전하면서 집도 많은 변화를 겪어 왔다. 겉모습은 물론이고 그 안 에서 생활하는 사람들의 모습도 변했다.

집은 어떻게 변해 왔고 또 왜 변해 온 것일까. 아득한 옛날 집은 지금의 집들과 무엇이 다를까. 추운 겨울에는 어떻게 지냈을까.

동굴 집과 바위그늘

흔히들 우리의 전통 가옥이라면 초가집과 기와집을 떠올린다. 그러나 이것들은 한반도에서 인류가 살기 시작한 뒤 수십만 년이 지나서야 비로소 등장하기 시작한 가옥 형태이다.

구석기시대 사람들은 주로 동굴이나 바위그늘에서 생활했다. 평양 상원의 검은모루 동굴이나 충북 청원의 두루봉 동굴 등 구석기 유적에 동굴 유적이 많은 것도 이 때문이다. 바위그늘은 암벽 위쪽이 기울어지거나 아래쪽이 움푹 들어가서 비나 햇빛을 피할 수 있는 곳을 말한다.

이런 곳은 구석기인에게 더없이 좋은 주거 환경을 제공하였다. 집을 짓기 위해 따로 수고할 필요가 없었기 때문이다. 짐승 사냥이나 나무 열매 채집 등에 의존하여 생활하였던 구석기인들은 먹을 것을 찾아 끊임없이 이동 생활을 해야 했다. 그런 와중에 튼튼한 집을 짓겠다며 한가로이 나무나 찍고 있을 겨를도 없었을 것이다.

구석기인들은 뗀석기를 이용하고, 무리를 지어 사냥도 했지만 생활이 언제나 불안정하였다. 그러한 가운데 맹수의 위협을 피하는 데에도 동굴과 바위그늘은 매우 유리하였다. 그곳은 대개 경사진 산기슭에 있었기에 입구 주위에 불을 피우거나 간단한 시설물만 만들어 놓아도 추위를 막거나 맹수들의 피해를 예방할 수 있었다. 그러나 이런 곳을 흔히 찾을 수는 없었다. 따라서 위험이 뒤따르긴 했지만 상당수의 구석기인들은 양지바른 곳이나 나무 위에 풀이나 나뭇가지로 거칠게 지은 '막집'을 만들어 살았을 것이다.

둥근 움집과 네모난 움집

신석기시대로 접어들면서 인간의 주거 생활도 급격히 변화하였다. '신석기 혁명'으로 불리는 농경을 하면서부터 사람들은 한곳에서 정착 생활을 하기 시작했다. 이때 '움집'이 등장하였다.

땅을 파서 바닥을 다진 뒤에 나뭇가지나 갈대 등으로 지붕을 엮은 것이 움집이다. 출입구는 햇빛이 잘 드는 동남쪽이나 서남쪽에 만들었고, 안에는 경사진 통로나 한두 단의 계단을 만들어 드나들 수 있게 하였다. 60센티미터가량 파 내려간 바닥은 원형을 이루는 것이 많았다. 그 때문에 지붕은 자연스럽게 원뿔 모양이 되었다. 바닥의 지름은 대개 6미터 안팎인데, 대

신석기시대 주거지 복원 모형과 원형 바닥(서울 강동구 암사동 소재)
신석기시대 집은 원형 바닥 위에 세워졌다.

략 8~9평(坪) 정도 넓이에 해당한다. 이 정도라면 오늘날의 방과 비교해도 결코 작은 면적이 아니다. 대략 네다섯 명 정도의 소가족이 살기에 적당한 규모였다.

그러나 내부 공간의 실제 효용성을 생각할 때 움집은 그리 넓은 편이 아니었다. 바닥 주위와 내부 이곳저곳에 기둥이 세워져 있었고, 가운데에는 불을 피우는 화덕이 있었다. 화덕 곁이나 벽 주위에는 취사도구나 사냥 도구 등을 놓아두는 구덩이가 있었다. 따라서 여러 사람이 나란히 누워서 발을 쭉 뻗고 편히 잔다는 것은 기대하기 힘들었다.

청동기시대에도 움집이 주류를 이루었다. 그러나 신석기시대에 비해 모양과 구조, 크기 등은 많이 바뀌었다. 우선 바닥 모양은 원형 대신 직사각형이 일반적이었고 규모도 커졌다. 이제는 하나의 움집 안에서 대가족이 생활하기에 넉넉할 정도가 되었다. 바닥이 직사각형이었으므로 자연히 지붕도 원뿔형에서 맞배식으로 바뀌었고, 지붕을 떠받치는 벽체가 지상에 만들어지는 반움집도 등장하였다. 바닥 깊이도 점차 얕아져서 지표와 가까워졌다.

집 한가운데에 있던 화덕도 한쪽으로 비켜났다. 집이 커지면서 화덕이 두세 개로 늘어나고 불도 빈번히 사용했다. 한편 각종 도구와 농업 생산물의 양이 늘어남에 따라 이것들을 모두 움집 안에 보관할 수 없게 되었다. 따라서 움집 옆에 보관 시설을 따로 만드는 등 다양한 용도의 건물들도 등장하였다.

그런데 움집 안의 화덕은 주로 불씨를 보관하는 용도로 사용된 것이다. 후대의 화로와 용도 면에서 매우 유사하였다. 시골 할머니 곁에서 화롯불로 찌개를 끓이거나 밤을 구워 먹던 것과 마찬가지로 움집 화덕에서도 간단한

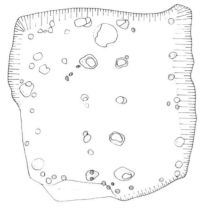

청동기시대 주거지 복원 그림(오른쪽)과 사각형 바닥(함북 회령 오동리 유적)
청동기시대 집은 사각형 바닥 위에 세워졌다.

조리나 작업을 할 수 있었다. 불씨가 있었기에 실내가 한결 훈훈해진 것은 물론이다. 그러나 본격적인 취사나 작업은 집 밖에서 이루어졌다. 실내에서 모닥불을 피웠다가는 자칫 연기에 질식되거나 불이 옮겨 붙어 화재가 날 가능성이 컸기 때문이다.

신석기시대와 비교할 때 청동기시대의 움집이 겉모습만 바뀐 것은 아니었다. 사회생활 자체가 달라졌다. 신석기시대에는 인간과 인간의 관계가 기본적으로 평등하였다. 그러나 청동기시대는 '지배하는 사람'과 '지배당하는 사람'이 확연히 구분된 사회였다. 더 나아가 집단과 집단 간에도 '지배하는 집단'과 '지배당하는 집단'으로 나누어졌다. 당연히 주변 종족 간의 분쟁도 잦아졌다. 그 과정에서 불타 버린 집들이 많이 발견되는 것도 이 시기의 변화된 모습이다.

지상가옥의 등장

움집 생활은 겨울철의 추위를 막아 내는 데에는 더없이 좋았다. 그러나 장마철과 같이 습기가 많은 계절에 땅속에서 생활한다는 것은 여간 힘든 일이 아니었을 것이다. 움집 주위에 배수구를 잘 만들어 비가 와도 빗물이 안으로 흘러들지 못하게 하였다고는 하지만, 흘러내리는 빗물이나 땅속에서 스며드는 습기를 막아 내는 데에는 한계가 있었다. 그 때문에 어떤 종족은 여름철 우기에 산 구릉의 동굴 등에서 생활하기도 하였다.

철기시대로 접어들면서 인간은 쇠도끼와 같은 강한 공구를 사용하게 되었다. 좋은 둥치를 잘라 기둥을 세운 뒤에 튼튼한 집을 짓는 일이 쉬워졌다. 청동기시대에 등장한 반움집이 이제는 곳곳에 들어서게 되었다. 그리고 이어서 완전히 땅 위에 지은 지상가옥이 등장하기에 이르렀다.

가장 대표적인 지상가옥은 오늘날까지도 전해 내려오는 초가집과 기와집이다. 그러나 그 밖에 귀틀집과 다락창고 등도 나타났다. 귀틀집은 통나무를 우물 '정(井)' 자 모양으로 쌓고 통나무와 통나무 사이는 흙과 돌로 막아 벽체를 이룬 가옥으로, 오늘날의 통나무집과 비슷한 형태의 집이다. 《삼국지》 동이전에서 1,600여 년 전 삼한 사회의 집 모양을 설명하면서 "집을 지을 때 나무를 가로로 쌓아 만드는데 마치 감옥처럼 생겼다."라고 한 것이 바로 귀틀집이다.

다락창고는 바닥을 매우 높게 만든 건물로 누각이나 원두막과 비슷하게 생긴 것이다. 바닥이 높아서 '고상가옥(高床家屋)'이라고도 부르는데, 땅에서 올라오는 습기를 피해야 하는 곡식이나 도구 등의 창고로 이용되었다.

움집에서 지상가옥으로 변하는 과정에서 반드시 해결해야 할 것이 난방

문제였다. 움집은 지열을 이용하여 자연스럽게 난방 효과를 얻을 수 있었으나, 지상가옥은 이를 기대할 수 없었기 때문이다. 이 문제를 해결하기 위해 귀틀집처럼 벽을 통나무로 만든다거나, 아니면 흙으로 벽을 만들어 열 손실을 최소화하려고 하였다. 그리고 집 안에 별도의 난방시설을 만들어 보다 큰 난방 효과를 기대하였다.

귀족 집과 서민 집

880년 9월 9일, 신라 49대 임금 헌강왕은 신하들을 데리고 서라벌이 한눈에 보이는 월상루(月上樓)에 올라 사방을 둘러보았다. 시야에 들어오는 집들은 모두 기와집이었다. 그리고 땔나무 대신 숯을 사용해 음식을 만든다는 소문은 태평성대가 따로 없다는 느낌을 주었다. 신하들은 이 모든 것이 임금이 정치를 잘한 덕택이라고 칭송하였고, 임금은 내심 흡족해하면서도 신하들 덕택이라며 짐짓 겸손을 부렸다.

그러나 왕족과 귀족들이 화려한 기와집에서 안락한 생활을 찬미하고 있던 바로 그때, 절대다수의 농민들은 극심한 굶주림과 생활고로 몰락의 길을 걷고 있었다. 그 때문에 헌강왕이 흡족해했던 때로부터 9년 뒤인 889년 전국의 농민들이 폭동을 일으켰고, 이는 신라의 멸망을 재촉하는 계기가 되었다.

전근대사회는 신분제 사회이기에 신분에 따른 사회적 차별도 당연하게 받아들여졌다. 그리고 역사를 거슬러 올라갈수록 지배층과 피지배층 간의 격차는 더욱더 커진다. 삼국 중 특히 신라에서는 골품제(骨品制)라는 신분제

기와집 모양의 골함(骨函)과 초가집 모양의 토기(오른쪽, 국립중앙박물관 소장)
화려한 귀족 집과 초라한 서민 집의 차이를 보여 준다.

도를 통해 신분 간의 차별을 법으로 엄격히 정해 놓았다. 이 같은 신분 차별
은 사회생활 구석구석에 적용되었기에 집도 예외가 될 수 없었다. 방의 크
기, 지붕과 대들보의 재료, 계단의 종류와 크기, 담장의 높이와 재료, 장식
품의 종류와 재료, 출입문의 종류, 마구간의 크기 등 주거 생활의 모든 것이
신분(진골, 육두품, 오두품, 사두품 및 백성)에 따라 규제를 받았다.

특히 통일신라시대의 서라벌에는 '금입택(金入宅)'이라 불리는 진골 귀족
의 대저택이 39개나 있었다. 또한 계절이 바뀔 때마다 빼어난 경치를 자랑
하면서 귀족들의 놀이 장소가 된 '사절유택(四節遊宅)'이 있었다는 기록도
있다.

고구려도 궁궐과 사원 그리고 관청과 귀족 집에서만 기와를 이을 수 있었
다. 백제는 기와나 벽돌 만드는 기술이 다른 나라보다 훨씬 발달하여, 기와
를 전문으로 다루는 와박사(瓦博士)가 있었다. 그리고 그 기술을 일본에 전

해 주기도 한 것으로 보아 왕궁과 귀족 저택의 화려함은 다른 나라에 못지 않았을 것이다.

그러나 일반 백성들의 집이 이와 같을 수는 없었다. 그나마 초가집이라도 반듯하게 지을 수 있는 사람은 지방 사회에서 행세깨나 하는 자들에 한정되었다. 대다수 백성들의 집은 간단한 초가집이나 움집이었다. 더구나 밭갈이 할 땅도 없이 떠돌며 구걸로 하루하루 목숨을 이어 간 유랑민들은 짚풀 더미를 대충 둘러친 초라한 집에 사는 것이 고작이었을 것이다. 이런 상황에서 큰비라도 내린다면 곳곳의 민가가 휩쓸려 가고 이재민이 속출하는 것도 당연하였다.

이처럼 불안정하게 생활하는 하층민이 광범위하게 존재하는 상황에서, 경주의 귀족들이 화려한 기와집을 짓고 또 국왕과 신하들이 태평성대나 노래하고 있었다. 그러니 신라가 망하지 않았다면 그것이 오히려 더 이상한 노릇이었을 것이다.

귀족 집 엿보기

삼국시대에 기와집과 초가집 그리고 움집 등이 있었다는 사실은 유물이나 유적을 통해서 쉽게 파악할 수 있다. 그러나 그러한 집의 내부에서 어떻게 생활했는가를 알기는 쉽지 않다. 다만 후대의 일에 비추어 막연하게 추정할 뿐이다.

그런데 고구려 고분벽화에는 당시의 집 구조를 파악할 수 있는 소중한 그림들이 그려져 있다. 여기에는 귀족의 집만 보이기에 아쉬움이 있긴 하지만, 당시 가옥 구조를 생생하게 파악할 수 있어서 무척 다행스럽다. 특히 동수(冬壽)라는 인물의 무덤을 통해 당시 귀족 집의 내부 구조를 자세히 엿볼 수 있다.

동수는 서기 337년 고구려로 망명한 중국인이다. 망명한 뒤에도 고구려의 관리로 중용되어 지금의 황해도 안악 지방을 근거지로 20여 년 동안 귀족으로 살다 죽었다. 그를 장사 지내기 위해 화려한 무덤이 만들어졌다. 무덤은 몇 개의 큰 방으로 이루어졌는데, 벽과 천장에는 생전의 활동과 관련한 수많은 사건과 인물들이 그려져 있다. 그중에 주인공 부부의 관(棺)이 놓인 방에 딸린 곁방 벽면에는 그의 집 구조와 살림살이가 사실적으로 그려져 있다.

먼저 우물 주위에는 물을 퍼 담는 커다란 항아리와 가축용 물구유가 있다. 그리고 물 긷는 두레박줄이 기다란 막대기 끝의 도르래에 매달려 있다. 특이한 것은 이 막대를 우물 밖의 굵은 기둥에 지렛대처럼 연결해 놓고서, 막대의 반대쪽에는 모래주머니 같은 것을 매달아 놓은 점이다. 아마도 두레박을 우물 속으로 내릴 때에는 주머니를 살짝 들어 올려 주고, 물을 퍼 올릴 때에는 주머니 속에 담긴 모래 등의 무게를 이용하여 힘을 덜 들이고 물을 길었던 것으로 보인다.

부엌에서는 부뚜막 위에 커다란 솥을 올려놓고서 요리를 하고 있고, 그 옆에서는 다른 계집종이 그릇에 음식을 나누어 담고 있다. 땔나무를 연료로 사용하였으므로 불이 잘 타오르게 하기 위해 한 명이 엎드려 아궁이 쪽으로 입김을 불고 있다. 다만 이곳이 아궁이가 놓인 부엌이라는 것을 강조하려다 보니, 부엌일 보는 여자 한 명을 불길이 뻗치는 부뚜막 안쪽에 그려 놓는 어

안악 3호분 동수 무덤의 벽화(모사도, 황해도 안악군 소재)
우물, 부엌, 고기 창고, 수레 창고, 외양간과 마구간, 방앗간 등 귀족 집의 내부 구조를
한눈에 엿볼 수 있게 무덤 방을 꾸미고 벽화를 그려 넣었다.

색함도 같이 보인다.

부엌 옆의 커다란 고기 창고에는 여러 종류의 고기들이 'ᒥ' 모양 갈고리에 통째로 걸려 있다. 아마도 주인공 부부가 저세상에 가서도 풍족하게 살기를 바라는 마음에서 이렇게 과장되게 그려 놓은 것으로 보인다.

수레 창고에는 두 대의 수레가 있다. 하나는 수레에 탄 사람의 모습이 바깥에서도 보이게 만든 것이고, 다른 하나는 가리개로 막아서 보이지 않게 만들었다. 앞의 것은 남자 주인이 탔던 것이고, 뒤의 것은 여주인이 타고 다녔던 것이다.

수레 창고 옆에는 외양간과 마구간이 있다. 외양간에는 세 마리의 소를 각기 다른 모습과 색깔로 그려 놓았다. 당시 소는 국가에서 늘 숫자를 파악하고 있을 만큼 중요한 가축으로서 재산 가치도 높았다. 이 집 외양간의 소들은 아마도 바로 옆에 있는 수레와 관계가 있었던 것으로 짐작된다. 흔히들 수레를 끄는 동물로 말을 떠올리기가 쉽지만, 고구려 고분벽화에서는 소가 끄는 수레의 모습이 훨씬 많이 발견된다. 마구간에도 말 세 마리가 있다. 울타리 밖에는 망아지 한 마리가 뛰어놀고 있고, 그 옆에서는 일꾼들이 작두로 여물을 썰고 있는 모습도 보인다. 그리고 그 옆의 방앗간에서는 하녀 두 명이 디딜방아를 찧고 있다.

힘겨운 겨울나기-온돌이 없었다

우리나라는 사계절이 뚜렷하다고 하지만, 실제로는 여름과 겨울이 길고 봄가을이 짧은 편이다. 특히 겨울철은 활동량이 많지 않은데도 여러 가지 준비가 필요하기에 더욱더 길게 느껴진다.

그런데도 옛날 옛적의 겨울 생활을 생각할 때면 많은 사람들이 뜨끈뜨끈한 온돌방 아랫목에서 이불을 뒤집어쓰고 있는 것을 연상한다. 그러나 결론적으로 말해서 삼국시대에는 우리가 생각하는 그러한 온돌방은 존재하지 않았다. 사치를 일삼던 귀족의 집에서도 온돌의 흔적은 찾을 수 없다. 궁궐과 귀족 집에서 온돌을 사용하지 않았으니 일반 백성의 집에서 온돌을 설치했을 리 만무하다. 그렇다면 길고 긴 겨울철을 어떻게 지냈다는 것일까.

오늘날과 같은 온돌 장치는 없었지만, 온돌의 시원적 형태라 할 수 있는 쪽구들은 일부 있었다. 쪽구들은 방 안의 한 '쪽'이나 일부 바닥에 흙으로 'ㅡ'자나 'ㄱ'자 모양의 침상을 만든 뒤, 방 밖이나 안의 아궁이에서 불을 땐다. 그러면 아궁이와 연결된 통로를 따라 열기가 침상을 통과하면서 침상이 덥혀지고 실내 기온도 올라가게 된다. 특히 실내에서 불을 땔 경우에는 열 손실이 더 적었다. 구조가 다르긴 하지만, 오늘날의 실내 벽난로와 같은 원리로 난방을 했다고 생각하면 된다. 그러나 바닥 전체에 구들이 깔린 후대의 온돌방에 비해 실내는 매우 썰렁했을 것이다.

고구려 고분벽화에 그려진 귀족들의 집안 생활을 보면, 조선시대 양반처럼 방바닥에 앉아 생활하는 모습은 거의 없다. 대부분 의자나 침상에 걸터앉는 입식 생활을 했다. 따라서 손님을 접대할 때에는 물론이고 평상시 방 안에 있을 때에도 침상이나 평상에 앉아 있는 모습이 자주 눈에 띈다.(24쪽 그림 참조) 온돌 장치가 없었기 때문이다. 이때 방바닥에는 돗자리와 같은 깔판이나 널빤지를 깔았다.

비록 후대의 가옥에 비해 난방시설이 발달하지는 못했지만, 그래도 귀족

©김대벽

발해 상경성 침전지 쪽구들 유적(위)과 조선족의 쪽구들
쪽구들은 온돌이 없던 삼국시대에 만들어진 난방시설이다. 열기가 통과하는 침상 위에서 생활하였는데, 이 쪽구들은 현재에도 전해지고 있다.

의 집은 쪽구들이 설치되고 먹을 것도 넉넉했기에 나은 편이었다. 그러나 일반 백성들이 겪은 겨울은 끔찍하리만큼 혹독하였다. 특히 겨울이 길고 추위도 심했던 고구려 지역에서는 더 심했다. 고구려 사람들은 겨울이 되면 집 안에 긴 굴[갱(坑)]을 만들고 여기에다 불을 때서 난방을 했다고 한다. 아마도 귀족들 집에 상시적으로 설치된 쪽구들과는 달리, 방 안에 터널 모양의 흙 굴을 만든 뒤 난방을 하였던 것으로 보인다.

고구려에 비해 상대적으로 따뜻한 신라에서도 겨울나기는 어려운 일이었다. 그래서 겨울이 되면 방 안에다 부엌을 만들기도 했다. 아마도 요리를 하면서 그 열기로 실내 기온을 따뜻하게 하려는 의도였던 것으로 보인다.

겨울 날씨가 덜 추우면 백성들이 지내기가 좀 수월했을 것이다. 그러나 그들은 '추운 겨울'보다도 오히려 '따뜻한 겨울'을 더 무서워했을지도 모른다. 따뜻한 겨울을 지낸 이듬해 농사에는 반드시 병충해가 기승을 부렸기 때문이다. 겨울철 매서운 날씨는 억지로 몇 달 참으면 이길 수 있었다. 그러나 병충해 때문에 한 해 농사를 망치면 살길이 막막하였다. 실제로 따뜻한 겨울을 보낸 이듬해에는 대부분 흉년이 들어 수많은 농민들이 굶어 죽거나 무작정 떠돌이 생활을 해야 했다. 이래저래 백성들은 모든 것을 숙명으로 받아들이고 목숨을 하늘에 맡긴 채 생활할 수밖에 없었다.

고경석 _충무공수련원 연구원

성(性), 풍요와 다산의 상징에서 쾌락의 수단으로

강봉룡

인간과 동물의 차이

이 세상에 존재하는 모든 생명체는 각기 종족 번식을 위한 독특한 노하우를 가지고 있다. 스스로 움직이지 못하는 식물계도 예외는 아니어서, 아름다운 꽃과 달콤한 꿀을 가지고 벌과 나비를 유혹하기도 하고, 바람에 날려서, 혹은 동물의 몸에 달라붙어 자신의 씨앗을 멀리 퍼뜨리기도 한다. 심지어는 자신의 씨앗을 스스로 멀리 발사하는 분사 장치를 갖춘 식물도 있다고 하니, 종족 번식을 위한 식물계의 필사적인 노력에 머리가 절로 숙어진다.

동물계의 종족 번식은 암컷과 수컷의 짝짓기로 이루어진다. 그런데 암수의 짝짓기는 경험이나 가르침을 통해서 터득하는 것이 아니라, 일정하게 자라면 누구나 충동적으로 하고 싶어지는 그런 본능적 행위이다. 말하자면 충동과 본능이야말로 동물계로 하여금 짝짓기를 하여 자기 종족을 번식해 나가게 하는 원동력이라 할 수 있다.

만물의 영장임을 자부하는 인간은 어떤가? 인간 역시 남녀의 은밀한 짝짓기(성적 교합)를 통해서 종족을 번식시켜 간다는 점에서, 동물계의 일원으로서의 공통점을 지닌다. 다만 인간의 성적 교합이 여타 동물의 짝짓기와 차이점이 있다고 한다면, 그것은 개인의 자제력과 사회적 규제력이 인간의 성행위에 상당한 제약을 가한다는 점일 것이다. 이런 점에서 일찍이 엥겔스 (F. Engels)가 《가족 사유재산 국가의 기원》이라는 저서에서 피력했던 견해는 충분히 우리의 흥미를 끈다. 그 견해의 개요는 이렇다.

> 동물이 인간과 구별되는 중요한 차이는 발정기가 있다는 점이다. 발정기가 되면 수컷은 암컷을 차지하기 위해 처절한 싸움을 벌이게 되어, 평소에 평화롭게 유지되던 동물사회는 일시적으로 파괴되고 만다. 이러한 일이 반복됨에 따라 동물사회는 사회적 경험이 제대로 축적되지 못하고 단절되곤 하여 역사의 발전을 성취하지 못했다. 이에 반해 인간은 발정기가 뚜렷하지 않아서 어느 때나 성관계를 가질 수 있지만, 개인의 자제와 사회적 규제에 의거해서 일정한 규율을 마련하였다. 이를 통해 인간은 사회의 분열을 지양하고 사회적 경험을 온전히 유지·축적하여 역사의 발전을 이룰 수 있었다.

엥겔스는 인간이 역사를 비약적으로 발전시킬 수 있었던 그 밑바탕에 성에 대한 자제와 규제의 능력이 깔려 있다고 본 것이다. 이러한 그의 견해는 수백만 년을 지내오면서도 여전히 정체 상태를 답보하고 있는 원숭이 사회를 생각해 볼 때, 확실히 수긍이 간다. 그렇다면 인간은 일정한 규율에 따라 성의 충동과 본능을 제어하면서도, 한편으로는 그 충동과 본능에 내포된 에너지를 통해서 종족 번식이라는 성의 본능적 기능을 충실히 실현하는 양면

성을 보여 왔다고 할 수 있다.

말하자면 종족 번식의 본능과 그러한 본능에 대한 규율이야말로 인간의 성 문화를 구성하는 양면이라 할 수 있다. 그렇다면 이러한 성 문화는 우리 역사에서 어떠한 변화와 굴절의 과정을 거쳐 오늘에 이르렀을까? 이는 퍽 흥미롭고 또 의미 있는 주제이긴 하지만 이에 대한 학계의 연구와 세간의 관심이 아직은 미미한 편이다. 아마도 성을 은밀한 사적 영역으로 치부하여 공개적으로 거론하는 것 자체를 쑥스러운 것으로, 심지어는 비도덕적인 것으로 여기는 풍조 때문이 아닐까 한다.

그러나 건전한 성 문화를 키워 가기 위해서는 은폐만이 능사는 아닐 것이며, 학문적 탐구의 대상으로 공론화할 필요가 있다. 이에 이 글은 우선 우리의 면 원시 및 고대사회에 나타난 성 문화의 일면을 거론하고 그 변화를 살펴보는 것으로, 그 필요성에 부응하려 한다.

성은 풍요와 다산의 상징

《삼국사기》를 읽다 보면, 세쌍둥이 네쌍둥이를 낳은 사람에게 나라에서 큰 상을 내렸다는 기사나, 한 줄기에 두세 개의 이삭이 달린 벼나 보리를 꺾어 나라에 바쳤다고 하는 기사를 종종 접하게 된다. 오늘날 우리의 생각으로는 하찮은 것으로 치부될 이러한 일들이, 《삼국사기》에서 귀한 지면을 빌려 애써 중대 사건으로 강조한 이유는 무엇일까? 아마도 삼국시대에는 이러한 현상들을 나라가 크게 풍요로워질 상서로운 조짐으로 간주했기 때문일 것으로 생각된다. 이런 면에서 볼 때, 특히 인간을 재생산하는 기능을 가

신석기시대 암벽화(왼쪽, 북아프리카 페잔 소재)와 빌렌도르프의 석제 비너스 상(오스트리아 빈 자연사박물관 소장)
남성의 성기와 여성의 가슴, 둔부를 과장되게 표현하고 있는 것이 특징이다. 풍요와 다산을 기원하는 주술적 의미가 있다.

진 성(性)이야말로 당시 사람들의 생존과 다산 및 풍요를 보장해 주는 신성한 상징적 대상으로 인식되고 숭배되었음 직하다.

실제 다산과 풍요의 상징으로 남녀의 성기를 숭배하는 이른바 성기숭배 신앙은 후기 구석기시대 이래 세계 도처에서 보편적으로 행해진 것으로 알려졌다. 고고학계의 보고에 따르면, 남성과 여성의 성기를 각기 따로 만든 석제 조각품과 남녀의 성기를 결합해서 만든 석제 조각품, 여체(女體)의 둔부와 가슴을 과장되게 표현한 석제 조각상(비너스 상), 남녀의 성기를 과장하여 표현한 인물상을 바위에 새겨 그린 암각화, 그리고 더 나아가 남녀의 성적 교합을 노골적으로 표현한 작품들이 유라시아 대륙 전역에서 다수 확인되고 있다.

©임세권

성기를 드러내 놓은 인물상(왼쪽, 울산시 울주군 소재)과 흙으로 빚은 여체 상(가운데,
함북 경원 농포리 유적 출토, 국립중앙박물관 소장), 토제 여신상(울산 신암리 유적 출토)
인물상은 울산 반구대 암각화의 맨 윗부분에 새겨져 있는 것으로 돌출한 성기가 인상적
이다. 가슴과 둔부가 강조되어 있는 여체 상과 여신상은 비너스 계통의 조각품으로 보
인다.

특히 남근 모양의 막대형 석제 조각품 중에는 손잡이의 흔적과 한쪽 가장
자리가 뭉개진 흔적이 있는 것이 있어서, 관련 학자들의 주의를 끌었다. 손
잡이와 뭉개진 흔적이 있는 것에 대해서는, 샤먼이 의식을 행하는 과정에서
이 조각품을 손으로 쥐고서 두드린 것으로 해석하는 견해가 유력한 것으로
보아, 이러한 성기 모양의 조각품이 풍요와 다산을 기원한 종교·주술적 도
구로 쓰였을 가능성은 크다고 할 수 있다. 또한 가슴과 둔부를 과장해서 여
체를 표현한 비너스 상은 출산하기에 적합한 여성의 신체 구조를 부각시켜
표현한 것으로서, 역시 같은 맥락에서 풍요와 다산에 대한 종교적 염원을
담고 있다고 보아도 좋을 것이다.

한국의 선사 및 고대사회에서도 성은 다산과 풍요를 보장해 주는 종교적
숭배의 대상으로 간주되었던 듯하다. 다산과 풍요를 기원하는 상징물로서

부 상공의 딸을 왕후로 맞이하여 현실적인 기반 세력을 보강하는 한편, 그 왕비의 신장과 성기의 크기가 역시 과대했다는 사실을 강조함으로써 왕비의 신성성도 함께 표방하는 효과를 가져올 수 있었다고 본다. 특히 왕비의 신체 구조에 대한 묘사는 다산과 풍요의 상징물로 신성시하던 비너스 상을 연상케 하여 더욱 흥미롭다.

남성보다 강한 여성의 성기

왕통의 정통성에서 하자가 없지 않았던 지증왕이 즉위 후에 전례 없는 과감한 정치 개혁을 단행하여 신라의 기틀을 확고히 다지는 치적을 남길 수 있었던 것은, 이러한 일련의 정치적 정지(整地) 작업이 유효했던 결과라 할 수 있다. 그렇다면 위의 이야기는, 성을 힘의 상징으로 신성시하던 당시의 관념을 반영하는 하나의 사례로 볼 수 있을 것이다. 《삼국유사》는 이에 비길 수 있는 또 하나의 흥미로운 이야기를 다음과 같이 전하고 있다.

겨울철인데도 영묘사(靈廟寺) 옥문지(玉門池)에 많은 개구리가 모여서 3, 4일 동안이나 울었다. 나라 사람들이 이를 괴이하게 여겨 왕에게 보고하였다. 선덕여왕은 급히 두 장수를 시켜 2,000의 군사를 거느리고 서쪽 교외로 가서 여근곡(女根谷)을 수색해 보면 반드시 적병이 있을 것이니 덮쳐서 죽이라고 하였다. 두 장수가 명령대로 각각 군사를 거느리고 서쪽 교외에 가서 물었더니 부산성 밑에 과연 여근곡이 있고, 거기에 백제 군사 500명이 매복해 있어서, 이를 모두 잡아서 죽였다. 또 후속 부대 1,300명이 오는 것을 쳐서 죽여 한 사람도 남기지 않았다. 후에 여러 신하가 이 일을 알게 된 연유를 선덕여왕에게 물으니 다음과 같이 대답하였다. "개구리의 노한 형상은 병사의 형상이고, 옥문이란 것은 여자의 성기이다. 그런데 여자는 음이고, 음은 그 빛이 백색이며, 백색은 서쪽의 색이므로 군사가 서쪽의 여근곡에 있음을 알았다. 또 남자의 성기가 여자의 성기에 들어가면 반드시 죽게 되니 이로써 쉽사리 잡을 줄 알았다."(《삼국유사》 지기삼사조)

이 이야기는 당 태종이 보낸 모란꽃을 보고 향기가 없는 꽃임을 알아맞혔다는 이야기와 자기가 죽을 날을 미리 알았다는 이야기 등과 함께 선덕여왕이 예지했다는 세 가지 일화 중 하나이다. 이 이야기의 골자는, 영묘사라는 절에 있는 옥문지라는 저수지에서 개구리가 성난 듯 울어 대는 것을 보고, 서쪽의 여근곡이라는 골짜기에 백제 군사가 매복해 있으리라는 것을 미리 알았다는 내용이다. 여성의 성기를 지칭하는 옥문지의 옥문(玉門)과 여근곡의 여근(女根)의 두 명칭을 연관시키고 성난 개구리와 백제군을 연계시켜서 백제군이 숨어 있는 곳을 지목했다는 점은 일단 흥미로운 스토리임에 분명하다. 또한 '여성=음=백색=서쪽'으로 파악한 점은 당시의 음양적 자연관을 여실히 보여 주는 것이어서 역시 흥미롭다.

그런데 정작 문제는 "남자의 성기가 여자의 성기에 들어가면 반드시 죽게 되니 이로써 쉽사리 잡을 줄 알았다."고 했다는 선덕여왕의 발언이다. 일국의 왕이 신하에게 공개적으로 말하기에는 좀 난처한 내용으로 생각될 수도 있기 때문이다. 그러나 이는 어디까지나 오늘날의 관념에 의거한 생각일 뿐이고, 당시의 관념으로는 자연스러운 것일 수 있다. 그렇다면 이 역시 성을 신성시한 당시의 관념이 투영된 이야기로 볼 수 있을까? 이와 관련해서 잠시 선덕여왕 대의 사정을 살펴보자.

선덕여왕은 여성으로서는 처음으로 왕위에 오른 인물이다. 만일 당시가 여성의 지위가 조선시대처럼 땅에 떨어진 시대였다면 선덕여왕의 개인적 능력이 아무리 뛰어났다 해도 왕위에 오르기는 어려웠을 것이다. 선덕여왕과 그 뒤를 이어 즉위한 진덕여왕, 그리고 하대에 즉위한 진성여왕에 이르기까지 모두 세 명의 여왕이 배출된 것으로 보아, 신라는 여성의 지위가 그만큼 보장된 시대였다고 할 수 있다.

그러나 첫 여왕이 탄생한 것에 대한 국내외의 여론은 우호적이지 않았다. 선덕여왕 대에 백제의 침략을 받아 위기에 몰린 신라가 당에 사신을 보내 구원을 요청했을 때, 당 태종은 냉담하게 "그대 나라는 여인을 임금으로 삼아 이웃 나라의 업신여김을 받으니, 이는 임금을 잃고 적을 맞아들이는 격이라서, 해마다 편안한 적이 없다."라고 말했다. 이러한 당 태종의 생각을 선덕여왕도 잘 알고 있었던 듯하다. 예를 들어, 당 태종이 향기 없는 모란꽃 그림을 보내어 시험했던 일에 대해서 선덕여왕은 신하들 앞에서 배우자가 없는 자신을 향기가 없는 여인으로 모멸한 것으로 해석한 적도 있었다.

국내에서도 여성이 왕위에 오른 것에 대한 불만 세력이 만만치 않았다. 당시 귀족들의 대표격인 상대등(上大等) 비담(毗曇)이라는 사람이 "여왕은 국가를 제대로 다스릴 수 없다."라고 외치면서 귀족들을 규합하여 대규모 반란을 일으킨 적도 있었다. 여성이 왕이 된 것을 빌미 삼아 여왕을 밀어내려는 세력이 공공연하게 발호하고 있었던 것이다.

선덕여왕 측은, 이러한 국내외의 부정적인 시각과 반발 세력을 무마하고

여근곡(경북 경주시 소재)
여근 모양을 한 오봉산의 북쪽 기슭이다.
©김대식

극복하기 위하여 당연히 여왕으로서의 능력을 최대한 강조하려 했을 것이
다. 이런 면에서, 세 가지 일을 예지했다는 이야기는 여왕의 영민함을 홍보
하기 위해 만들어진 이야기일 수 있다. 특히 그중에서 위에 인용한 옥문지와
여근곡의 이야기는 여성의 능력을 강조한 것으로 주목된다.

먼저 선덕여왕의 예지로 숙적인 백제의 군대를 찾아내어 섬멸시켰다는
이야기는 빈번한 백제의 침략에 고난을 겪고 있던 신라인에게 여왕의 신성
한 능력을 각인시키는 효과를 가져다 주었을 것임에 틀림없다. 그런데 그
과정에서 여자의 성기를 의미하는 옥문과 여근을 거론하면서 '남자의 성기

가 여자의 성기에 들어가면 죽는다.'고 한 것은 성기를 통해서 남성을 능가하는 여왕의 신통한 능력을 강조한 것으로 생각된다. 여기에서 우리는 당시에 성기가 힘의 상징으로 여겨지던 또 하나의 사례를 얻을 수 있다.

아들 얻기와 쾌락 추구의 수단으로

원시 및 고대사회에서 성을 다산과 풍요를 기원하는 신앙의 성물(聖物)로, 그리고 정치적 사회적 힘을 상징하는 상징으로 인식하였던 것은, 성의 가장 자연스러운 영역이라 할 종족 번식의 기능을 우선적으로 중시하여 이를 종교적 심성으로 승화시킨 바였다. 그런데 이러한 성기숭배 신앙의 의식은, 비록 크게 변질된 형태이긴 하나, 민속신앙을 통해서 오늘날까지 면면히 이어져 오고 있다. 몇몇 사례들을 통해서 그 면모와 굴절된 모습을 들여다보기로 하자.

먼저 동해안 삼척시의 어느 바닷가 마을에 전해 오는 사례이다. 이 마을의 바닷가에 해신당(海神堂)이라 불리는 신당이 있다. 그 신당 내부의 정면 벽에는 아름다운 여인을 그린 해신도(海神圖)가 걸려 있다. 이곳에서 마을 사람들은 1년에 한 번씩 정성껏 제수를 마련하여 제를 올려 사고 없이 많은 고기를 잡을 수 있기를 기원하고 있다.

그런데 재미있는 것은 제를 올리기 전날에 마을의 몇몇 남정네들이 목욕재계하고 나무를 깎아 남자 성기 모양의 조각품을 홀수로 만들어 왼새끼에 끼워서 해신당에 걸어 두는 의식을 행한다는 점이다. 심상치 않은 의식인 만큼 이에 얽힌 특별한 사연이 있을 법한데, 과연 마을 사람들은 그 유래담을 들려주었다.

지금으로부터 400년 전쯤의 일이다. 이 마을에 연인 관계의 남녀가 살고 있었다. 어느 날 이들은 앞바다에 있는 조그만 바위섬(애바위)에 돌김을 채취하러 갔다. 남자는 여자를 바위섬에 내려놓고 저녁에 데리러 오겠다 하고 돌아갔다. 그러나 저녁 무렵에 풍랑이 너무 심하여 그 남자가 섬에 접근하지 못하고 당황하고 있는 사이에 여자는 파도에 휩쓸려 바다에 빠져 죽고 말았다. 이 일이 있은 이후에 그 마을에 바다 사고가 자주 일어나고, 고기잡이도 영 시원치 않았다. 마을 사람들은 그 여인의 죽음 때문이라 생각하고, 원혼을 달래 주기 위해 그 바위섬이 보이는 바닷가에 신당(神堂)을 짓고, 정성껏 제를 올렸으나 별 효과가 없었다. 그러던 어느 날 어느 어부가 홧김에 신당 근처에 소피를 누었는데, 그 일 때문인지 그날따라 그 어부의 그물에만 물고기가 가득 들어 있는 것이 아닌가. 이 말을 듣고 마을 사람들은 그 여인의 정념(情念)을 달래 주기 위해 남자 성기 모양의 조각품을 만들어 모시는 제를 올리게 되었으며, 그 다음부터는 사고도 없고 고기도 많이 잡혔다.

남자 성기 모양의 조각품을 나무로 깎아 모시는 이러한 의식은, 안압지에서 나온 성기 모양의 목제품을 연상케 하는데 먼 옛날부터 내려오는 성기숭배 신앙의 유습임에 분명하다. 무사와 풍어를 기원하는 이 의식은 성기숭배 신앙의 신심을 그대로 잇고 있는 것으로 여겨진다.

그런데 위의 유래담은 이러한 성기 숭배신앙의 원형과는 뭔가 좀 거리가

▌삼척 해신당

▌해신당 앞바다의 바위섬(애바위)

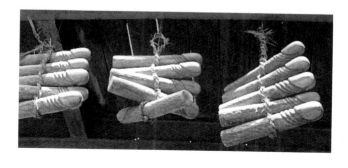

▌나무로 깎은 남근 다발

있어 보인다. 아마도 후대에 변형된 것이 아닐까 한다. 즉 바다의 위험을 무릅쓰면서 살아가야 했던 바닷가 사람들에게는 무사와 풍어를 염원하는 바가 절박했던 만큼, 후대에 성에 대한 관념이 바뀌었음에도 오래전부터 지속해온 성기숭배 신앙의 의식을 완전히 폐기하기는 어려웠을 것이다. 그리하여 기왕의 의식은 계속 유지하되, 언제부턴가 사회적 거부감을 희석하기 위하여 위와 같은 유래담을 새로 꾸며서 의식을 합리화하고자 하였을 것으로 생각된다.

해신당의 사례 이외에도 성기숭배 신앙의 유습은 우리 주변에서 흔히 볼 수 있다. 과거에는 남성과 여성의 성기를 닮은 바위 앞에서 여인네들이 소원을 간절히 비는 모습을 종종 볼 수 있었다. 그런데 그 소원의 내용을 보면 대부분 아들 얻기를 기원하는 이른바 기자(祈子)에 모아졌고, 그 바위의 이름도 흔히 기자암(祈子巖)이라 불렸다. 이러한 기자암 신앙은, 성기를 신성시하여 풍요와 다산을 염원하던 먼 옛적의 성기숭배 신앙의 신심(信心)은 퇴색하고, 그 대신 아들 얻기만을 기원하는 새로운 신심으로 굴절된 것이라 할 수 있다.

성기숭배 신앙의 신심이 이처럼 확연히 달라진 것은 조선시대를 거치면서 나타난 현상으로 보인다. 특히 조선 후기의 여인네들은 가문을 이을 아들 얻는 것을 최고의 목표로 삼고 살아가지 않으면 안 되었으니, 그들은 아들 얻는 일이라면 수단과 방법을 가리지 않았다. 여인네들의 이러한 절박한 심정이 풍요와 다산을 염원하는 성기숭배 신앙의 신심을, 아들 얻기를 염원하는 기자의 신심으로 뒤바꾸어 놓은 것이다.

여기에 그치지 않았다. 아들 얻기를 바라는 여인네들의 처절한 염원은 기

©한국학중앙연구원　©한국학중앙연구원

마석산의 남근바위(왼쪽. 전북 정읍군 소재)와 곡성의 아들바위(전남 곡성군 소재)
남근숭배 사상을 잘 보여 주는 남근바위와 돌을 던져 그 위에 얹히면 아들을 낳는다는 아
들바위이다.

자암의 일부를 떼어 내 갈아 먹으면 아들을 얻는 데 효험이 있다는 새로운
신심을 만들어 냈다. 그리고 다시 이러한 신심은 돌로 만든 불상의 코를 떼
어 갈아 먹으면 더욱 효험이 크다는 기발한 신심으로 이어졌다. 아들을 얻
는 일이라면 부처님의 노여움도 겁내지 않았던 여인네들의 무모한 용기가
가상하다고나 할까. 아들을 얻기 위해 얼마나 많은 여인네들이 얼마나 많은
돌가루를 갈아 먹었는지 모를 일이다. 그 흔적들은 전국 각처의 수많은 기
자암과 돌부처에 고스란히 남아 있다. 그러니 이를 일러 성혈(性穴)이라 부
르는 이유를 알 만하다.

　이쯤 되면 성은 더 이상 풍요와 다산의 상징이라 할 수 없게 되고, 단순히
아들을 얻고자 하는 수단으로 전락되었다고 해야겠다. 또한 이와 함께 종족
번식이라는 성의 본래적 기능은 경시되고, 그 대신 성의 충동적인 쾌락을

중시하는 굴절된 성 문화가 조장되었다. 원래 성의 충동적·본능적 쾌락은 종족 번식을 추진케 하는 에너지로서 의미가 있었다. 그런데 종족 번식이라는 성의 본래 기능이 아들을 얻는 일면에만 한정됨에 따라, 성의 충동적 쾌락이 상대적으로 크게 중시되어 갔다. 자연히 여성을 쾌락의 노리개로 생각하는 남성 중심의 일방적인 성 문화 풍조가 만연되어 갔고, 필연적 추세로서 여성에게는 아들을 낳아야 한다는 강박과 함께 남성에게 성적으로 예속되는 이중의 고난이 덧씌워졌다.

　오늘날의 상황은 어떠한가? 종족 번식이라는 성의 본래 기능을 신성시하던 관념은 잊혀지고, 그 대신 성의 충동적이고 본능적인 쾌락만을 탐닉하는 풍조가 더욱 만연해 가는 느낌이다. 여기에서 우리가 되돌아 볼 점이 있다. 먼저 엥겔스가 논파했듯이 발정기를 맞아 번번이 사회를 파괴시키고 제자리걸음에 머물러 온 동물계의 실태를 하나의 교훈으로 삼을 일이다. 또한 성을 신성시했던 고대인들의 성기숭배 신앙의 의미를 이따금씩은 되새겨 볼 일이다.

강봉룡 _목포대 교수

고대인은 시간을 어떻게 쟀을까

여호규

시계가 없는 세상의 사람들은

약속을 할 때 이렇게 하지

내일 아침 해가 저기

저 언덕 위에 걸쳐지면

그때 만나자

....

지금 내가 살고 있는 세상은

10분이 늦어 이별도 하지

시계도 숫자도 다 있는

이곳에서 우리는 만나 사랑을 하지

  가수 '안녕하신가영'이 부른 '10분이 늦어 이별하는 세상'이라는 노래의 가사이다. 이 노래를 듣고 있노라면 왠지 시계가 없는 세상은 여유로움과 낭만으로 넘칠 것 같은 생각이 든다. 그와 더불어 분초를 다투며 살아가야

하는 우리네 현대인의 각박한 삶이 떠오르며, 그 속에서 서로를 아끼며 나누는 사랑이 얼마나 소중한지 새삼 깨닫게 된다.

이 노래의 첫 소절처럼 필자는 시계를 거의 보지 않던 세상에서 어린 시절을 보냈다. 집에 커다란 괘종시계가 있었지만, 아침에 등교할 때나 한 밤중에 제사 지낼 때만 쳐다보았다. 동네 친구들과 어울려 놀 때는 해가 앞산 위로 솟아오르면 모였다가, 서쪽 산으로 기울면 헤어져 집으로 돌아왔다. 마을의 동쪽 산에서 떠올라 앞산 위를 지나 서쪽 산으로 지는 태양이 일종의 시계 역할을 했던 것이다.

누가 들으면 참 낭만적인 어린 시절을 보냈다고 하겠다. 그렇지만 친구 여러 명이 같은 시각에 동시에 모이기는 쉽지 않았다. 친구를 하염없이 기다린 적이 참 많았고, 친구를 오랫동안 기다리게 한 적도 많았다. 스마트폰을 켜면 현재 시각이 정확하게 표시되고, 또 곧 바로 연락할 수 있는 지금으로서는 이해하기 힘들 것이다. 언뜻 생각하면 시계가 없는 세상이 낭만적일 것 같지만, 실제로는 많은 불편이 뒤따랐던 것이다.

그럼 고대인들은 시간을 어떻게 쟀을까? 그때도 대규모 국가의례나 정치 회합을 개최하려면 많은 사람들이 동시에 모여야 했을 텐데, 무엇을 기준으로 모임 시각을 정했을까? 고대인들도 오늘날과 같은 시간 개념을 갖고 있었을까?

시간의 단위-하루, 한 달, 일 년

인류가 가장 널리 사용하는 시간 단위는 하루, 한 달, 일 년 등이다. 이 가

고구려 고분벽화의 해신과 달신(오회분 5호묘, 중국 지린성 지안 소재)
해와 달은 지구에 사는 인류에게 하루와 한 달, 그리고 일 년이라는 시간을 선사한 가장 중요한 천체이다.

운데 하루라는 시간 단위가 지구가 스스로 한 바퀴 도는 자전주기(1일)에 해당한다면, 일 년은 지구가 태양을 한 바퀴 도는 공전주기(1태양년)에 상응한다. 한 달은 달이 지구를 한 바퀴 도는 공전주기 곧 삭망주기(1삭망월)에서 유래했다.

우리가 가장 일상적으로 사용하는 시간 단위는 지구, 태양, 달 등 천체의 운행 주기에서 유래한 것이다. 이러한 천체의 운동 주기는 매우 규칙적이어서 사람들이 임의로 고칠 수 없다. 또한 지구 어디에서나 관측할 수 있다. 그리하여 세계 거의 모든 지역에서 하루, 한 달, 일 년이 가장 기본적인 시간 단위로 자리 잡게 되었다.

그런데 지구의 자전주기인 1일, 달의 삭망주기(공전주기)인 1삭망월, 지구의 공전주기인 1태양년 사이에는 정수배가 성립하지 않는다. 1삭망월은 29.5306일, 1태양년은 365.2422일로 양자 모두 1일의 정수배가 아니다. 또한 1태양년(365.2422일)은 12삭망월(354.3671일)보다 약 11일 길어 양자를 일치시키기도 쉽지 않다. 이에 세계 각지에서는 다양한 방식으로 달력을 만들어 역법(曆法)을 운영했다.

가령 이슬람교에서 사용하는 회회력(回回曆)은 12삭망월(354.3671일)을 기준으로 1년을 설정한다. 보통 해는 354일을 1년으로 삼고, 나머지 0.3671일을 처리하기 위해 355일을 1년으로 삼는 윤년을 두는데, 30년에 11번 둔다. 이렇게 하면 30년 간의 일수는 1만631일이 되어 360삭망월(29.53059 × 360=10,631.0124)과의 차이는 17분밖에 되지 않는다. 회회력은 달의 삭망주기를 기초로 만든 태음력인 것이다.

반면 마야인들은 지구의 공전주기(태양년)에 근거한 태양력을 사용했다. 이들은 20일로 이루어진 18개월에 5일을 합쳐 365일을 1년으로 삼고, 1태양년의 나머지 부분(0.2422일)을 처리하기 위한 윤일이나 윤년을 별도로 두지 않았다. 이로 인해 여러 해가 지나면 1태양년의 나머지 부분이 쌓여 계절의 변화와 달력이 맞지 않게 되는데, 84년마다 축제나 행사 날짜를 1개월(20일) 늦추어 그동안 쌓인 윤일 문제를 해결했다.

고대 이집트인들도 태양력을 사용했다. 이들에게는 매년 반복되는 나일강의 범람 시기를 정확하게 아는 것이 매우 중요했다. 이에 이들은 태양과 시리우스별이 동시에 동쪽 하늘에 뜨는 시각을 기준으로 1태양년을 365.25일로 계산하여 나일강의 범람 시기를 정확하게 예측하고, 30일로 이루어진 12개월에 5일을 덧붙여 365일을 1년으로 삼았다. 다만 고대 이집트인들도 마야인들처럼 1태양년의 나머지 부분을 처리하기 위한 윤일을 별도로 두지 않고, 축제일을 변경하여 계절의 변화와 달력이 일치하지 않는 문제를 해결했다.

이러한 이집트력이 4년마다 윤년을 두는 고대 로마의 율리우스력을 거쳐 현재 전 세계에서 통용되는 그레고리력으로 발전했다. 그레고리력은 1582년에 그레고리우스 13세에 의해 제정되었는데, 서기 연수가 4로 나누어떨어지는 해는 윤년으로 하되 그중 100으로 나누어떨어지나 400으로 나누어떨어지지 않는 해는 평년으로 삼았다. 이로써 윤년은 400년 동안 97회가 되는데, 역년은 365.2425일이 되어 1태양년인 365.2422일과 비교하면 약 3,300년에 1일의 차이가 생긴다.

그런데 태음력이나 태양력은 달의 삭망주기와 지구의 공전주기 가운데 어느 하나만 선택하기 때문에 인류 생활과 밀접히 연관된 달의 변화와 계절의 변화를 동시에 표현하기 힘들었다. 이에 달의 삭망주기와 지구의 공전주기(태양년)를 동시에 고려한 태음태양력이 전 세계 각지에서 개발되어 사용되었다.

태음태양력에서는 12삭망월보다 긴 나머지 일수(약 11일)를 모아 몇 년 간격으로 윤달을 두어 삭망월과 태양년의 불일치 문제를 해결했다. 19년에 윤달을 일곱 번 두는 19년7윤법이 대표적인데, 중국에서는 주대(周代)부터 시행했고, 그리스에서도 기원전 433년부터 사용했다. 19년7윤법에서는 19태양년(365.2422일 × 19년 = 6939.6018일)과 235삭망월(12월 × 19년 + 7월; 29.53059 × 235 = 6939.6887일)의 길이가 거의 일치한다.

전통시대 중국의 역법은 거의 대부분 19년7윤법을 바탕으로 운영되었다. 우리나라도 백제가 남조 송의 원가력(元嘉曆)을 사용했다고 하며, 고구려도 중국의 역법을 도입한 흔적을 확인할 수 있다. 삼국이 국가체제를 정비한 이후에는 19년7윤법에 기초한 중국의 태음태양력을 도입하여 사용했던 것인데, 이는 서양의 그레고리력을 채택한 1896년까지 우리나라 역법의 기본

체계를 이루었다.

태음태양력 도입 이후, 삼국시대 사람들은 삭망주기에 따른 달의 크기 변화와 지구의 공전주기에 따른 계절의 변화를 동시에 고려하여 시간생활을 했다고 할 수 있다. 굳이 분류하자면 한 달 단위의 시간생활은 태음력, 1년 단위의 시간생활은 태양력을 바탕으로 영위했던 것이다. 이처럼 삼국시대 사람들이 태음태양력을 도입하여 사용한 것은 그들의 실생활과 잘 부합했기 때문일 것이다.

우리나라 고대는 농경사회였으므로 농사에 필요한 계절의 변화를 정확하게 아는 일이 매우 중요했다. 삼한 사람들은 계절의 변화에 따라 5월과 10월에 파종과 수확을 마친 다음, 한 해 농사의 시작이나 마무리를 기념하는 큰 축제를 열었다. 고구려나 동예 사람들도 한 해 농사를 마무리하는 10월에 동맹이나 무천이라는 큰 축제를 열었다. 특히 동예 사람들은 새벽 별자리를 관찰하여 한 해 농사의 풍흉을 예측했다.

우리나라 고대인들은 일찍부터 농사에 필요한 계절의 변화 곧 태양년을 기준으로 1년 단위의 시간생활을 영위했던 것이다. 반면 한 달 단위의 시간생활은 달의 삭망주기에 따라 영위했다. 가령 우리나라의 최대 명절인 추석은 신라의 6부인들이 7월 보름 다음날(16일)부터 8월 보름(15일)까지 1삭망월 동안 길쌈 대결을 벌인 데에서 유래했는데, 달의 삭망주기를 기준으로 한 달 단위의 시간을 설정했음을 잘 보여 준다.

이처럼 우리나라 고대인들이 일찍부터 한 달 단위의 시간생활은 달의 삭망주기를, 1년 단위의 시간생활은 태양년을 기준으로 삼아 영위했기에 삼국이 국가체제를 정비하면서 양자를 절충한 중국의 태음태양력을 비교적 쉽게 도입할 수 있었던 것으로 보인다. 그럼 삼국시대 사람들은 하루보다 짧은 단위의 시간생활을 어떻게 꾸려 나갔을까?

태양의 운행에 기초한 자연시법

하루, 한 달, 일 년은 지구나 달, 태양 등 천체의 운행주기에 상응한 시간 단위이므로 각 천체의 움직임을 관측하여 그에 해당하는 시간을 설정할 수 있다. 반면 하루보다 짧은 단위의 시간은 인간이 임의로 설정한 것이다. 현재 전 세계에서는 하루를 24시간으로 나누고, 다시 1시간을 60분, 1분을 60초로 나눈 24시간제가 통용되고 있다.

더욱이 현재 거의 모든 사람들은 GPS(범지구 위성항법시스템)와 연결된 스마트폰을 통해 시간을 제공받고 있기에 언제든지 오차가 거의 없는 시각을 알 수 있다. 괘종시계나 탁상시계와 같은 기계식 시계의 사용에 따른 오차도 거의 발생하지 않게 되었다. 누군가와 정한 약속 시간에 늦었을 때 스마트폰을 잃어버렸다고 변명할 수 있을지는 모르지만, 시계가 고장 나거나 틀려서 늦었다는 변명은 통하지 않게 된 것이다.

하루라는 시간 단위는 지구의 자전주기에 해당하지만, 사람들의 눈에는 태양이 동쪽에서 떴다가 서쪽으로 지고 다시 뜨는 현상으로 관찰된다. 이에 하루라는 시간은 흔히 태양의 유무를 기준으로 낮과 밤으로 나눈다. 신라 김알지의 탄생설화에는 "탈해왕이 밤중에 계림에서 닭 우는 소리를 듣고 날이 밝기를 기다려 호공을 보내 금색 궤짝을 발견했다."는 이야기가 나오는데, 하루를 밤과 낮으로 구분하던 양상을 잘 보여 준다.

이 가운데 낮에는 태양의 움직임을 기준으로 시간의 변화를 관찰할 수 있지만, 밤에는 시간의 변화를 측정하기가 쉽지 않다. 보름 전후에는 달의 움직임을 기준으로 밤 시간의 변화를 관찰할 수 있지만, 하현(下弦)에서 상현(上弦) 사이에는 달이 없는 시간이 길기 때문에 달의 움직임을 기준으로 삼기가 어렵다.

낮 시간은 별도의 측정 기구가 없어도 태양의 운행을 기준으로 시간의 변화를 관찰할 수 있지만, 밤 시간은 별도의 기구가 없다면 측정하기 어려운 것이다. 실제 중국 고대의 《회남자(淮南子)》 천문훈(天文訓)에는 태양이 양곡(暘谷)에서 떠올라 부상(扶桑)의 들판, 곡아(曲阿)의 산, 증천(曾泉)의 습지, 곤오(昆吾)의 언덕 등을 지나 엄자(崦嵫)의 산으로 지는 모습을 관찰해 하루를 15개 시각으로 구분한 반면, 야간은 별도의 시각으로 구분하지 않았다. 태양의 운행을 관찰할 수 있는 주간만 여러 시각으로 세분한 것이다.

이는 별다른 도구를 사용하지 않고 태양의 운행만 관찰해 시각을 구분하는 방식인데, 자연시법(自然時法)이라고 일컫는다. 이 글 첫머리에 인용한 '10분 늦어 이별하는 세상'의 '내일 아침 해가 저기 / 저 언덕 위에 걸쳐지면 / 그때 만나자'라는 노랫말도 일종의 자연시법에 해당한다. 필자가 어린 시절에 태양이 마을 앞산 위로 솟아오르면 놀러 나갔다가 서쪽 산으로 기울면 집으로 돌아온 것도 자연시법에 해당한다고 할 수 있다.

자연시법은 별다른 도구 없이 태양의 운행만 관찰해 시각을 구분할 수 있기에 일찍부터 널리 사용되었다. 우리나라 고대인들도 자연시법을 널리 사용한 것으로 보인다. 《삼국사기》나 《삼국유사》에는 낮[晝]이나 밤[夜]이라는 용어와 더불어 '날이 밝을 무렵[黎明]', '새벽[晨]', '아침[旦]', '날이 저물 무렵

[日暮]' 등 밤낮의 경계를 나타내는 표현이 많이 나오는데, 태양의 운행 가운데 관찰하기 가장 쉬운 일출과 일몰을 기준으로 특정 시점을 나타냈음을 보여 준다.

특히 《삼국유사》에는 "이튿날 동쪽에 해가 솟아오르다[明日扶桑旣曘; 기이2 眞聖女大王 居陁知조]", "해가 기울게 되자[及乎日昃; 기이1 金堤上조]", "해 그림자가 붉게 물들고 소나무 그늘이 고요하게 저물었다[日影拖紅. 松陰靜暮; 感通7 廣德嚴莊조]" 등과 같이 태양의 운행을 구체적으로 묘사해 특정 시점을 표현한 사례가 다수 나온다. 우리나라 고대에는 태양의 운행을 관찰해 시간을 측정하는 자연시법이 널리 통용되었던 것이다.

이러한 자연시법은 시간의 길이를 정확하게 측정하거나 표현하기 어렵다. 가령 어떠한 행위나 자연현상이 지속된 시간의 길이를 정확하게 표현하기 힘들기 때문에 주로 '얼마 있다가(有頃)', '오랫동안(久)', '아주 오랫동안(良久)' 등과 같이 지속된 사실만 나타내었다. 지속 시간을 표현하더라도 "해질 무렵부터 날이 샐 때까지[自昏及曙; 《삼국사기》 신라본기8 신문왕 4년 10월]"처럼 태양의 운행을 기준으로 나타낼 수밖에 없었다.

매일 반복되는 특정 시점을 정확하게 표현하기도 힘들다. 이에 '매일 일찍[每日早]', '매일 늦게(每日晚)' 등과 같이 이르고 늦다는 상대적인 표현을 사용하여 특정 시점을 나타냈다. 고대시기에 왕이나 관리들이 해가 뜨는 시각에 맞추어 업무를 시작하거나 조회를 열고, 한낮인 정오에 퇴근한 것도 자연시법의 영향이라 할 수 있다. 고대 중국이나 신라에서 사면령을 반포할 때, 보통 제왕이 공식 업무를 개시하기 직전인 '동틀 무렵[昧爽]'을 기준으로 그 이전의 죄를 사면하는데, 역시 자연시법의 영향이라 할 수 있다.

시각 측정기구를 사용한 부정시법과 정시법

시계가 없으면 세상이 여유로움과 낭만으로 가득 넘칠 것 같지만, 실제로는 국가를 비롯한 각종 정치조직을 운영하거나 여러 사람과 어울려 사회생활을 하는 데 불편한 점이 많이 뒤따랐던 것이다. 이에 고대 문명의 발상지인 고대 이집트나 중국에서는 일찍부터 다양한 기구를 사용하여 시각을 측정했다.

현재 전 세계에서 통용되는 24시간제는 고대 이집트에서 유래했다. 고대 이집트인들은 일찍부터 하루를 24시간으로 나누어 시각을 측정했던 것이다. 고대 중국에서도 일찍부터 해시계나 물시계 등을 사용하여 시각을 측정했다. 특히 '누각(漏刻)'이라 불리는 물시계는 일정한 양의 물을 흘려보내 그 눈금으로 시각을 측정했는데, 해시계와 달리 밤에도 사용할 수 있다는 장점을 지녔다.

중국 출토 한대의 물시계와 도면
이 물시계는 중국 내몽골자치주의 이커자오 맹(伊克昭盟)에서 출토된 것이다. 표면에 "천장 현의 구리 물시계(千章銅漏)로 기원전 27년 4월에 만들었다(河平二年四月造)."고 새겼다.

이에 고대 중국에서는 시각 담당 관리를 '물시계를 든 자'라는 뜻에서 설호씨(挈壺氏)라 불렀는데, 실제 기원전 2세기에 활동한 유승(劉勝)의 만성1호 무덤에서 원통형의 물시계[漏壺]가 출토된 바 있다. 네이멍구에서도 높이 47.9센티미터의 원통형 물시계가 출토되었는데, 기원전 27년 4월에 제작한 중양현의 물시계[中陽銅漏]라는 명문이 새겨져 있다. 우리나라의 고려나 조선에서도 시각 담당 관리를 '설호정(挈壺正)'이라 일컬었다.

한 무제는 기원전 104년에 물시계를 사용하여 하루를 100각(刻)으로 측정하는 누각제도를 정비하여 시행했다. 이에 따라 특정 사건의 발생 시점이나 어떤 현상의 지속 시간을 비교적 정확하게 표현할 수 있게 되었다. 가령《한서》에는 성제(成帝)의 사망 시점이 "낮의 누각이 10각이 되었을 때"라고 기술되어 있는데, 당시 1각(刻)은 약 14.4분이었으므로 일출 이후 약 2시간 24분 뒤에 사망했음을 알 수 있다.

또한《한서》천문지에는 기원전 6년 정월 정미일에 해가 뜰 무렵에 길이 10여 장의 백색 기운이 하늘에 나타나 서남쪽으로 1각 정도 가다가 그쳤다는 기록도 나온다. 하늘에 백색 기운이 나타난 천문현상이 약 14.4분 정도 지속되었다가 사라졌다는 것이다. 이처럼 한나라는 물시계를 사용하여 시각을 측정했기에 특정 사건이 발생한 시점이나 어떤 현상이 지속된 시간의 길이를 비교적 정확하게 표현할 수 있었다.

다만 이때 시행한 시각제도에서는 하루 전체의 시간을 등분하지 않고, 낮과 밤을 구분하여 별도로 측정했다. 각(刻)이라는 시간 단위를 사용하여 하루를 100각으로 설정한 다음, 1년 365일을 40구간으로 나누어 낮과 밤의 각수를 각기 다르게 설정한 것이다. 가령 밤이 가장 긴 동지 전후에는 주간 40

각, 야간 60각으로 설정한 반면, 낮이 가장 긴 하지 전후에는 주간 60각, 야간 40각으로 설정했다. 또한 밤과 낮의 길이가 같은 춘분과 추분 전후에는 밤과 낮을 각각 50각으로 설정해 측정했다.

이처럼 낮과 밤을 구분하여 측정하면 특정 날짜의 낮과 밤 시간은 각각 등분하여 측정하지만, 하루 전체를 등분했다고 보기는 어렵다. 더욱이 낮과 밤의 길이는 매일 바뀌는데, 8~9일로 이루어진 특정 구간 내에서는 주간과 야간의 각수가 고정되어 있어서 시간의 장단이 매일 변화하는 문제가 발생한다. 관측 도구를 사용해 시각을 측정했지만 시간의 장단이 일정하지 않게 되는데, 이를 부정시법(不定時法)이라고 한다.

이러한 부정시법의 대표적인 사례로 야간 시간대를 5등분하던 5경제(五更制)를 들 수 있다. 야간 시간의 길이는 매일 바뀌지만, 이를 고정적으로 5등분해 시각을 측정함으로써 1경의 시간 길이가 매일 달라진다. 송의 원가력을 예로 들면, 동지 밤의 각수는 55각, 하지 밤의 각수는 35각으로 20각이나 차이 났다. 동지의 1경 길이는 158.4분, 하지의 1경 길이는 100.8분으로 양자는 1시간 가까이 차이가 났다.

이처럼 부정시법은 시간의 장단이 일정하지 않다는 문제점을 안고 있었다. 다만 5경제는 사람들이 거의 활동하지 않는 야간을 대상으로 했고, 밤 시간 전체의 상대 길이를 비교적 정확하게 표현할 수 있었다. 이에 조선시기까지도 5경제가 널리 사용되었는데, 초저녁인 초경 3점에 인정(人定) 종을 28번 쳐서 통행금지를 알렸고, 새벽인 5경 3점에 바라[罷漏] 북을 33번 쳐서 통금해제를 알렸다. 부정시법도 나름의 장점이 있었기에 특정한 시간대나 기능과 관련해서는 최근까지도 널리 사용되었던 것이다.

그렇지만 부정시법은 매일 시간의 장단이 달라짐에 따라 태양과 천체의 운행을 관측하는 데 심각한 오류를 초래했다. 가령 한나라의 누각제도처럼 1년을 40구간으로 나누어 일정 기간 동안 낮과 밤의 각수를 고정하면, 실제 시간의 장단이 일정하지 않게 된다. 이로 인해 매일 변화하는 일출과 일몰 시각, 낮과 밤의 실제 길이를 정확하게 측정하기 힘들어진다. 또한 항성(恒星)의 천체 운행은 매일 같은 시각에 반복되는데, 시간의 장단이 일정하지 않으면 마치 천체의 운행이 변화한 것처럼 관측된다.

　이러한 문제점을 해결하려면 하루 전체를 동일하게 등분하여 시각을 측정해야 한다. 이에 양나라 무제는 507년에 종전의 100각제를 바탕으로 낮과 밤을 구분하지 않고 하루 전체를 12진각(辰刻)으로 등분하고, 1진각을 8각 1/3로 설정했다(양나라는 1진각(辰刻)의 각수를 정수로 만들기 위해 544년에 1일을 108각, 1진각을 9각으로 바꾸었다). 하루 전체를 등분하여 시각을 측정하는 정시법(定時法)을 시행한 것인데, 오늘날 전 세계에서 통용되는 24시간제도 이러한 정시법에 속한다. 정시법의 시행으로 시각을 더욱 정확하게 측정하고, 천문학을 비롯한 과학의 발달을 촉진하며 시간생활을 획기적으로 개선하게 되었다.

시보제의 시행과 정시법의 도입

　앞서 설명한 것처럼 삼국시대 사람들은 태양의 운행을 관찰하여 시각을 파악하는 자연시법을 널리 사용했다. 더욱이 삼국시대의 금석문이나 목간에는 거의 대부분 연, 월, 일까지만 기재되어 있어서 실제 시각을 어떻게 관측하고 또 사용했는지 알기 어렵다. 하루의 특정 시점을 표현한 사례로는 539년에 작성된 〈천전리서석 추명〉의 "지난 을사년(525년, 법흥왕 12년) 6월 18일 매(昧)"라는 표현이 거의 유일하다.

이 명문의 '매(昧)'는 '매상(昧爽)'의 줄임말로 새벽 가운데 '동이 틀 무렵'을 가리킨다. 일출 직전의 시각으로 태양의 운행을 관찰하여 특정 시점을 표현한 자연시법에 해당한다. 〈천전리서석 추명〉에는 법흥왕을 비롯해 왕비와 누이, 형제 등 신라 왕실 가족이 대거 등장한다. 이로 보아 신라 왕실에서는 6세기 전반까지도 태양의 운행을 기준으로 하루의 시각을 측정했던 것으로 짐작된다. 신라가 율령 등 각종 제도를 정비하던 법흥왕 시기까지도 자연시법을 시행했을 가능성이 높은 것이다. 그럼 삼국시대 사람들은 언제부터 부정시법이나 정시법을 도입하여 시간을 측정했을까? 이와 관련하여 신라가 655년(태종무열왕 2년)에 왕궁이 자리한 월성에 고루(鼓樓)를 설치한 사실이 주목된다. '고루'는 말 그대로 북을 설치한 다락 건물인데, 종전에는 그 기능이나 성격에 대해 별다른 관심을 기울이지 않았다.

그런데 당나라에서는 태극궁의 정문인 승천문(承天門)에 고루를 설치해 물시계[漏刻]로 측정한 시각을 북과 종을 쳐서 알렸다. 특히 통행금지나 통금해제 시각에 맞춰 북이나 종을 치면, 도성과 궁성의 문뿐 아니라 거주 구역의 출입시설[坊門]도 모두 여닫았다. 처음에는 병사들이 고루의 북소리를 듣고 말을 타고 다니며 통행금지 시각을 알리다가, 636년부터는 도성 곳곳에 북을 설치해 시각을 알렸다. 승천문의 고루는 장안성의 도성민에게 시각을 알리는 시계 역할을 했던 것이다.

고루를 설치해 시각을 알리던 양상은 고대 일본에서도 확인된다. 660년

일본 고대의 수락유적(위)과 물시계(누각) 복원모형(아래)
일본 나라분지 남쪽의 아스카 골짜기에서 발견된 수락유적으로 시각을 측정하던 물시계
와 관련한 여러 유물과 유구가 확인되었다.

에 처음 물시계를 제작해 시각을 알렸다고 하며, 671년에는 누각대(漏刻臺)를 지어 물시계로 시각을 측정한 다음, 북과 종을 쳐서 알렸다고 한다. 이 누각대는 물시계와 함께 북과 종을 설치했다는 점에서 당 승천문의 고루와 같은 시설로 보이는데, 당시 왕궁이 있던 아스카 지역에서 이 물시계를 설치했던 유적(미즈오치유적)이 발견되기도 했다.

조선도 세종 16년에 경복궁의 경회루 남쪽에 보루각(報漏閣)을 지어 장영실이 만든 물시계인 자격루(自擊漏)를 설치한 다음, 여기에서 측정한 시각을 경회루 남문, 근정문, 광화문, 영추문 등 궁궐 각 문에서 북을 쳐서 알렸다. 경복궁의 여러 문에 설치한 북은 궁궐과 도성의 사람들에게 시각을 알리는 시계 구실을 했던 것이다.

이처럼 궁궐에 설치한 고루는 시각을 측정하여 알리던 시보(時報) 시설이었다. 그러므로 신라가 655년에 궁궐이 자리한 월성에 설치했다는 고루도 시각을 알리던 시설로 짐작된다. 이 무렵 신라는 관복제나 연호 등 당의 제도를 적극 받아들였는데(649~650년), 651년에는 당 태극궁의 태극전을 참조하여 조원전을 짓고 신년하례식[賀正禮]을 거행하기도 했다. 그러므로 신라가 665년에 당 태극궁 승천문의 고루를 참조하여 월성에 고루를 설치한 다음, 도성민에게 시각을 알리는 시보제를 시행했다고 짐작된다.

고대 일본의 율령제에서는 하루를 12진각(2시간)으로 나누고, 1진각을 다시 4각(30분)으로 등분하는 1일 48각제를 시행했다. 물시계를 사용해 측정한 시각은 누각대[고루]에서 북과 종을 쳐서 알렸는데, 2시간 단위의 진각은 북, 30분 단위의 각은 종을 쳐서 알렸다. 또한 1년을 40구간으로 나누어 일출과 일몰 시각을 측정한 다음, 이를 기준으로 궁문의 개폐 시각과 관인의 출퇴근 시각을 제정하여 북을 쳐서 알렸다.

궁문을 열 때는 일출 시각에 맞춰 첫 번째 북을 치면 여러 문을 열고, 두 번째 북을 치면 대문[조당원 남문과 대극전 합문]을 열었는데, 관인들은 두 번째 북을 치기 전에 출근하여야 했다. 궁문을 닫을 때는 관인이 퇴근하는 정오에 맞춰 북을 치면 대문을 닫고, 일몰 시각에 맞춰 북을 치면 여러 궁문을 모두 닫았다. 또한 도성의 문은 새벽을 알리는 북소리가 울리면 열고, 밤을 알리는 북소리가 울리면 닫았다.

고대 일본의 사례로 보아 신라도 655년에 고루를 설치한 다음, 도성민이나 관인에게 도성과 궁궐의 각 문을 여닫는 시각이나 출퇴근 시각을 알렸다고 짐작된다. 신라 도성민이나 관인의 시간생활이 고루에서 울리는 북소리에 맞춰 이루어지기 시작한 것이다. 실제 신라는 삼국통일 직후인 679년(문무왕 19)에 궁궐을 크게 중수하는 한편, 여러 문의 명칭을 정했다. 이때 문의 개폐와 관련한 제반 규정도 정비했을 텐데, 고루에서 알리는 시보를 기준으로 궁문의 개폐 시각도 정했을 것이다. 월성의 고루가 도성민에게 일상생활의 표준시각을 알려 주는 시계의 역할을 수행한 것이다.

그런데 《삼국사기》 신라본기에는 신라가 718년(성덕왕 17)에 처음 누각을 만들었다고 나온다. 물시계가 없다면 야간 시간을 측정하기 힘들다. 그러므로 이 기록을 존중한다면, 신라가 655년 고루 설치 이후에도 상당 기간 해시계 등을 사용해 주로 주간 시각을 측정하여 알리는 부정시법을 시행했고, 야간까지 포함한 정시법이나 시보제는 718년 이후 비로소 시행했다고 보아야 한다.

다만 앞서 설명한 것처럼 고대 중국에서는 한나라 이전부터 물시계를 사용했다. 또한 백제에는 일찍부터 역법을 맡은 역박사(曆博士)가 있었고, 553년에는 일본에 파견했던 역박사를 교대하기도 했다. 더욱이 고대 일본에서는 660년부터 물시계를 만들어 시각을 측정했다고 한다. 이로 미루어 신라도 655년 고루 설치를 전후해 물시계를 사용했을 것으로 볼 수 있는데, 향후 더 면밀하게 검토할 필요가 있다.

시간의 정치학

신라가 고루를 설치한 월성은 왕궁이 자리한 곳이다. 당도 태극궁의 정문인 승천문에 고루를 설치하였다. 고대 일본도 궁성 동남부에 자리한 음양료(陰陽寮)에 물시계와 북, 종을 설치하였다. 고대 동아시아 각국이 궁궐에서

창경궁 자격루(국보, 국립고궁박물관, 고 한석홍)
장영실이 1434년(세종 16)에 만든 물시계인 자격루를 본떠 1536년(중종 31)에 만든 것이다. 격발 장치에 의해 시각을 저절로 알려 주었다 하여 자격루(자격루)로 불리었다.

시각을 측정하여 시보제를 시행했던 것인데, 이러한 양상은 조선시기에도 확인된다.

세종은 경복궁의 경회루 남쪽에 보루각을 지어 물시계인 자격루를 설치해 시각을 측정한 다음, 궁궐의 여러 문에서 북을 쳐서 시각을 알렸다. 그밖에 세종은 집무실인 사정전(思政殿) 서쪽의 천추전 뜰에 흠경각(欽敬閣)을 지어 각종 천문 관측기구와 물시계를 설치하고, 동쪽의 만춘전 뜰에도 시각을 측정하는 일성정시의(日星定時儀)를 두었다.

그럼 전근대 동아시아 각국은 왜 궁궐에서 시각을 측정하여 시보제를 시행했던 것일까? 당시는 농경사회로 농사에 필요한 계절[절후]의 변화를 정확하게 아는 일이 중요했는데, 일반 백성들이 별다른 관측기구도 없이 천체의 운행을 관찰하여 계절의 변화를 정확하게 알기는 힘들었다. 더욱이 하루보다 짧은 단위의 시간은 해시계나 물시계와 같은 측정기구가 있어야 비로소 정확하게 측정할 수 있다.

이에 전근대 동아시아에서는 계절이나 시간의 변화를 관측하여 백성들에게 알려 주는 것을 제왕(帝王)의 중요한 책무 가운데 하나로 인식했다. 세종이 지은 흠경각의 명칭은 중국 상대의 요임금이 "해를 맡은 희씨와 달을 맡은 화씨에게 명하여 삼가 하늘을 따르게 하고, 해와 달과 별의 운행을 살펴 사람들에게 때를 알리도록 했다[乃命羲和 欽若昊天 曆象日月星辰 敬授人時]"는 고사에서 따온 것이다(《서경》요전). 세종이 성인으로 추앙받는 요임금을 본받아 백성을 위해 천체 운행을 관찰하고 시각을 측정했다는 것이다.

그런데 천체 운행 관측과 시각 측정은 제왕(帝王)의 고유 권한이기도 했다. 고대 중국에서 역법(曆法)은 황제만 제정할 수 있었다. 현재 전 세계에서 통용되는 그레고리력도 교황인 그레고리오 13세가 제정했으며, 그 전신인 율리우스력은 로마 황제인 율리우스 카이사르가 제정한 것이다. 이에 제왕들은 궁궐에 천문대와 각종 시계를 설치하여 천체 운행을 관측하고 시각을 측정하여 시보제를 시행했던 것이다.

전근대 왕조국가에서 제왕은 국가권력의 표상이고, 궁궐은 나라 전체에서 가장 중요한 정치적 중추공간이었다. 이에 궁궐에서 대규모 국가의례나 정치회합을 개최하여 제왕의 권력을 구현하였으며, 도성을 건설할 때도 궁궐을 기준으로 삼아 위계적인 공간구조를 창출하였다. 궁궐을 기준으로 도성 전체를 바둑판 모양의 좌우 대칭 구조로 지은 북위의 낙양성이나 당의 장안성은 이를 잘 보여 준다.

시보제(時報制)는 이러한 제왕의 권력을 구현하고, 궁궐 중심의 도성구조를 확립하는데 중요한 역할을 했다. 시보제의 시행으로 성문의 개폐 시각이나 통행금지 시각, 관인의 출퇴근 시각 등은 궁궐의 고루에서 치는 북소리나 종소리에 의해 일률적으로 규제되었다. 궁궐이 도성민의 생활시각을 제정하여 알리는 발신처가 된 것이다. 도성민들은 궁궐에서 울리는 북소리나 종소리에 맞춰 매일 반복되는 일상생활을 영위하며, 궁궐이 도성에서 가장 중요한 정치적 중추공간임을 새삼 깨닫게 되었다.

시보제를 시행하여 제왕은 도성민의 일상생활을 강력하게 통제하는 한편, 자신이 국가권력의 표상이고 궁궐이 정치적 중추공간임을 도성민에게 각인시켰던 것이다. 궁궐 중심의 위계적 공간구조가 제왕의 권력을 표출하는 거대한 무대 장치라고 한다면, 시보제는 제왕의 권력과 궁궐의 위상을 도성민의 일상생활 속에서 구현하는 매개체라 할 수 있다. 도성민들은 매

신라 도성의 정궁이 자리한 월성의 전경
신라는 궁성인 월성을 정점으로 하는 위계적인 도성 구조를 창출했는데, 이곳에 고루를
설치해 시보제를 시행함으로써 정치적 중추 기능을 더욱 강화했다.

일 궁궐에서 울리는 북소리를 들으며 제왕의 존재를 떠올리고, 그때마다 궁
궐 중심의 위계적 공간구조 속에서 살아가고 있음을 실감했을 것이기 때문
이다.

그러므로 시보제는 국왕 중심의 정치제도가 정비되고, 궁궐 중심의 위계
적 공간구조가 확립된 단계에서 비로소 시행할 수 있었다. 신라는 6세기 중
후반부터 월성–대릉원–황룡사지 일대를 중심으로 바둑판 모양의 가로구
획을 짓기 시작했다. 삼국통일 직후인 7세기 후반에는 왕궁의 확장, 행정관
서와 관료제의 정비, 도성 인구의 증가 등과 함께 바둑판 모양의 가로구획
을 더욱 확장했다. 신라는 이를 바탕으로 왕궁인 월성을 정점으로 하는 위

계적 도성구조를 확립했는데, 655년 월성에 고루를 설치해 시보제를 시행함으로써 왕궁의 중추기능을 더욱 강화할 수 있었다.

이러한 점에서 전근대 왕조국가의 제왕은 공간의 지배자이면서 시간의 지배자라 할 수 있다. 시간이 제왕의 정치권력을 구현하기 위한 중요한 수단으로 활용되었던 것이다. 시간의 지배자라는 제왕의 면모는 국제관계로도 확장되었는데, 황제국이 주변국에게 자신의 연호를 사용하도록 강요한 사실은 이를 잘 보여 준다.

동아시아 각국은 본래 각기 독자적인 연호를 제정하여 연도를 표기하였다. 고구려는 광개토왕 시기에 영락이라는 연호를 사용했고, 신라도 536년(법흥왕 23)에 건원이라는 연호를 제정한 이래 계속 고유 연호를 사용하였다. 다만 649년에 당과 군사동맹을 맺어 당 중심의 국제질서를 받아들이면서 종래의 고유 연호를 폐지하고, 당의 연호를 사용하였다. 1년 단위의 시간을 표기하는 연호가 조공−책봉관계라는 차등적 국제관계를 수립하는 매개체 역할을 했던 것이다. 시간이 국내 정치뿐 아니라 국제관계에서도 권력 관계를 나타내는 중요한 수단으로 활용되었다.

여호규 _한국외대 교수

2부 삶의 애환

축제와 놀이

만남과 사랑 그리고 결혼

죽음 또한 삶의 한 자락

삼국시대의 사회 기풍

농가의 살림살이

축제와 놀이

문동석

음주와 가무를 즐긴 민족

우리 민족은 다른 민족보다 노래 부르는 것을 좋아하고, 또 실제로도 노래를 잘한다. 직장인들의 단합과 친목, 사기 고양을 위해 한다는 회식도 자연스럽게 노래잔치로 이어지곤 한다. 우리 민족은 또한 술 마시는 것을 즐긴다. 각종 모임에는 항상 술이 등장하고, 술 잘 마시는 사람은 주당(酒黨), 주선(酒仙)이나 주성(酒聖)이라는 애칭으로 불린다.

이 같은 우리 모습을 보고 일부에서는 예로부터 음주와 가무를 즐기는 민족의 후예이기 때문이라고 한다. 실제로 러시아를 비롯한 독립국가연합에 살고 있는 고려인들은 토착민들과는 달리 술 마시고 춤추며 노래 부르는 것을 매우 즐긴다고 한다.

이러한 우리의 음주 가무 습속은 어떻게 시작된 것일까. 까마득한 옛날의 놀이 문화는 어떤 모습이었을까. 오늘날과는 무슨 차이가 있을까.

축제 마당의 동상이몽

원시시대 사람들은 자신들이 생활하는 공동체 안에서 평등하게 지냈다. 비록 성에 따른 남녀 간의 분화와 연령에 따른 계층 간의 분화는 있었지만, 계급에 따른 지배와 피지배라는 불평등 관계는 존재하지 않았다. 이러한 원시시대 사람들은 자신과 자신이 속한 집단을 운명 공동체로 인식하였다. 따라서 자기가 속한 공동체 성원 가운데 한 사람이라도 외부인에게 죽임이나 부상을 당하면, 그 사람을 대신하여 '피의 보복'을 해야 했다. 원시시대 사람들의 이 같은 집단성은 어디에서 연유하는 것일까.

원시시대 사람들이 속해 있는 공동체는 주로 동일한 혈연을 매개로 구성되었다. 따라서 이들은 공동의 조상신을 숭배하며 일체감을 형성하였다. 나아가 자신들의 조상이 곰이나 호랑이와 같은 동물에서 출발했다고 믿고, 이 동물들을 자신들의 수호신으로 섬기는 신앙도 등장했다.

혈통상의 동질성 못지않게 원시시대 사람들을 하나로 묶어 준 것은 이들의 집단 축제였다. 원시시대 사람들은 공동체 내의 모든 일을 구성원들이 함께 모여서 결정하였다. 이들이 참여하는 정치적 집회는 일정한 의식을 수반하였고, 이 의식은 자연스럽게 축제로 이어졌다. 그리고 축제는 해마다 반복되면서 주기적으로 열리게 되었다. 주로 조상신에 대한 신앙 의례와 결부되어 진행된 축제에서, 구성원들은 자신들이 같은 공동체 성원이라는 것을 확인할 수 있었다.

그러나 청동기시대 이후 계급이 발생하면서 집단 내부에서 지배하는 자와 지배당하는 자가 동시에 존재하게 되었다. 혈연을 단위로 구성되었던 이전과는 달리, 이제는 지연을 매개로 하는 공동체가 구성된 것이다. 이와 함께 같은 집단의 성원 간에도 대립이 빈번해졌고 이들 간의 갈등도 심화되었다.

그러나 계급사회가 되었다고 해서 집단의 전통과 관습까지 송두리째 바뀌지는 않는다. 전통과 관습은 나름의 생명력을 가지면서 상당 기간 동안 이전의 모습을 유지하려는 속성을 지니고 있다. 따라서 집단을 하나로 묶어 주었던 이전의 축제는 여전히 지속되었고, 지배계급과 피지배계급 모두 축제에 참여하였다. 다만 축제에 참여하는 이들의 이해관계가 이전과 달라졌을 뿐이다. 이들이 축제를 통해 추구하는 것은 각기 달랐다.

족장을 비롯한 지배계급은 정치적 집회와 함께 진행되는 집단 축제를 통해 자신들의 지배 기반을 확고히 하는 계기로 삼고자 하였다. 즉 족장권을 바탕으로 일반 구성원들에게 세금이나 부역을 부과하고, 나아가 자신의 정치적 지배에 대한 정당성을 인정받으려 하였다. 반면에 일반 성원들은, 전래의 관습과 공동체적인 집단의식을 통해, 족장의 과도한 수탈에 제한을 가하고 자신들의 활동 반경을 확대시키는 데 주력하였다.

서로 다른 이해관계를 지닌 이들 양자가 상호 절충하고 함께 사는 방법을 모색하는 과정에는 자신들이 동일한 운명체라는 의식을 공유하는 것이 가장 중요했다. 그리고 이러한 의식을 공유하는 데 절대적으로 기여한 것이 바로 축제였다.

음주 가무는 제사 의식

집단 축제에서 빠질 수 없는 것이 음악과 춤 그리고 술이었다. 그러나 당시의 축제는 오늘날의 야유회와는 달리 단순히 제 흥에 겨워 먹고 노는 자리만은 아니었다. 축제에는 항상 제사 의식이 수반되었다. 따라서 축제에서 음주 가무를 즐긴 것도 모두 신과의 상관관계에서 나온 현상이었다. 신을 맞이하고, 신을 즐겁게 하고, 신의 노여움을 풀고, 혹은 신에게 자신들의 소망을 비는 모든 행위 과정에서 술을 마시며 노래를 부르고 춤을 추었던 것이다.

동예에는 10월에 열리는 무천(舞天)이라는 집단 축제가 있었다. 이 축제에서는 밤낮으로 술 마시고 노래하며 춤을 추었는데, 이것은 자신들이 신이라고 여겼던 호랑이에게 제사하는 과정에서 이루어진 행위였다.

삼한에서도 집단 축제 때 귀신에게 제사 지내면서, 떼를 지어 모여서 밤낮을 가리지 않고 술을 마시며 노래와 춤을 즐겼다. 특히 춤을 출 때에는 수십 명이 모두 일어나 앞사람을 따라가면서 땅을 밟고 몸을 구부렸다 치켜들고 손과 발을 장단에 맞춰 움직였다.

고구려에서는 10월에 동맹(東盟)이라는 집단 축제를 열었다. 이때에는 나라 동쪽에 있는 수혈(隧穴)이라는 동굴에서 신을 모셔 온 뒤, 다시 나무로 신의 형상을 만들어 신의 자리에 모셨다.

그런데 이처럼 신에게 제사 지내는 과정을 통해 진행된 축제에서 음주 가무만 시행되었던 것은 아니다. 지난 한 해를 결산하고 새로운 한 해를 대비하는 중요한 사안도 축제 기간을 통해 논의되었다. 특히 집단의 최고 지배자는 축제를 통해 일반 백성들은 물론이고 자기 관할하에 있는 군소 지배자를 통제하는 계기로 삼았다.

집단의 규모가 커지고 성원들의 수가 증가함에 따라 축제에 모든 구성원들이 참여하는 것은 불가능하게 되었다. 그 대신에 최고 지배자와 그 휘하에 있는 관료와 지역 대표자, 그리고 수도에 거주하는 일부 백성들이 참여하는 방향으로 개편되었다. 이때 조상신이나 하늘에 대한 제사를 주관하는 사람은 최고 지배자였다. 따라서 이 지배자는 조상신이나 하늘의 권위를 자연스럽게 자신의 것으로 만들 수 있었다.

축제는 각 지역의 군소 지배자들이 최고 지배자에게 충성을 서약하는 자리이기도 하였다. 따라서 이 모임에 참석하지 않은 사람은 반역의 뜻을 품은 것으로 간주되어 처벌을 받았다. 지역별 책임자나 대리 통치자는 최고 지배자에게 자신이 관리하는 지역의 백성과 가축의 수, 그리고 생산물의 양과 세금 등을 보고하고, 해마다 바치는 공납물을 가져왔다. 영역 내의 모든 인적 경제적 자원이 최고 지배자의 소유라는 의미를 반영한 것이다.

요즈음 법정공휴일 혹은 기념일에 즈음하여 죄수에 대한 사면령이 자주 발표된다. 사면령을 통해 그날의 의미를 더욱 빛내고자 하는 의도에서 나온 일이다. 옛날에도 축제 때 죄수에 대한 사면령을 내리는 것이 일반적이었다. 그런데 요즘과는 달리, 당시에는 사면령과 함께 죄수를 처형하는 형 집행도 동시에 이루어졌다. 주변 국가나 종족과의 분쟁 과정에서 잡아온 포로, 중죄를 범해 사형시켜야 할 국내의 죄인 등을 축제 기간 중에 처형하였다.

축제와 생활

축제가 개최되는 시기는 생활 주기와 밀접한 관련을 맺고 있었다.

부여의 축제인 영고(迎鼓)는 매년 12월에 거행하였다. 12월은 본격적인 사냥철이 시작되는 시기이다. 따라서 이때에 축제를 거행한 것은 공동 수렵을 행하던 전통을 계승하였기 때문이다. 농사를 지으면서, 한편으로 목축업을 하였던 반농반목적(半農半牧的)인 부여의 경제생활을 반영한 것이다.

고구려의 동맹과 동예의 무천은 모두 10월에 거행하였다. 그리고 삼한에서는 5월에 파종하고 난 뒤 축제를 열고, 다시 10월에 수확하고 나서 축제를 열었다. 농업이 가장 중요한 산업이었기에, 농사와 관련하여 축제 시기가 정해진 것이다.

우리나라는 농업 사회였기에 농민들은 농경지 근처에 정착하여 살았다. 또 밭이나 논에서 해마다 농사를 지어야 했으므로 그들은 촌락을 이루어 살았다. 그리고 농사를 잘 지으려면 계절의 변화를 파악하는 일이 매우 중요하였다. 계절의 변화에 따라 씨를 뿌리고, 김을 매고, 수확을 할 수 있었기 때문이다. 따라서 이러한 계절의 변화에 맞춰 관습적으로 되풀이되던 때를 명절로 삼았으며, 각 명절에 행해지던 여러 가지 행사와 놀이가 세시 풍속으로 전승되었다. 봄, 여름, 가을, 겨울은 각각 첫 번째 달인 맹월(孟月), 두 번째 달인 중월(仲月), 세 번째 달인 계월(季月)의 3개월로 구성되었다.

봄은 정월에서 3월까지이다. 이때는 농사를 준비하는 기간으로 복과 풍년을 비는 놀이가 행해졌다. 특히 석전(石戰: 돌싸움)은 그 유래가 고구려까지 올라간다. 현재는 금지된 석전은 정월 대보름날 저녁에도 행해졌다. 들판에서 한 마을 혹은 한 지방 사람들이 동편과 서편으로 나뉘어 수백 보의 거리를 두고서 돌팔매질을 한다. 처음에는 먼 곳에서 던지다가 놀이가 점차 고조되면 서로 가까이서 돌을 던졌는데 달아나는 편이 졌다. 고구려의 석전은 매년 정초에 거행되었는데, 이때에는 국왕도 수레를 타고 와서 구경하였다.

여름은 4~6월까지이다. 여름은 씨 뿌리고 김매는 농경이 본격적으로 시작되는 시기로 체력 소모가 많은 때이다. 따라서 건강을 유지하기 위한 놀이가 행해졌는데, 그 대표적인 것이 씨름이다. 오늘날에도 5월 단오날에 씨름을 하는데, 그 기원은 삼한시대부터 비롯된 것이다. 고구려 각저총의 벽화에는 상투를 튼 두 사람이 씨름을 하고 있고, 그 옆에는 심판인 듯한 노인이 지팡이를 짚고 서 있다. 두 역사의 씨름하는 모습은 오늘날의 씨름에서 샅바를 두른 모습과 유사하다.

가을은 7~9월까지이다. 가을은 농경 작업을 마치고 추수하는 때로서 추수 감사제가 열린다. 우리는 이 추수 감사제를 추석 또는 가위[가배(嘉俳)]라고 하였다. 추석을 명절로 지키게 된 시초는 신라 때였다. 추석날에 남자들은 활쏘기를 하였고, 여자들은 길쌈 내기를 하였다. 길쌈 내기는 서울 안의 여자들이 두 편으로 나뉘어 7월 15일부터 한 달 동안 길쌈을 한 뒤, 8월 15일에 그 성적을 보아 승부를 결정하는 것이었다. 지는 편은 술과 음식을 마련하여 이긴 편을 대접하고 춤과 노래로써 즐겁게 해 주었다.

겨울은 10~12월까지이다. 동절기인 겨울은 농경민족에게는 가장 한가한 때이다. 월동 준비를 끝내고, 풍작에 대한 감사를 드리며 조용히 세밑을 보내게 된다. 고구려의 동맹, 동예의 무천, 삼한의 상달, 부여의 영고와 같은 집단 축제가 이 시기에 거행되었다.

놀이 문화를 독점한 귀족

축제는 집단 전체의 행사였다. 그러나 사회가 발전하고 분화됨에 따라 이 문화 행사들도 많이 변하였다. 고구려, 백제, 신라 모두 왕을 정점으로 하는 관료제가 정비됨에 따라 관할 지역을 통제할 때 굳이 과거처럼 축제를 이용할 필요가 없게 되었다. 정치적인 통제는 관료제와 율령만으로 운영해도 충분했기 때문이다. 이제 축제는 정서적인 측면에서 사회를 통합하는 기능을 수행하는 정도의 성격을 지니게 되었다. 이전의 집단적 축제는 명절이나 세시 풍속의 의미로 변화되어 그 명맥을 이어 갔을 따름이다.

그리고 집단적인 문화보다는 계층별 혹은 이해관계를 같이하는 사람들 간에 끼리끼리 전개되는 문화가 주류를 차지하게 되었다. 그중에서도 특히 당시 사회를 지배하고 있던 귀족층의 문화 활동이 가장 활발하였다. 귀족들은 정치권력은 물론이고 경제력까지 장악하고 있었다. 따라서 이들은 그 시기 최고의 상층 문화를 전개할 수 있었다.

삼국시대 귀족들이 가장 많이 즐긴 여가 활동은 사냥이었다. 사냥은 원래 생존을 위해 행해졌으나, 농경 사회가 정착되면서 점차 직접적인 생존 활동과는 거리가 멀어졌다. 하지만 삼국시대에는 주변국과 전쟁할 위험성이 항상 존재했기에 무술을 잘 닦는 것이 절대적으로 필요하였다. 그래서 초기에는 관리를 선발할 때에도 활쏘기 실력에 따라 우선적으로 등용하였다. 고구려 시조 동명왕은 활을 잘 쏘았기에 주몽(朱蒙)이라는 이름으로 불렸고, 신라의 화랑도 전쟁터에서 용감히 싸우는 것을 최고의 미덕으로 삼았다.

고구려 고분벽화에는 사냥하는 장면이 수없이 많이 보인다. 이때 말 타고 활 쏘는 사람은 모두 귀족이나 그 자제들이다. 그런데 귀족들이 사냥할 때에는 자신들만 가는 것이 아니었다. 고분벽화의 사냥하는 장면을 자세히 들여다보면, 산속에 조그맣게 그려진 사람들이 매우 많이 보인다. 이들은 인

약수리 고분벽화의 수렵도(평남 남포시 소재)와 모사도(아래)
귀족들의 사냥을 위해 몰이꾼으로 동원된 백성들이 산 너머에 숨어 있고, 앞쪽에는 귀족
과 그의 일행이 활시위를 당기고 있다.

근에 사는 일반 백성들인데 귀족들의 사냥에 함께 동원되었다. 백성들은 단
체로 산을 포위해서 동물들을 일정한 방향으로 몰고, 귀족들은 그 길목에서
기다리다가 달려오는 사냥감을 향해 활을 당겼다. 그리고 잡힌 사냥감은 고
스란히 귀족의 차지였다.

수산리 고분벽화 곡예도(평남 남포시 소재)
귀족 부부의 행차를 위해 동원된 곡예단. 긴 막대를 타는 묘기, 공이나 수레바퀴를 던지는 묘기를 부리는 사람들이 생동감 있게 묘사되었다. 귀족 뒤에는 커다란 일산을 받쳐든 시종이 조그맣게 그려져 있다.

　또한 고분벽화에는 오늘날의 서커스와 비슷한 장면도 그려져 있다. 행렬의 한쪽에 있는 곡예단에 긴 막대를 탄 채 두 다리로 걷고 있는 사람이 있다. 반주에 맞춰 춤을 추는 이 사람은, 우리가 흔히 쓰는 말인 죽마고우(竹馬故友)에 나오는 죽마(竹馬)를 타고 있다. 이 밖에도 조그마한 공과 같은 물건 대여섯 개를 연달아 공중에 던지면서 땅에 떨어지지 않게 계속 돌리는 사람, 수레바퀴와 같은 바퀴를 공중에 던져 돌리는 사람, 말 위에서 뿔 나팔을 연주하며 재주를 부리는 사람, 칼을 가지고 재주 부리는 사람 등 여러 재주꾼이 등장한다.

그런데 곡예단의 재주도 일반 백성의 흥을 돋우려고 마련된 것이 아니라, 귀족 부부의 행차를 과시하려고 동원된 것이었다. 귀족의 행사를 빛내고 귀족을 즐겁게 해 주고자 곡예단이 재주를 부린 것이다.

삼국시대 놀이 문화의 주인공은 귀족들이었다. 백성들은 어디까지나 조연에 불과하였다. 일반 백성은 생존을 위한 생산 활동에 대부분의 시간을 써야 했다. 따라서 이들이 독자적인 문화를 창조하거나 한가로이 노는 것은 기대하기 힘들었다. 비록 명절이나 대규모 종교 행사 등에 평민들이 참여하기는 하였지만, 이것은 어디까지나 주어진 공간에서 활동한 것에 불과하였다.

신선놀음에 망한 나라

우리나라는 바둑 강국의 위치를 차지하고 있다. 그만큼 우리 바둑 역사는 1,500년 이상의 오랜 전통을 지니고 있다. 때로는 왕이 바둑에 빠져 나라가 망하는 줄도 몰랐고, 때로는 사람들이 바둑을 잘 둔다는 소문이 이웃 나라에까지 자자하기도 했다.

백제의 개로왕은 바둑에 빠졌다가 자신도 모르게 나라를 위기에 빠뜨렸던 임금이다. 개로왕의 아버지인 비유왕이 즉위할 무렵인 427년, 고구려 장수왕은 압록강 유역에 있던 수도를 평양으로 옮기면서 영토 확장의 방향을 남쪽으로 돌렸다. 그러자 국경을 맞대고 있던 백제와 신라는 위협을 느끼고 서로 군사동맹을 체결하는 한편, 중국의 지원을 요청하는 외교전까지 전개하였다. 고구려로서도 백제는 만만한 상대가 아니었다. 장수왕의 증조부인 고국원왕이 백제군과 싸우다 전사했을 정도였다.

백제를 멸망시킬 계략을 찾던 장수왕은 백제가 내분을 일으키고 국력을 소진하여 스스로 망하게 하는 방법을 구상하였다. 그리하여 도림이라는 승려를 첩자로 만든 뒤 마치 고구려에서 죄를 지어 백제로 도망간 것처럼 거짓 연극을 꾸몄다.

도림은 먼저 백제의 국내 정세를 살핀 뒤 개로왕이 바둑을 무척 좋아한다는 사실을 알아내고서 왕에게 찾아가 대국을 요청하였다. 도림은 바둑에 뛰어난 고수였다. 바둑을 좋아하는 개로왕은 이내 도림에게 푹 빠졌다. 심지어 너무 늦게 만났다고 한탄까지 할 정도였다.

신임을 얻은 도림은 바둑을 두면서 개로왕에게 정치적 조언까지 하게 되었다. 도림은 먼저 백제의 자연 지형이 방어에 유리하여 이웃 나라가 함부로 쳐들어올 수 없다고 안심시켜 군사적 대비를 소홀하게 하였다. 그런 다음 국내 재정을 탕진시키고자 국왕의 권위를 세운다는 핑계를 대어 궁궐을 대규모로 짓게 하였다. 그 결과 백제의 국력은 속빈 강정처럼 허약해졌다. 이 사실을 확인한 도림은 다시 고구려로 건너가 장수왕에게 상황을 보고하였다. 이에 장수왕은 즉각 3만의 군대를 거느리고 백제의 수도인 한성(지금의 서울)을 공격하여 함락해 버렸다. 장수왕에게 사로잡힌 개로왕이 뒤늦게 후회했으나 때는 이미 늦었다. 바둑 두다가 나라가 망한 꼴이 되었다.

고구려, 백제는 물론이고 신라에서도 바둑이 유행하였다. 신라에는 바둑에 뛰어난 고수가 많아서 그 소문이 중국에까지 퍼졌다.

738년(효성왕 2)에 당나라는 신라에 사신을 파견하였다. 전왕이었던 성덕왕의 죽음을 위문하고, 새로 즉위한 효성왕을 책봉하기 위해서였다. 그런데 당나라 황제는 사신을 보내면서 크게 두 가지를 주문하였다. 하나는 신라가 학문과 문장 실력이 뛰어나다고 자랑하는데, 가서 중국의 실력이 월등하다는 것을 보여 주고 오라는 것이었다. 그런데 다른 하나는 엉뚱하게도 중국의 바둑 실력이 신라보다 낫다는 것을 증명하고 오라는 것이었다. 그래서 관리 가운데 바둑 실력이 가장 뛰어난 사람을 뽑아 사신 일행에 합류시켰다.

신라에 도착한 당나라 사신 일행은 공식 임무를 마친 뒤 신라의 바둑 고수들을 초빙하여 시합을 벌였다. 아쉽게도 신라의 고수들이 모두 패하긴 했지만, 중국의 황제가 바둑 고수를 사신으로 보낼 정도로 신라의 바둑 실력은 상당한 수준이었음을 알 수 있다. 오늘날 우리나라가 바둑 최강국이 된 것도 바로 이 같은 저력이 있었기 때문이 아닐까.

주사위 한 번 던지고 소리 없이 춤추기

귀족들의 문화 중에 빼놓을 수 없는 것이 술 마시는 것이었다. 예로부터 풍류를 즐기는 자리에는 술이 빠지지 않았다. 그러나 단순히 술과 안주만 먹는 것에 허전함을 느끼게 되자, 이제는 흥을 돋우기 위하여 게임을 즐겼다. 어떤 때에는 고상하게 한 사람씩 시를 짓기도 하고, 어떤 때에는 재치를 시험하기도 하고, 때로는 벌칙을 정해 그대로 행동하게 하였다.

1975년에 경주 안압지(현재 명칭은 신라 동궁과 월지)를 발굴하던 중 연못 바닥의 갯벌에서 참나무로 만들어진 지름 4.8센티미터 정도의 14면체 주사위가 발견되었다. 이 주사위는 신라인들의 놀이 문화를 보여 주는 실물자료라는 점에서 중요한 의미를 가진다. 안타깝게도 보존 처리 과정에서 소실되

경주 월지 전경과 출토 주사위(복제품. 국립경주박물관 소장)
문무왕 때 만들어진 월지는 왕이 관료들과 더불어 풍류를 즐기고, 정사를 논하던 곳이었으나 신라 말기에는 방탕한 사치 놀이에 탐닉한 현장으로 전락하였다.

어 실물은 현존하지 않지만, 보고서에 실린 사진 등을 통해서 원래의 모습을 어느 정도 복원할 수 있다. '음진(飮盡)'·'자음(自飮)'·'잔(盞)' 등의 문구들을 통해 이 주사위가 궁중의 술자리에서 사용된 놀이 도구였음은 쉽게 알 수 있다.

놀이는 술자리에서 주사위를 던져 그 위에 쓰인 글자대로 행동하는 것이었다. 조금 짓궂은 장난을 하기도 하였지만, 상당히 여유 있게 놀았음을 알 수 있다.

신라 월지 출토 14면체 주사위의 영문(令文)과 해석

구분	내용	영문(令文)	해석
벌주(罰酒) 양의 조정	면음(免飮)	유범공과(有犯空過)	걸렸어도 그냥 지나감
	조건부 면음(免飮)	공영시과(空詠詩過)	그냥 시(詩)만 읊고 지나감
		농면공과(弄面孔過)	얼굴을 희롱하고 지나감
		양잔칙방(兩盞則放)	2잔이면 면제
	일부 면음(免飮)	삼잔일거(三盞一去)	3잔에서 1잔 제거
	조건부 면음(免飮) 금지	추물막방(醜物莫放)	추물이면 면제 못함
		곡비칙진(曲臂則盡)	팔을 굽히면 다 마시기
추가적 행령(行令)	골계(滑稽, 익살스런 행동)	음진대소(飮盡大咲)	다 마시고 크게 웃기
		중인정비(衆人打鼻)	여러 사람들이 코 때리기
		금성작무(禁聲作舞)	소리 없이 춤추기
	가창(歌唱)	임의청가(任意請歌)	마음대로 노래 청하기
		자창자음(自唱自飮)	스스로 노래하고 스스로 마시기
		자창괴래만(自唱恠来晚)	스스로 '괴래만' 부르기
		월경일곡(月鏡一曲)	'월경' 한 곡

집단 문화와 개인 문화

우리 민족은 집단적인 놀이 문화를 좋아했다. 차전놀이, 줄다리기와 같은 놀이는 물론이고, 음악도 농악이나 강강술래 같은 것이 발달되어 왔다. 그래서 그런지 '나'보다는 '우리', '개인'보다는 '전체'를 강조하는 공동체 문화가 발달하였다. 이 같이 발달한 공동체 의식은 간혹 개인의 다양성을 억압하고 국수주의적인 모습을 띠는 경우도 있었다. 그러나 국가가 위기에 처했을 때처럼 모든 성원들의 단결된 힘이 필요할 때에는 엄청난 위력을 발휘하였다.

우리가 이웃 나라로부터 음주와 가무를 즐기는 민족이라는 말을 들었던 것도 실은 원시시대의 집단 축제에서 비롯된 공동체 문화에서 기인한 것이다. 비록 계급사회로 접어들면서 공동체의 집단성이 약화되고 대신에 계층별로 각기 다른 문화가 전개되어 갔지만, 집단적인 문화 전통은 오늘날까지 면면히 그 맥을 이어 오고 있다. 개인의 다양성과 창조성이 강조되는 오늘날에도 집단 문화는 개인 문화의 단점을 보완하면서 생명력을 유지하고 있는 것이다. 이것이 바로 고대사회 이래 지속되어 온 우리 문화의 한 특징이다.

문동석 _ 서울여대 교수

만남과 사랑 그리고 결혼

전호태

가장 극진한 대접

무진주(武珍州)에 이르러 마을을 순행하였다. 주리(州吏)인 안길(安吉)이 보통 사람이 아님을 알고, 집으로 불러들여 극진히 대접하였다. 밤이 되니 안길이 처첩 세 사람을 불러 말하기를, "지금 우리 집에 머무는 거사를 모시면 종신토록 해로하리라." 하였다. 두 처는 말하기를 "비록 같이 못 지내도 어찌 타인과 함께 자리오." 하였고, 한 처는 말하기를 "당신이 만약 종신토록 함께 지내기를 허락한다면 명에 따르겠소." 하고는 이에 좇았다.

신라 문무왕의 동생인 거득공(車得公)이 지금의 광주 지역에 이르렀을 때 일어난 사건이다. 안길의 태도로 보아 아내를 내어 주는 것은 귀한 손님에게 베푸는 예로서 그 손님을 극진히 대접한다는 표현이다. 손님에게 하룻밤 아내를 내어 주는 관습은 고대사회에서는 그리 낯선 일이 아니며 현재도 중근동이나 아프리카에서는 이어지고 있다.

그런데 안길이 처첩들에게 해로를 조건으로 내걸며 손님과 동침하라고 제안하자 처첩 셋 가운데 둘은 이를 거절한다. 이로 보아 이 사건이 일어난 통일신라시대에는 손님에게 하룻밤 아내를 내어 주는 관습이 더 이상 보편적인 것으로 인식되지 않았음을 짐작할 수 있다. 역으로 시기를 거슬러 올라가면 이러한 행위는 그야말로 손님을 맞는 여러 가지 방법 가운데 하나로 널리 행해졌다는 뜻도 된다.

눈길을 끄는 점은 안길이 더 이상 관습으로 받아들여지지 않을 뿐 아니라 기피되기까지 하는 '아내를 내어 주는 손님맞이'를 꼭 행해서 손님에게 자신의 극진함을 보여 주고 싶어 하고, 이를 위해 처첩들에게 손님과 동침하는 이와 해로하겠다는 조건을 내건다는 사실이다. 또 두 처는 '비록 같이 못 지내도' 싫다는 것이며, 한 처는 '종신토록 함께 지내기를 허락한다면' 다른 두 처가 거절한 '타인과 함께 자기'도 마다하지 않겠다는 것이다. 당시의 풍속 및 관념과 관련하여 대단히 흥미로운 장면이 아닐 수 없다.

남녀가 짝을 이루어 부부의 연을 맺으면 이들이 바라고 맞을 수 있는 가장 복스러운 상황은 백년해로라고 할 수 있다. '백년해로'는 한 부부가 공유하게 되는 가장 큰 목표이자 가치이며, 그들 사이의 자녀와 주변의 모든 이들이 바라는 아름다운 모습이기도 하다. 안길은 이 해로를 마지막 고리로 삼아 더 이상 관습이 아닌 관습을 되살리려 하고 있다. 이에 대해 한 처는 해로할 수만 있다면 오히려 사람들의 손가락질을 받을 수도 있는 옛 관습을 좇겠다고 한다. 반면 다른 두 처는 해로를 포기하고라도 옛 관습을 밀어낸 현재의 상식을 택한다. 가히 가치관의 충돌이라고 할 수 있는 상황이다. 백년해로를 택할 것인가? 성 윤리를 택할 것인가?

눈 맞으면 아무도 못 말린다

요즘도 시청률이 떨어질 때쯤이면 등장하여 시청자들로 하여금 안타까움으로 잠 못 이루게 하고, 수시로 보는 이들의 눈물샘을 자극하는 텔레비전 연속극의 단골 메뉴가 있다. 한쪽 집안의 반대로 맺어지지 못한 젊은 남녀가 집을 뛰쳐나와 자신들만의 삶을 개척해 간다든가, 깊은 사랑으로 맺어진 남녀 사이에 부모나 이웃이 끼어들어 갖가지 이유를 들면서 헤어질 것을 강요하고, 당사자들은 힘겹게 이를 물리치고 더욱더 서로를 깊이 신뢰하고 사랑하게 된다는 식의 이야기이다. 삼국시대에는 이런 류의 사랑 이야기로 어떤 것들이 있었을까.

전자의 유형에 가까운 것으로는 길에서 만나 한눈에 서로에 반했다가 여자 측 부모의 반대로 주저앉을 뻔했던 김유신의 아버지 김서현(金舒玄)과 어머니 만명(萬明)의 사랑 이야기가 있다. 젊어서 만나 함께 살던 강수(强首)와 그 아내에게 강수가 크게 출세한 것을 들어 부모가 헤어질 것을 요구하고, 강수로 하여금 새장가를 들게 하려 하자 강수가 이를 거절한 이야기는 후자의 유형에 비견할 수 있을 것이다. 이 밖에도 호동왕자와 낙랑공주, 온달과 평강공주, 서동과 선화공주, 김현(金現)과 호녀(虎女)의 사랑 이야기 등이 많은 사람들의 입에 오른다. 예나 지금이나 남녀의 사랑에는 풍파가 있기 마련이고 어쩌면 우리 자신이 그 당사자일 수도 있기에 만남과 맺어짐은 시대에 관계없이 이야깃거리가 되어 온 것이다.

남녀가 부부로 맺어지기까지는 양가의 이해를 거쳐야 하는 것이 상례이다. 그 과정에서 우여곡절이 있기도 하고, 불만을 갖는 쪽에서 두 사람의 만남 자체를 통제하려 들기도 한다. 그러나 젊은 남녀의 만남과 맺어짐을 근

수렵총 묘주부부도(평남 남포시 소재)와 모사도(아래)
신라의 안길과 세 처첩도 처음 만날 때에는 고구려 수렵총에 묻힌 이 부부처럼 죽어 한 무덤에 묻힐 때까지 서로를 아끼며 살기로 약속했을 것이다.

본적으로 막기란 불가능하다. 삼국시대에도 그러하였다.

시중에 떠도는 괴이하고 망측스러운 노래, "선화공주님은 남몰래 얼여 두고, 서동방을 밤에 몰래 안고 돌아간다네." 이 노래 때문에 궁중에서 쫓겨나 귀양살이 가던 선화공주는 어디서 왔는지도 모르는 서동을 길에서 만나자, 서로 사귀다가 정을 통한다. 멸망한 가야국의 왕손이자 명장 김유신의 아버지인 김서현은 왕실 가문의 딸인 만명을 길에서 만나 눈짓으로 꾀고, 둘은 서로 사귄다는 사실을 양가 부모에게 알리지도 않고 야합하기에 이른다. 신라의 강수는 젊어서 대장장이 딸을 만나 야합하고 같이 살며, 낭군 김현은 흥륜사에서 탑돌이를 하다가 마주친 호녀와 서로 눈길을 나누다가 곧바로 정을 통한다. 신분이나 지위의 높낮이에 관계없이 젊은 남녀는 만나고 맺어 졌던 것이다.

뼈대 없는 집안과는 안 돼?

오늘날에도 그런 면이 있지만 삼국시대에도 상류사회에서는 신분이나 지위가 비슷한 집안끼리의 중매결혼을 선호했고, 이를 무시한 남녀 간의 결합은 바람직하지 않게 여겼다.

만명의 부모인 숙흘종 부부는 만명이 만노군(萬弩郡: 지금의 충북 진천군) 태수로 부임해 가는 김서현을 따라가려 하자, 중매도 없이 야합한 것에 크게 분노하며 딸을 다른 집에 가두고 사람을 시켜 지키게 한다. 고구려의 시조 주몽을 낳은 하백의 딸 유화(柳花)는 중매도 없이 천제(天帝)의 아들을 자칭하는 해모수를 만나 정을 나누는데, 이를 안 하백은 집안을 망신시켰다 하여 딸을 유배 보낸다.

고구려 평원왕의 딸 평강공주는 어릴 때 "자꾸 울면 바보 온달에게 시집 보낸다."라고 어르고 달랬던 왕이 왕실에 버금가는 귀족인 상부(上部) 고씨 (高氏)에게 시집보내려 하자, 이를 거부하였고 그 결과 궁궐에서 쫓겨난다. 앞에서 살펴본 선화공주도 마찬가지이다. 결혼 당사자 상호 간에 집안의 격을 따지는 태도는 비단 최고 신분층이 아니더라도 있었는데 강수 부모가 그러한 사례에 해당할 것이다.

그렇지만 이 같은 사회적 관습이나 제약도 젊은 남녀 사이의 강한 인력은 어떻게 하기 어려웠던 듯하다. 부모의 반대를 무릅쓰고 서현을 따라가려는 만명의 간절함이 통했는지 마른하늘에서 벼락이 내려 문간을 때려 사람들을 놀래 나자빠지게 하자, 만명은 들창문으로 빠져나와 낭군의 품으로 달려간다. 그 뒤 만명과 서현 사이에 김유신이 태어나 무럭무럭 잘 자란 것을 보면 숙흘종은 만명과 서현의 결합을 더 이상 반대하지 않았던 것 같다.

한편 서민 사회에서는 젊은 남녀 간의 만남이 더욱 자유로웠던 것 같다. 낭군 김현이 호녀와 정을 통한 뒤, 여자의 집으로 가자 호녀의 어머니는 둘의 만남을 탓하기보다는 김현이 호녀의 오빠들로부터 호환을 당할까 염려한다. 물론 이 이야기의 초점은 영물로 여겨지던 호랑이와 김현의 인연이 지닌 불교적 의미에 있지만 김현과 호녀, 호녀 어머니의 태도에는 당시 서민 사회에서 남녀의 만남에 대해 갖고 있던 일반적 관념이 담겨 있다고 해야 할 것이다. 고구려의 혼인 풍습에 관한 중국 《수서(隋書)》의 글처럼, 이 시대 서민 사회에서는 '남녀가 서로 좋아하면' 바로 혼례를 치를 수 있었던 것이다.

그런데 오늘날에도 내외 팔촌 이내일 때에는 결혼에 제한을 받듯이 삼국시대에도 누구나가 배우자로 허용되는 것은 아니었다. 서로 맺어지기를 원해도 넘어서

미소 짓는 여인상(경주 황성동 고분 출토, 국립경주박물관 소장)
아름답고 정숙한 신라 여인의 미소가 인상적이다.
만명, 호녀, 선화공주 등도 이 같은 모습의 매력적인 여인이었을 것이다.

기 어려운 사회적 제약이 있었던 것이다.

삼국 이전의 동예(東濊)에서는 족외혼(族外婚)의 관습이 있어 동성(同姓)이면 혼인할 수 없었다. 반면 골품제가 행해지던 신라에서는 최고 성씨인 김씨, 박씨가 기득권의 보호를 위해 동성 사이에서만 결혼하였다. 심지어는 성골(聖骨)이라는 특수한 신분을 상정하여 왕실 내에서도 결혼 대상에 제한을 두는 바람에 선덕여왕과 진성여왕은 왕위에 오르기는 하였지만 결혼 상대를 구할 수 없었다. 지역이나 시기에 따라 혼인 대상에 제한이 있었으며, 일률적이지도 않았음을 알 수 있다. 그러나 성씨로 묶여 있지 않았던 삼국시대 일반 서민들도 배우자 선택에 특별한 제한이 있었을지는 의문이다.

혼례 과정 엿보기

삼국시대와 통일신라 그리고 발해시대에는 혼례 절차가 대체로 간소하였다. 고구려에서는 혼례를 치를 때 남자의 집에서 돼지고기와 술을 보낼 뿐 재물을 보내지는 않았다. 혹 재물과 폐백을 받는 이가 있으면 딸을 종으로 팔았다 하여 흉잡혔다고 한다. 신라에서도 오직 술과 밥을 해서 나누어 먹을 뿐이며 그 경중도 그 사람의 살림 정도에 맞추었다고 한다. 오늘날 한때 심각한 사회문제로 떠오르기도 했던 과도한 혼수 문제가 이 시대에는 문젯거리가 될 여지가 없었음을 알 수 있다.

그러나 왕실을 포함한 상류사회의 혼례는 일반 백성들의 혼례와 차이가 있었던 듯하다. 통일 후 신라의 신문왕이 일길찬(신라 때에 17관등 중 일곱째 등급) 김흠운의 작은딸을 맞을 때 대아찬(신라 때에 17관등 중 다섯째 등급) 지상을 시켜 부인에게 납채(納采)케 하니 폐백이 15수레, 쌀·술·기름·꿀·간장·된장·포·식혜가 135수레, 벼가 150수레였다고 한다. 당시 신라 상류층에 대해서는 '금입택(金入宅)'에 '노동(奴童) 삼천(三千)' 운운한 말들이 전하는데 엄청난 경제력에 걸맞게 결혼식도 자못 호화스러웠을 것이다.

혼례는 신부 집에서 치렀다. 《삼국사기》에 실린 설씨의 딸과 청년 가실의 사랑 이야기 중에는 대신 수자리(국경을 지키는 일) 나간 가실이 오래도록 소식이 없자 늙은 설씨는 딸 몰래 날을 정하고 그날이 되자 신랑 될 사람을 집으로 데리고 오는 부분이 나온다. 혼례를 올리기 위해서이다. 일정 기간 처가살이를 했던 고구려뿐 아니라 신라에서도 혼례는 신부 집에서 치렀음을 짐작하게 하는 내용이다. 신라에서는 혼인한 날 저녁 신부가 먼저 시부모에게 절을 한 다음 남편에게 절을 하였다고 하는데 백제와 고구려에서도 이와 같은 절차를 거쳤을 것이다.

혼례는 어떤 방식으로 치러졌을까. 고구려에서는 혼인이 약속되면 신부의 집에서는 서옥(壻屋)이라 불리는 자그마한 집을 본채 뒤에 지어 둔다. 혼인식을 치른 날 저녁 무렵 신랑은 신부의 집 문 앞에 이르러 아무개라고 자기 이름을 대고 엎드려 절을 한 다음 신부와 함께 자게 해 달라고 조른다. 신랑이 이런 조르기를 몇 번 하면, 신부의 부모는 마지못한 듯 이를 허락하고, 마침내 신랑은 서옥에 들어가 신부와 첫날밤을 지내게 된다. 방에는 돈과 옷감을 마련해 둔다. 신혼부부는 서옥에서 아이를 낳아, 이 아이가 다 자라면 데리고 신랑의 집으로 돌아갔다고 한다.

이처럼 결혼 후 아이를 낳고 기르기까지 신랑이 신부의 집에 머무는 관습은 고려를 거쳐 조선시대에까지 전해져 부계 중심의 가부장적 질서를 강조하던 당시의 정부 관료들을 곤혹스럽게 한다. 이를 금지하려는 정부의 지속적인 노력에도 신랑의 처가살이는 부계 중심의 '주자가례(朱子家禮)'가 민간 생활에 깊숙이 자리 잡는 조선 중기 이후에야 조금씩 쇠퇴하는 기미를 보인다. 근래에도 결혼식 후 신부 집에서 사흘을 머무는 관습이 일부 지역에 남아 있는데 이는 조선 후기에도 소멸되지 않았던 신랑 처가살이의 자취라고 할 수 있다.

서민 사회에서 신랑의 처가살이는 신부의 출가로 인한 부족한 노동력을 일시적으로나마 보완해 준다는 측면도 있고, 첫아이를 낳아 기르기까지 신부가 받게 될 정신적 육체적 부담을 덜어 준다는 의미도 지닌다. 오늘날처럼 결혼과 동시에 두 집안의 남녀가 독립해 살게 됨으로 말미암는 여러 가지 문제, 예를 들면 당사자 간의 갈등을 완화시킬 완충장치의 부재, 두 집안 부모가 겪게 되는 상실감 같은 것을 고려하면, 신랑의 처가살이와 신부의 시집살이를 차례로 겪게 하는 이 같은 관습은 사회적으로도 유용한 적응 프로그램이라고 할 수 있다.

고구려에서는 신랑의 처가살이가 당연한 관습이었지만, 기원전·후 함경도 일대에 자리 잡고 있던 동옥저에서는 오히려 이와는 다른 형태의 혼인 방식이 사회적 관습으로 행해졌다. 중국의 《삼국지》에 따르면 동옥저에서는 여자가 열 살이 되면 약혼을 한 후 여자를 남자의 집에 데려가 성인이 될 때까지 기른 다음 본가로 돌려보냈다. 이때 여자의 집에서는 신랑 집에 신부값을 요구하며 신랑의 집에서 이 값을 치르면 여자는 신랑의 집으로 되돌아와 살게 된다고 한다. 신랑 집에서 신붓값을 지불하는 사례는 고금동서의 여러 사회와 종족에서 발견되며 한말(韓末) 상시적인 노동력 부족에 시달리던 우리나라의 일부 산간지대에도 이러한 관습이 있었음이 전해진다. 우리의 고대사회 일부에도 이러한 관습이 있었음을 알 수 있다.

남편이 둘, 아내가 셋

동천왕 8년(234) 9월에 태후 우씨(于氏)가 돌아갔다. 태후는 임종할 때 유언하기를 "내가 좋은 행실을 못 하였으니, 장차 무슨 면목으로 지하에서 국양왕(國壤王)을 보리오. 만약 군신들이 차마 구렁에 버리지 아니하려면 나를 산상왕릉(山上王陵) 곁에 묻어 주기를 원한다." 하였으므로 그 말대로 장사 지냈다. 그런데 무자(巫者)가 말하기를 "국양왕이 나에게 내려와 말하기를 '어제 우씨가 산상에 돌아온 것을 보고 분함을 이기지 못하여 그와 더불어 싸웠는데, 돌아와서 이를 생각하니 낯이 뜨거워서 차마 백성들을 볼 수 없겠다. 너는 조정에 알려서 나를 무슨 물건으로써 막아 달라.' 한다." 하므로 능 앞에 소나무를 일곱 겹으로 심었다.

고구려 고국천왕의 아내이자, 왕의 동생으로 고국천왕에 이어 왕위에 오른 산상왕의 왕비 우씨의 장례에 얽힌 이야기이다. 남편 고국천왕이 죽자 왕후 우씨는 이를 공표하지 않고 왕의 두 동생 발기와 연우를 차례로 찾아가 자신을 아내로 받아들일 용의가 있는지를 알아본다. 연우가 형수 우씨를 극진히 대접하자, 왕후는 왕의 유언이라 하여 연우로 하여금 왕위를 계승하게 하며, 왕은 우씨를 왕비로 삼는다. 형사취수(兄死娶嫂), 곧 형이 죽자 아우가 형수를 아내로 삼은 것이다.

이 형사취수제는 형제 상속과 함께 유라시아 내륙의 유목 민족들에게는 사회적 관습으로 받아들여졌다. 유목 세계에서는 전쟁 등 사회적으로 큰 변란이 있으면 형제의 서열순으로 이에 참가하는데, 이때 뒤에 남는 동생들은 차례로 형의 가족을 포함한 집안 전체를 관리하는 책임을 지게 된다. 만약 형이 전사하거나 돌아오지 못하고 소식이 끊어지면, 그 아래 동생은 집안의 새로운 가장이 되며, 결혼하지 않았을 경우 가장의 자격으로 형의 아내와 결혼하여 그 가족을 떠맡게 된다. 형사취수제의 내력이다. 기마민족적 성향을 지니고 있던 고구려에도 이러한 관습이 있었던 것이다.

그러나 국가 성립 후 사회가 점차 안정되자 고구려에서는 당연시되던 이 관습도 서서히 쇠퇴하기 시작하였다. 형사취수제의 쇠퇴에는 유교적 윤리 의식의 전파도 큰 영향을 끼친 것으로 보이는데 임종을 앞둔 산상왕비 우씨의 유언에서 이 같은 의식상의 흐름을 읽을 수 있다. 이른바 일부종사(一夫從事)가 거론되고 있는 것이다. 형사취수제와 같은 관습이 바뀌면서 의식의 혼란이 초래되고 있음을 보여 준다.

중근동의 유대 사회에서는 기원후까지 당연한 듯이 형사취수제가 유지되는데, 일부에서는 당시의 중요한 논쟁거리였던 죽은 자의 부활에 대해 "일곱 명의 형제를 차례로 남편으로 맞은 여자가 죽은 후에는 누구의 아내가 될 것인가."와 같은 질문을 던지면서 이를 부정한다. 우씨의 유언, 고국천왕의 계시와 관련하여 흥미로운 사례이다.

삼국시대, 통일신라와 발해시대에는 가정이 대개 일부일처제를 바탕으로 꾸려졌지만, 일정한 사회·경제적 지위에 있는 상류층에서는 둘 이상의 처를 맞거나 여럿의 첩을 두기도 하였다. 왕이 정비 이외에 다수의 후궁을 두었

각저총 묘주부부도(중국 지린성 지안 소재)와 모사도(아래)
한 명의 남편과 그의 두 아내가 식사를 하고 있다. 고대 귀족들이 둘 이상의 아내를 거느렸음을 보여준다.

음은 물론이다.

　고구려 각저총 벽화에는 묘 주인 곁에 두 부인이 나란히 앉아 식사하는 모습이 그려져 있어, 귀족들이 두 사람의 부인을 거느리기도 했음을 알게 한다. 수렵총에는 묘 주인 곁에 세 명의 여자가 그려져 있는데, 묘 주인 곁의 여자는 홀로 평상에 앉아 있는 반면 그 곁의 두 여자는 보다 낮은 평상에 나란히 함께 앉아 있다. 세 여자 사이에 사회적 신분이나 가정에서의 지위에 차이가 있었음을 시사한다. 앞에서 살펴본 안길도 처첩 셋을 거느렸다.

이처럼 상류사회에서 부인을 둘 이상 두거나 첩을 여럿 둘 수 있었다는 사실은 당시 여성의 사회적 지위가 불안정했었음을 의미한다. 안길이 해로를 조건으로 귀한 손님과의 동침을 요구할 수 있었던 것도 당시의 이 같은 사회적 여건을 바탕으로 하고 있음을 알 수 있다.

다시 태어나도 부부로

고구려에서는 혼례를 치르면 곧바로 부부를 장사 치를 때 쓸 옷을 마련해 두었다고 한다. 새로운 가정을 꾸린 신혼부부의 백년해로를 기약하는 뜻이 담긴 행동이라고 할 수 있다. 그러나 가정법원이 문전성시를 이루는 오늘날과 같지는 않다 하더라도 고대사회에서도 새로운 출발을 다짐한 젊은 부부 사이에는 다툼도 있고, 사소한 다툼이 덧나 헤어지는 지경에 이르는 상황도 있었다. 누구나 검은 머리 파뿌리 될 때까지 함께 산 것은 아니었다.

젊은 남녀가 맺어져 함께 살아가면서 부딪치고 해결해야 할 문제는 여러 가지겠지만, 쉽게 넘어가기 어려운 것은 서로의 애정에 대한 신뢰가 흔들렸을 때일 것이다. 더욱이 부부 사이에 제삼자가 개입되었다면 두 남녀가 입는 상처는 돌이키기 어려울 정도로 심하게 덧날 수도 있다.

부여에서는 남녀가 간음을 하거나 부녀자가 투기를 하면 모두 죽였다고 한다. 투기가 심하여 죽임을 당한 여자는 그 시체를 나라의 남산에 내두어 썩게 하였으며, 여자의 집에서 시체를 받기를 원하면 우마(牛馬)로만 실어

가게 하였다. 부여에서는 사회적으로 남녀 간의 관계가 흐트러지거나 가정의 안녕이 흔들리는 것을 좌시하지 않았으며 특히 가정의 안녕에 대한 책임의 소재를 일차적으로 부인에게 물었음을 알 수 있다.

　부녀의 간음이나 투기로 일어난 사건은 서민 사회와 달리 부인을 둘 이상두는 일이 자주 있었던 왕실이나 상류층에서 빈번히 일어났으며, 그 결과는다양하였다. 유명한 〈황조가〉는 후궁으로 둔 치희와 화희의 다툼을 어찌하지 못하다가 화희가 본가로 돌아가 버리자 여자의 집에 가 여자를 달래려애쓰다가 포기하고 돌아오던 고구려 유리왕이 지은 노래이다. 고구려 동천왕은 왕비와 사랑 다툼을 벌이던 후궁인 관나 부인이 왕비를 무고하자 부인을 가죽 부대에 넣어 강에 버리게 한다. 또 내전의 향 피우는 승려와 간통하던 신라 소지왕의 궁녀는 왕의 화살을 맞아 승려와 함께 죽임을 당한다.

　그러나 간음이나 투기로 말미암아 모든 부부 관계가 깨어지는 것은 아니었다. 때로는 당사자들의 지혜로운 대응이 부부 관계의 파국을 막기도 하였다. 통일신라시대의 설화적 인물인 처용(處容)은 아내의 외도 현장을 목격하고도 아내에 대한 깊은 사랑을 거두지 않는 자신의 뜻을 노래로 표현한다. 이 같은 처용의 태도에 감복한 역신(疫神)은 이후 처용을 그린 그림만 보아도 나타나지 않겠다고 약속한다. 격랑에 침몰해 가던 가정을 건진 것이다.

　부부의 백년해로를 가로막는 장애 가운데에는 신분이나 권력, 사회적 관습을 앞세운 압박도 있었다. 너무나 아름다웠던 도미의 처는 권력을 앞세운개로왕의 횡포에 저항하다가 남편을 뒤따라 고국인 백제를 떠나야 했다. 앞에서 언급한 신라 안길의 처첩 셋은 외지에서 온 귀인과 동침하면 백년해로를 하겠다는 남편의 선언 앞에 가부간 어쩌기 어려워 고민해야 했다. 이미

장천 1호분 부부예불도(위, 중국 지린성 지안 소재)
벽화 속의 부부는 현세의 인연이 내세에서도 이어지기를 바라면서 자신들의 예불 모습을 이 안식처에 그리게 했을 것이다.

장천 1호분 쌍인연화화생(중국 지린성 지안 소재)
불교에서는 정토에서 모든 존재가 연꽃에서 태어나는 것으로 이해한다. 벽화 속의 동남동녀는 생전에 부부로서 지냈던 고분의 주인공들이 내세에서 어떤 삶을 바라는지를 한눈에 알 수 있게 한다.

유교적 윤리 의식과 접하고 있던 통일신라시대의 여자들에게 남편의 이런 요구는 쉽게 받아들이기 어려운 것이었음을 알 수 있다.

이런저런 장애를 잘 넘어도 부부 가운데 한 사람이 유명을 달리하면, 부부의 백년해로는 한낱 바람에 그치게 된다. 특히 남편이 일찍 세상을 달리할 경우, 아녀자 혼자 험한 세상살이를 헤쳐 나가기는 정말 어려워진다. 성장기의 아이까지 한둘 딸려 있으면 혼자된 아내의 앞길은 막막할 수밖에 없다. 고구려에서는 초기에 형사취수제가 이러한 경우에 맞닥뜨리는 어려움을 해결하는 기능을 담당하기도 하였다. 과부로 지내던 신라의 요석공주가 원효를 만나 설총을 낳는 데에서 볼 수 있듯이 재혼도 하나의 방법이었다.

그러나 부부에게는 자신들의 짝을 잃지 않고, 50년이건 100년이건 함께 살다가 함께 세상을 뜨는 것만큼 좋은 일이 없을 것이다. 더욱이 부부로 맺어져 금실이 좋은 이들은 살아서뿐 아니라 죽어서도 부부의 인연이 계속되기를 바라기 마련이다. 아내 평강공주가 손길을 대고서야 움직였다는 전사한 장군 온달의 관에 얽힌 이야기는 해로를 이루지 못한 금실 좋았던 한 부부의 안타까움을 절절히 담아 낸다. 고구려 고분벽화 중에는 동남동녀(童男童女)가 연꽃에서 화생(化生)하는 장면이 여럿 나온다. 이생에서 함께 쌓은 공덕으로 정토(淨土)에서도 함께 나기를 소원하던 한 노부부의 모습이 그대로 배어 있는 그림이다.

전호태 _울산대 교수

죽음 또한 삶의 한 자락

기경량

춤추고 노래하며 죽음을 맞이하다

처음 문상을 경험하는 사람들은 상갓집의 분위기가 마냥 어둡지만은 않다는 점을 금세 깨닫게 된다. 망자에 대한 추념과 유족들의 슬픔이 어려 있는 상갓집 한편에서는 마치 잔칫집처럼 술과 음식이 오가는 떠들썩한 장이 마련되기도 한다. 요즘은 많이 없어진 문화이지만, 불과 십여 년 전만 해도 문상객들이 밤새 화투를 치며 노는 광경을 쉽게 볼 수 있었다. 언뜻 생각하면 고인에게 불경하게 느껴지지만, 남아 있는 사람들이 장례식을 축제처럼 치르는 것은 의외로 많은 문화권에서 볼 수 있는 모습이다.

사람은 누구나 죽는다. 후대에 길이 남을 위대한 업적을 남긴 위인이라도, 혹은 아무도 기억하지 못할 평범한 삶을 살았던 장삼이사라도, 죽음 앞에서 예외는 없다. 죽은 이는 더 이상 말을 하지 못한다. 움직일 수도 없다. 죽음은 산 자와의 단호한 단절이자 불가역적인 이별이다. 죽은 자가 말을 할 수 없으니 사후 세계는 미지의 영역이다. 산 자로서는 두려움을 가질 수밖에 없다. 하지만 언젠가는 나에게도 닥쳐 올 죽음이 그저 두려움의 대상일 뿐이라면 삶은 절망스럽고 어두운 것이 될 것이다. 그렇기에 사람들은 죽음이 단지 끝은 아닐 것이라는 희망과 기대를 품는다. 그리고 장례식의 슬프고 어두운 분위기를 삶의 생명력이 넘치는 상황으로 전도시키는 것이다.

3세기 무렵의 사실을 전하는 것으로 여겨지는 중국 역사서 《삼국지(三國志)》 동이전에 따르면, 고구려인들은 장례식을 매우 성대하게 치러서, 금과 은 같은 재물을 모두 장례식에 소비하였다고 한다. 또 《수서(隋書)》 동이전을 보면 고구려인들은 처음 상을 당하면 곡을 하고, 울음을 터트리지만, 막상 장례를 치를 때는 북을 치고 춤을 추면서 풍악을 울렸다고 했다.

장례식에서 풍악을 울리며 춤을 추는 모습은 신라에서도 확인된다. 김유신이 사망하였을 때 문무왕은 군악대에서 북을 치고 피리를 부는 사람 100명을 보내 주어 장례를 도와주었다. 이들이 어떻게 장례식을 도왔는지는 더 이상 구체적으로 기록되어 있지 않지만, 이는 일본 측 기록을 통해 짐작해 볼 수 있다. 《일본서기》에 따르면 453년 인교 천황(允恭天皇)이 사망하자 신라에서 조문 사절과 함께 악인(樂人) 80명을 보냈다. 이들은 왜의 수도로 향하는 길에 곡을 하고 울면서도 각종 악기를 울리며 춤을 추고 노래를 불렀다고 한다.

죽음을 준비하고, 죽은 이를 보내는 방법

죽은 자를 정성스럽게 모시는 마음은 마찬가지였지만, 상장례의 구체적인 모습은 나라별로 다양하게 표출되었다. 부여에서는 여름에 사람이 죽으면 얼음을 이용하여 장사를 지냈다고 한다. 이는 시신의 부패를 늦추기 위해서이다. 그도 그럴 것이 부여에서는 초상을 다섯 달에 걸쳐 치렀다. 상을 오랫동안 치를수록 영화롭게 여겼다. 간혹 상주가 사양하는 마음에 빨리 장사를 지내고자 하여도 다른 이들이 그러지 못하도록 말리기 때문에 이를 두고 실랑이를 벌이는 것이 예법이었다. 상중에는 남자와 여자 모두 하얀색 옷을 입었는데, 부인은 베로 만든 얼굴 쓰개[面衣]를 착용하였고 반지나 패물을 착용하지 않았다.

또 부여에서는 왕이 죽었을 때 옥갑(玉匣)으로 시신을 감쌌다고 전한다. 이는 중국 한나라 문화의 영향이다. 한나라에서는 옥에 신비한 힘이 깃들어 있어 시신이 썩지 않는다고 믿었다. 이에 황제를 비롯해 고위층 인물들의 시신을 옥갑으로 감싸는 장례 문화가 있었다. 부여 역시 이를 따른 것이다. 옥갑의 실물 자료로는 전한 시대의 인물인 중산정왕(中山靖王) 유승(劉勝)의 무덤에서 나온 금루옥의(金縷玉衣)가 유명하다. 기록에 따르면 부여 왕의 시신을 감싸는 옥갑은 한나라 조정에서 미리 준비하여 현도군에 갖다 두고, 부여 왕이 죽으면 가져가 장례를 치르게 했다고 한다.

고구려에는 남녀가 결혼하면 죽어서 입고 갈 수의(壽衣)를 미리 만들어 두는 풍습이 있었다. 배우자는 죽는 날까지 함께하는 존재라는 의미였을까. 또한 상을 당하게 되면 재물을 소비해 장례를 성대하게 치르는 한편, 돌을 쌓아 봉분을 만들고 소나무와 잣나무를 그 주위에 벌려 심었다. 소나무와 잣나무를 무덤 주위에 심는 것은 중국의 영향을 받은 것으로 여겨진다. 사시사철 푸른 잎을 유지하는 침엽수처럼, 죽은 자의 영혼이 항상 푸르게 생명력을 유지하기를 바랐다고 볼 수 있다.

이와 관련해 흥미로운 이야기 하나가 《삼국사기》에 전한다. 고구려의 제

10대 산상왕은 원래 선왕인 고국천왕의 동생이었다. 그런데 고국천왕이 죽고 왕후인 우씨가 그 동생과 혼인하며 왕위에 오르게 되었다. 우씨는 산상왕의 다음 왕인 동천왕 대에 사망하였는데, 이때 유언을 남기기를, 죽은 뒤에 첫 남편인 고국천왕을 볼 면목이 없으니, 둘째 남편인 산상왕의 능 옆에 묻어 달라고 하였다. 유언대로 장례를 치러 주었는데, 이후 어떤 무당에게 고국천왕의 영혼이 나타났다고 한다. 고국천왕의 영혼은 자신의 아내였던 우씨가 동생인 산상왕 무덤 옆에 묻히는 것을 보고 분하고 화가 나서 결국 서로 싸웠다고 말하며, 사람들 보기 부끄러우니 앞으로 자신의 무덤을 무언가로 가려 달라고 요청했다는 것이다. 이에 고국천왕의 무덤 주위에 소나무를 7겹으로 심었다고 한다. 이 설화를 통해서도 고구려인들이 무덤 주위에 소나무를 심는 풍습을 가지고 있었다는 점, 그리고 죽은 뒤에도 영혼은 소멸하지 않고 무덤을 집으로 삼아 살아 있을 때처럼 생활한다는 내세관을 지니고 있었음을 확인할 수 있다.

동예에서는 병을 앓다가 사람이 죽으면 옛집을 버리고 새로 집을 지어서 옮겨 살았다고 한다. 이는 죽음을 두려워하고 거리끼는 측면을 보여 준다. 또 변진[변한]에서는 장례식에서 큰 새의 깃털을 사용하였다. 이는 죽은 사람이 새처럼 하늘을 훨훨 날아다니라는 의미이다. 새를 이승과 저승을 이어 주는 매개체로 생각한 것으로 해석하기도 한다.

장례식에 참여한 사람이 자신의 신체 일부를 훼손하여 죽은 자에 대한 슬픔을 표현하는 경우도 있었다. 김해 예안리에서는 가야의 대규모 고분군이 확인되었는데, 여기서 발굴된 가야의 인골 중에는 살아 있을 때 인위적으로 앞니를 뽑은 흔적이 있는 경우가 여러 건 있었다. 또 김해 대성동 57호분에서는 부장품들이 묻힌 딸린 덧널[부곽]에서 3개의 치아가 별도로 발견되었다. 죽은 자를 보내는 장례 행사 때 친척이나 가까운 관계에 있는 사람들이 자신의 이를 뽑아서 무덤에 함께 넣은 것으로 추정된다. 죽은 자를 홀로 보내기 미안하고 아쉬우니 자기 몸의 일부라도 함께 하겠다는 뜻으로 짐작해 볼 수 있다.

동옥저에서는 장례 풍습이 매우 독특하였다. 사람이 죽으면 우선 땅에 얕게 가매장을 한 후, 시간이 지나 시신의 가죽과 살이 썩어 사라지고 뼈만 남게 되면 이를 추려서 큰 나무 곽 안에 안치하였다. 같은 집안 사람들의 시신은 이런 식으로 동일한 나무 곽 안에 함께 안치하였는데, 죽은 사람 수에 맞추어 살아 있을 때의 모습으로 목상을 조각하였다고 한다. 나무 곽 입구 쪽에는 질그릇에 쌀을 담아서 달아 두었다. 이는 죽은 자에게 양식을 제공하는 행위로 여겨진다. 혹자는 볍씨가 싹을 틔워 새로운 생명으로 자라나듯, 죽은 자에게도 생명의 기운이 전해지기를 바라는 마음이라고 분석하기도 한다.

동옥저의 장례 방식은 지금도 전라도 서남부의 일부 섬 지역에 남아 있는 초분(草墳)이라는 매장법과 유사한 면이 있다. 초분은 사람이 죽은 후 시신을 바로 땅에 묻지 않고, 1~3년가량 풀로 덮어 두었다가 나중에 살이 썩어 없어지면 뼈만 추려서 다시 땅에 묻는 매장법을 말한다. 이를 세골장(洗骨葬)이라고 부른다. 이러한 매장 방식은 육신에 포함되어 있던 더러운 것들을 정화하며 순수한 뼈의 형태로 망자를 보내려는 마음, 혹은 망자의 죽음을 곧바로 인정하지 않고 한동안 부활을 기다리는 마음이 반영된 것으로 볼 수 있다.

망자의 죽음을 곧바로 인정하지 않는 마음을 반영한 또 다른 형태가 '빈(殯)'이다. 시신을 정식으로 매장하기 전에 일정 기간 임시로 안치해 둔 것을 말한다. 지금은 일반적으로 3일장을 치른다. 사망일을 포함하여 3일째 되는 날에 고인을 장지로 모시는 것이다. 그러나 앞서 살펴보았듯이 3세기 부여에서는 상을 다섯 달이나 치르는 경우가 있었다. 6~7세기의 일을 전하고 있는 《주서(周書)》, 《북사(北史)》, 《수서》 등의 중국 사서의 기록에 따르면 고구려에서는 부모와 남편의 상을 당할 경우는 3년 상을 치렀는데, 형제 간에는 3개월만 상복을 입었다고 한다. 이때 시신은 집 안에 따로 안치해 두었다가 3년이 지난 후 좋은 날을 택해서 장사를 지냈다. 다만 이러한 방식이 고대 삼국에서 모두 동일하게 나타난 것은 아니다. 신라에서는 사람이 죽으면 염습을 하고 관에 넣어 땅에 묻었다고 한다. 왕과 부모 및 처자의 상에는 1년간 상복을 입었다고 하여, 고구려와는 약간 차이를 보인다.

　유명한 광개토왕의 상장례도 빈 과정을 거쳤던 것으로 보인다. 〈광개토왕비문〉의 내용을 보면 412년 광개토왕이 39세의 나이로 사망하였고, 그로부터 3년째 되는 해인 414년에 아들인 장수왕이 선왕의 시신을 왕릉에 모시며 비를 세웠다고 기록되어 있다. 백제의 제도 역시 고구려와 비슷하였다. 무령왕은 523년 5월에 사망하였는데, 그로부터 27개월 뒤인 525년 8월에 정식으로 왕릉에 모셔졌다. 햇수로는 3년상이 된다. 무령왕의 왕비 역시 27개월이라는 빈의 기간을 지켜서 왕릉에 모셔졌다. 신라에서는 구체적인 사례가 확인되지는 않지만, 고구려·백제처럼 빈의 제도가 있었던 것으로 보는 경우도 있다.

　장기간 빈의 기간을 둔 데는 거대한 왕릉을 축조하기 위한 시간을 확보하려는 목적도 포함되어 있을 수 있다. 하지만 보다 본질적으로는 죽은 자와 이별하는 것을 아쉬워하며 그의 소생을 기원하며 기다리는 의미가 강하다. 정식으로 매장되기 전까지는 육체가 부패할지언정 혼은 여전히 이승에 머물고 있다고 여겨져 완전한 사자(死者)로 취급되지는 않았다는 해석도 있다. 하지만 3년상이라는 구체적인 형태만큼은 역시 유교의 영향을 받은 것으로 이해할 수 있다.

죽음 이후에도 이어지는 권력, 순장

고대의 사람들은 죽음이 존재의 소멸을 의미하는 것은 아니라고 믿었다. 그들은 사람이 죽은 이후에도 살아 있을 때와 같은 생활을 이어 나가리라 생각하였다. 이를 계세적 내세관(繼世的來世觀)이라고 한다. 생활풍속도 위주로 그려진 4~5세기 고구려 벽화 고분을 보면, 무덤 안에는 방앗간이나 외양간, 창고, 부엌 등을 갖춘 대저택의 모습을 비롯해 거대한 행렬도 등 묘주의 살아 생전 모습들이 상세하게 묘사되어 있다. 이것이 고구려인들이 생각하였던 죽음 이후의 삶이었을 것이다. 자연히 사후 세계에서의 편안한 삶을 위하여 무덤 안에는 많은 생활 유물을 함께 묻게 되었다. 이처럼 장례에 재화를 많이 소비하고 다수의 부장품을 함께 묻는 형태를 후장(厚葬)이라고 한다. 계세적 내세관에 따라 자연스럽게 후장 형태의 장례 문화가 나타났던 것이다.

살아 있을 당시의 권세와 부를 죽은 이후에도 이어간다는 발상의 극단적 형태가 순장(殉葬)이다. 순장이란 죽은 자를 매장할 때 평소 그를 모시던 사

안악 3호분 회랑의 행렬도
(출처: 동북아역사재단, 동북아역사넷)

람이나, 전쟁 포로 등을 희생시켜 함께 묻는 행위를 말한다. 죽인 다음 묻기
도 하고 살아 있는 상태로 매장할 수도 있다. 순장은 세계적으로 여러 문화
권에서 확인되는 문화이며, 중국 상나라 때의 순장 제도가 특히 유명하다.

한국 고대국가 중 순장에 대한 기록이 가장 먼저 확인되는 곳은 부여이
다. 부여는 고구려와 마찬가지로 장례를 매우 후하게 치렀고, 특히 순장 제
도가 성행하였다. 순장자의 수가 많을 때는 100명 단위에 이르렀다고 한다.
고구려는 부여처럼 순장을 하였다는 기록이 직접적으로 확인되지는 않았
다. 다만 248년 동천왕이 사망하였을 때 가까운 신하들이 모시던 왕의 죽음
을 슬퍼하며 무덤 앞에서 자결하는 일이 매우 많았다고 한다. 이 경우는 순
장자로 지목을 당하여 강제로 희생된 것이 아니라, 자신의 의지로 목숨을
끊은 것이니 일반적인 순장과 개념이 다르기는 하다. 순사(殉死)라고 할 수
있을 것이다. 고구려와 부여가 언어나 의복, 풍습 등에서 매우 비슷하였다

는 기록을 감안한다면, 그 행위의 유사성을 보았을 때 고구려에서도 순장 풍습이 있었을 가능성이 있다.

신라와 가야의 경우는 순장의 사례가 발굴을 통해 보다 직접적으로 확인 되었다. 기록에 따르면 신라에서는 본래 왕이 죽으면 남녀 각각 다섯 명씩 을 순장하였다고 한다. 실제로 1970년대 발굴된 경주의 황남대총에서 어린 여자아이의 순장이 확인되었고, 그 외에도 경주 지역을 비롯해 지방의 많은 고분에서도 순장의 흔적이 광범위하게 발견되었다. 가야에서는 고령 지산동 44호 고분에서 40명가량의 대규모 순장의 사례가 밝혀졌다.

1500년 전 순장된 가야 소녀 '송현이' 의 복원 보습
(출처: 국립가야문화재연구소, 《1500해 앞 16 살 여성의 삶과 죽음-창녕 송현동 15호분 순장 인골의 복원 연구-》, 89쪽.)

주목되었던 순장의 사례로는 창녕 송현동 15 호 고분에서 출토된 인골이 있다. 유골 분석 결 과 순장자의 성별은 여성이었는데, 사망 당시 나 이는 16세가량이었고 키는 156센티미터가량이 었다. 이 유골의 주인공은 어린 나이임에도 정강 이뼈와 종아리뼈에 오랫동안 무릎을 꿇고 생활 하였던 흔적이 남아 있었다. 아마도 주인을 가까 이에서 모시는 시녀였던 것으로 보인다. 1500년 전에 순장된 이 소녀에게는 유적명을 따 '송현이' 라는 이름이 붙여졌으며, 법의학적 분석과 과학 적 방법을 통해 살아 있을 당시의 모습으로 복원 되었다.

과거에는 순장자들이 노예 같은 낮은 신분의 사람들일 것으로 간주하는 경향이 있었다. 하지만 발굴이 거듭되며 순장자 가운데 금과 은 등으로 만든 고급 물품을 착용한 사례들이 확인되었다. 따라서 반드시 신분이 낮은 이들만 순장되었던 것은 아니었으리라 짐작된다. 묘주의 친척을 비롯해 살아 생전 가까이에서 모셨던 관리인이나 무사, 혹은 어린 시동과 시녀 등의 사례가 있는 것으로 보인다. 신라의 순장 제도는 502년 지증 마립간에 의해 비로소 금지되었다. 이는 6세기 전반경 순장 제도가 소멸되는 모습이 확인되는 고고학적 양상과도 부합한다.

후장에서 박장으로, 내세관의 변화

삼국에 불교가 전래되면서 전통적인 계세적 내세관에도 점차 변화가 생겨났다. 불교에서는 윤회와 업보라는 개념이 있기 때문이다. 불교의 내세관에 따르면 사람이 죽으면 그 영혼이 전생에 지은 업에 따라 다시 태어나는 윤회를 되풀이한다고 한다. 내세의 삶이 현세의 삶과 동일할 것이라는 보장이 없어진 셈이다. 이는 전통적인 장법에도 변화를 가져왔다. 우선 무덤 안에 함께 넣는 부장품이 점차 간소해졌다. 내세의 삶이 현세의 연장이 아닌 이상 굳이 무덤 안에 생활 유물을 많이 넣을 필요가 없기 때문이다. 이처럼 상장례를 간소화하고 부장품을 적게 들이는 것을 후장과 대비되는 '박장(薄葬)'이라고 표현한다.

6세기 이후의 사정을 보여 주는 《북사》와 《수서》 기록에 따르면 고구려는 장례식에서 매장이 끝난 뒤에 죽은 이가 살아 있을 때 사용하였던 의복이나

돌상자와 **뼈단지**(국립중앙박물관 소장)
(출처: 윤상덕, 2017 〈토제품〉《신라 천년의 역사
와 문화18─신라의 건축과 공예》, 경상북도 문화
재연구원, 262쪽.)

노리개, 수레, 말 등을 모두 거두어 무덤 앞에 두고, 장례에 참석하였던 사람들이 나누어 가졌다고 하였다. 이를 기존의 후장에서 박장으로 이행하는 모습으로 이해하기도 한다. 죽은 자를 위하여 무덤 안에 부장품을 넣는 것이 아니라, 사회적 분배의 형태로 해소하였다는 것이다.

더 나아가 불교식 화장의 방식으로 장례를 치르는 형태도 나타났다. 화장은 현세에 지니고 있던 껍질인 육신을 태움으로써 영혼을 정화하는 의미를 지녔다. 장법으로서의 화장은 통일신라 시기에 크게 유행하였다. 삼국통일의 주역이었던 문무왕은 화장을 장법으로 채택한 첫 번째 왕이다. 그는 유언으로 거대한 무덤의 허망함을 지적하며, 자신의 시신을 불교 의식에 따라 화장하라고 명하고, 장례 제도도 검소하고 간략하게 하라고 당부하였다. 이후 신라의 왕들은 화장을 많이 하였다. 화장을 한 후에 그 재는 대부분 산과 들에 뿌려졌으나, 어떤 이들은 타고 남은 뼈를 모아 무덤을 만들었다. 이러한 뼈를 항아리에 담아 산의 맨 꼭대기나 구릉에 작은 구덩이를 파고 묻기도 하였다.

유교 국가였던 조선시대에는 화장 방식의 장례가 금기시되어, 주로 매장의 형태를 취하였다. 하지만 화장은 최근 들어 다시 주류적인 장법으로 부각되었다. 한국장례문화진흥원의 통계에 따르면 2020년 기준 대한민국의 화장률은 약 89퍼센트에 이른다. 2000년대 이전까지만 해도 매장에 대한 선호도가 압도적으로 높았던 것을 감안하면 급격한 변화이다. 인구 대비 적은 국토로 인하여 매장에 필요한 토지가 부족하다는 점, 산업화로 인한 도시 생활 인구의 증가로 묘지 관리에 어려움이 있다는 점이 주요한 원인으로 작용하였다. 장례 문화는 당대인들의 세계관과 사회적 필요 등에 따라 끊임없이 변화해 왔다. 바로 이 점이 고대인들을 보다 깊이 있게 이해하기 위하여 그들의 장례 문화를 연구해야 하는 이유이다.

기경량 _가톨릭대 교수

삼국시대의 사회 기풍

강종훈

신라의 세속오계

강사: 오늘은 '삼국시대의 사회 기풍'에 대해 알아볼까요? 여러분도 알다
시피 사회 기풍이라는 말은, 한 사회의 구성원들이 어떤 가치를 중
히 여기면서 그것을 실천하기 위해 힘쓰는 분위기가 조성되었을 때
쓰는 말이지요. 그렇다면 삼국시대에는 어떤 가치를 귀중히 여기
고, 실천하기 위해 노력했을까요?

만득: 뭐, '임전무퇴(臨戰無退)'란 거 아니겠십니꺼?

강사: 그렇죠. 중요한 것을 지적했네요. 그 밖에 또 어떤 것을 생각해 볼
수 있을까요?

칠갑: '임전무퇴'가 세속오계인가 뭔가에 들어 있다는 것 아닌감유? 그렇
다면, 세속오계에 들어 있는 게 몽땅 해당허지 않겠시유?

강사: 제대로 맞혔네요. 우리가 삼국시대의 사회 기풍을 이야기할 때, 세
속오계의 내용을 빠뜨릴 수는 없습니다. 그래서 오늘 강의도 이걸
중심으로 해 볼까 합니다. 먼저 여러분의 기초 지식을 한번 테스트

해 볼까요? 혹시 세속오계의 다섯 가지 내용을 구체적으로 알고 있나요?

만득: 아이, 선생님도! 저희를 뭘로 보고 그라십니꺼? 그기야 고등학교 때 줄줄 외우고 다니던 기라예. 임금에게 충성하라는 사군이충(事君以忠), 부모에게 효도하라는 사친이효(事親以孝), 친구 간에 신의가 있어야 한다는 붕우유신(朋友有信), 전쟁터에서 물러나지 말라는 임전무퇴, 그리고 마지막 게 살생을 하지 말라는 살생유택(殺生有擇) 아입니꺼?

강사: 후후…. 대충 잘 맞혔는데, 약간 틀린 게 있네요. 붕우유신이 아니라 교우이신(交友以信)이고, 살생유택도 아예 살생을 하지 말라는 뜻이 아니라 살생을 하더라도 가려서 하라는 겁니다. 어쨌든 다음으로 넘어가서 그럼 세속오계는 언제, 누가, 왜 지었을까요?

칠갑: 신라 때 원광법산가 하는 분이 지었다고는 들었는데, 구체적으로 언제, 왜 짓게 되었는지는 잘 기억이 안 나네유.

강사: 만득이 학생도 잘 모르나요?

만득: (머리를 긁적이며) 저도 마 그 이상은 잘 모르겠십니더.

강사: 그러면, 우선 세속오계가 만들어지게 된 이야기부터 해 보죠. 신라 때 진평왕이라는 왕이 있었어요. 이분은 579년부터 632년까지 53년간 왕으로 있었는데, 이 왕의 재위 시기에 귀산(貴山)이라는 사람과 추항(箒項)이라는 사람이 경주에 살고 있었습니다. 어려서부터 친하게 지내던 두 사람은 현명한 사람을 찾아가 평생 마음을 바르게 할 가르침을 받고자 했어요. 그런데 그때 마침 원광법사(圓光法

師)란 분이 수나라에서 공부를 하고 돌아와 가실사(加悉寺)라는 절에 머무르고 있었어요. 두 사람이 법사에게 가서 옷자락을 여미고 공손히 가르침을 청하니, 법사가 아까 만득이 학생이 말한 다섯 가지 내용을 불가가 아닌 세속에서 지켜야 할 계율이라며 내려 준 겁니다. 형식은 두 사람에게 내려 준 것으로 되어 있지만, 실은 그 당시 신라인 모두에게 새로운 사회윤리를 제시한 것이라고 보아야겠죠.

만득: 그란데예, 그 두 사람은 뒤에 우찌 됐십니꺼? 인자 얼핏 기억나기로, 둘 다 전쟁터에서 죽었다고 들은 것 같은데예.

강사: 그래요. 세속오계의 가르침을 받은 후 얼마 있지 않아 백제가 신라를 침략해 왔는데, 귀산과 추항은 소감(少監)이라는 관직을 받고 백제군을 물리치기 위해 출전했습니다. 그들을 포함한 신라 군사들은 열심히 싸웠지만, 백제의 복병에게 둘러싸이는 위기를 맞게 되었지요. 이때 귀산이 큰 소리로, "일찍이 스승께서 전쟁터에 나가서 물러서지 말라고 하셨으니, 어찌 패하여 달아날 것인가?"라고 외치며, 추항과 함께 적을 향해 돌진해 들어갔습니다. 신라 군사들이 이를 보고 사기가 분발하여 적군을 맹렬하게 공격하였고, 결국 전투는 신라군의 승리로 끝났습니다. 그러나 귀산과 추항은 온몸이 창에 찔려, 돌아오는 도중에 죽고 말았습니다.

칠갑: 두 사람은 스승한테서 가르침받은 세속오계 중에 '임전무퇴'를 충실히 실천하고 장렬히 죽은 셈이네유?

강사: 그렇죠. 이후 신라 사회에서는 임전무퇴가 가장 중요한 실천 덕목의 하나가 되었습니다. 신분과 지위의 고하를 막론하고 신라의 젊

은이들은 전쟁터에서 용감히 싸우다가 죽는 것을 자랑스럽게 여겼습니다. 그런 사회 기풍이 있었기에, 신라처럼 작은 나라가 삼국을 통일할 수 있었다고도 볼 수 있겠지요. 《삼국사기》 같은 책을 보면 귀산이나 추항 말고도 임전무퇴를 실천하고 죽은 신라 사람들의 이야기가 손가락으로 다 셀 수 없을 정도로 많이 나옵니다.

만득: 선생님예! 아주 예전에 대통령 선거 때 어떤 후보의 아들이 병역을 기피했다고 해서 말들이 많았는데, 신라 때 같으면 특권층 자제라 해도 병역 기피 같은 건 꿈도 꾸지 못했겠네예?

오계와 오륜

강사: 당연하죠. 그런데 여기서 이걸 한번 생각해 봅시다. 우리가 세속오계를 가만히 들여다보면, 유교에서 강조하는 사회윤리인 '오륜(五倫)'과 뭔가 닮았다는 느낌이 들지 않아요? 아까 만득이 학생이 교우이신을 붕우유신이라고 말했는데, 사실 붕우유신이 바로 오륜의 한 덕목이라는 겁니다. 오륜은 《맹자》라는 책에 나오는 것으로, 어버이는 자식에게 인자하고 자식은 어버이에게 존경과 섬김을 다해야 한다는 부자유친(父子有親), 임금과 신하 사이에는 의리가 있어야 한다는 군신유의(君臣有義), 남편과 아내는 분별 있게 각기 자기의 본분을 다해야 한다는 부부유별(夫婦有別), 어른과 아이 사이에는 차례와 질서가 있어야 한다는 장유유서(長幼有序), 친구 사이에는 신의를 지켜야 한다는 붕우유신(朋友有信) 등이죠. 어때요? 몇 가

지 다른 것들이 있기는 하지만, 상당히 닮았죠?

칠갑: 예. 세속오계가 다소 일방적으로 지킬 것을 요구하는 데 비해, 오륜은 쌍방 간에 서로 지켜야 할 것을 적어 놓은 것 같아 차이가 있기는 하지만, 오륜 가운데 부자유친이나 군신유의, 붕우유신 등은 세속오계의 사친이효, 사군이충, 교우이신과 분명히 통하네유. 그리고 둘 다 반드시 지켜야 할 덕목을 다섯 가지로 정해 놓은 것도 똑같구유.

만득: 선생님, 혹시 원광법사가 오륜을 베껴서 세속오계를 만든 건 아입니꺼?

칠갑: 에이, 그럴 리가 있겠슈? 원광법사는 불교 승려인디, 유교에 관해 알면 얼마나 알고 있었겠슈? 그리고 설사 그분이 오륜을 잘 알고 있었다고 혀도, 불자로서 유교의 사회윤리를 그대로 수용할 수 있었겠슈? 자존심이란 게 있는디.

강사: 그렇지 않아요. 《속고승전(續高僧傳)》이라는 책에는, 원광법사가 불교를 접하기 이전에 이미 유학에 대한 광범위한 소양을 쌓았다고 하는 기록이 있어요. 또 진흥왕 때 세운 순수비를 보면 신라에 불교가 수용되고 전파되는 시기에 불승들은 단지 불교만이 아니라 유학 등의 다른 학문, 사상에 대해서도 상당한 교양을 갖춘 인물이었다는 점이 잘 드러나 있습니다. 그래서 많은 학자들은 세속오계가 오륜의 영향을 받았을 가능성을 부정하지 않죠. 다만 오륜과 오계 사이에는 공통점과 더불어 차이점도 상당하다는 것을 유의해야 합니다. 어떤 차이점을 찾아볼 수 있을까요?

만득: 오륜에 들어 있는 '부부유별'이나 '장유유서'가 세속오계에는 안 보이네예. 대신 '임전무퇴'니 '살생유택'이니 하는 것들은 오륜에 없는 거고예.

칠갑: 서로 통하는 항목에서도 그 순서에 차이가 있는 것 같은디유. 오륜은 '부자유친'부터 시작해서 '군신유의', '부부유별' 등의 순서로 되어 있는디, 오계는 '사군이충'을 맨 앞에 두고, '사친이효'를 그 다음에 두고 있네유. 이건 뭐 땀시 그러남유?

강사: 잘들 지적했어요. 세속오계는 오륜과 상당히 유사하고, 또 오륜의 영향을 받아 만들어졌을 수도 있지만, 당시 신라 사회가 처한 시대 상황을 떠나서는 그 의미를 제대로 이해하기 어렵다는 이야기가 되는 것이죠.

효보다 앞서는 충

강사: 사실 군주나 국가에 대한 충성, 부모에 대한 효도, 그리고 친구 간의 신의를 강조하는 것은 어느 시대에나 있는 일입니다. 그래서 비단 오계와 오륜만의 특색이라고 할 것까지는 없지요. 그런데 여기서 우리가 주목할 것은 오륜에서 효가 가장 우선시되지만 오계에서는 충이 더 중요시되고 있다는 점입니다. 왜 그럴까요?

만득: 유교에서는 수신제가(修身齊家) 다음에 치국평천하(治國平天下)를 내세운다 아입니꺼? 그라믄 효를 앞세운 것은 당연한 기지예. 그란데 오계에서는 와 충이 더 중시됐을까예?

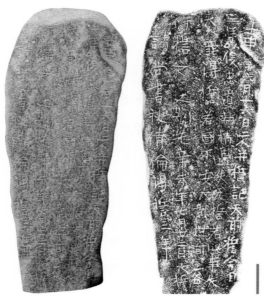

임신서기석(왼쪽)**과 그 탁본**(국립경주박물관 소장)
나라에 충성을 맹세하는 내용을 새겨 임신서기석
을 세웠다.

강사: 당시 신라가 처했던 사정을 알면 그 이유를 알 수 있어요. 우선 신
라가 6세기 중엽 진흥왕 때에 괄목할 만한 영역 확장을 이루었다는
것은 여러분 다 아시죠? 그 이전까지 소백산맥 이남에만 한정되어
있던 신라의 영토는 산맥을 넘어 한강 하류 지역까지 확대되었고,
동해안 방면으로는 일시적이나마 함흥 이북 지역까지 뻗어 갔죠.
그런데 이러한 신라의 상승세는 이웃한 다른 두 나라, 즉 고구려와
백제에 커다란 위협이 되었습니다. 그들은 신라의 기를 꺾기 위해
온갖 노력을 기울였지요. 특히 백제는 신라와 전쟁을 치르는 와중
에 성왕이 피살된 이후 신라를 불구대천의 원수로 여기고, 끊임없
이 신라의 변경을 공격해 왔습니다. 양국의 심한 견제와 잦은 침략

은 점차 신라를 국가 존망의 위기로 몰아가고 있었던 것이죠. 이런 상황에서 신라인들에게 절실히 필요한 가치는 '국가를 위한 희생'이었고, 국가와 군주가 동일시되던 당시로서는 자연히 '군주에 대한 충성'의 강조로 나타나게 된 겁니다. 세속오계에서 사군이충이 맨 처음에 거론된 것은 어쩌면 필연적이었는지도 모르죠.

칠갑: 선생님, 그런디유. 지가 전에 들어본 바로는 신라에서 왕권이 강해진 게 대충 6세기를 지나면서라고 하던디, 그거하고는 별 관계가 없남유?

강사: 아주 좋은 질문이네요. 사실 관계가 크지요. 신라에서는 법흥왕 대에 불교 공인을 계기로 왕권이 크게 신장되어 갔습니다. 그 이전에는 왕이라고 해도 이른바 육부(六部) 가운데 가장 힘센 부의 우두머리라는 위상을 크게 벗어나지 못했지요. 그런 상황에서는 임금에 대한 충성을 가장 중요한 덕목으로 내세우기 어렵습니다. 그러나 법흥왕 이후 왕권이 강해지면서, 이제 왕은 신라 전체를 다스리는 최고 군주로 인식되기 시작했습니다. 특히 진평왕 때에는 왕과 그 가족을 석가모니의 일족으로까지 미화하기도 했는데, 불교를 통해 왕권의 신성함을 강조하려던 것이었죠. 바로 이런 시기에 원광법사의 세속오계가 만들어진 것입니다. 사군이충이 맨 처음에 제시된 것도 이런 시대 분위기와 무관할 수 없죠.

만득: 그 당시 신라 사람들이 충을 어떻게 인식하고 있었는지 잘 보여 주는 사례로는 어떤 기 있십니꺼?

강사: 두 가지를 들어 볼까요? 우선 660년에 백제 정벌에 나섰던 김유신

官昌突陣

《삼강행실도》에 실린 관창돌진도(위.
서울대학교 규장각한국학연구원 소장)
신라 태종무열왕 때 화랑이었던 관창이
적진을 향해 돌진하는 모습이다.

효자향덕비(충남 공주시 소재)
절단된 비석이 통일신라시대의 것으로
추정되는 구비이고, 그 옆의 비석은 조
선 영조 17년(1741)에 건립된 신비이다.

의 군대가 황산벌에서 백제의 계백이 이끄는 결사대 때문에 곤경에
빠졌을 때가 있었죠. 이때 화랑 관창과 반굴은 자신의 아버지들이
지켜보는 가운데 역전 분투하다 비장한 최후를 맞았는데, 그들의
아버지들은 자식의 주검을 앞에 놓고 '임금'을 위해 죽었으니 후회
할 것이 없다고 말했습니다. 또 하나, 김유신은 자기 아들인 원술이
당나라와의 전쟁에서 패하고 돌아오자, '왕명'을 수행하지 않았으
니 원술의 목을 베어 달라고 문무왕에게 주청하였다고 합니다. 임
전무퇴와도 관련되는 이야기들이지만, 어쨌든 당시 신라인들이 충
을 가장 중요한 가치로 인식하고 있었음은 분명한 것이지요.

칠갑: 선생님, 그런디 약간 이해가 안 가는 게 있구만유. 지가 충청도 공
주 근방에서 자란 사람인디유. 공주에 가믄 '효자향덕비(孝子向德
碑)'라는 게 있슈. 어른들 말씀허시는 걸 들어 보니께, 향덕은 신라
때 유명한 효자로 병들고 굶주린 부모를 살리려고 지 넓적다리 살
을 베어 먹였다고 하던디유. 이런 일이 있었을 정도믄, 신라 때에도
효가 중요하게 여겨졌던 것 아닌감유?

강사: 아, 물론이죠. 효도 신라 때 대단히 중요시된 가치였어요. 그러니까
원광법사도 사군이충 바로 다음에 사친이효를 두었던 것 아니겠어
요? 특히 통일신라시대에는 효가 더욱 강조되었던 것 같아요. 방금
칠갑이 학생이 말한 향덕의 고사는 신라가 삼국을 통일한 후, 약 한
세기가량이 흐른 8세기 중엽에 있었던 일이죠. 이것 말고도《삼국
사기》나《삼국유사》에 실려 있는 많은 효행 사례는 거의 대부분이
통일신라시대를 배경으로 하고 있어요. 이 무렵에는 국가적으로 효

에 대한 교육이 강화되고 있었는데요, 예를 들어 7세기 후반 신문왕 때 세워진 국학(國學)이라는 교육기관에서는 유교 경전 가운데 《효경(孝經)》이라는 책을 가장 중요한 교재로 채택하고 있었을 정도죠. 또 8세기 말 원성왕 때에는 귀족 자제들의 학력을 테스트하기 위해 독서삼품과(讀書三品科)라는 일종의 고시를 치렀는데, 여기서도 《효경》을 얼마나 잘 숙지하고 있느냐가 중요한 평가 기준이었어요. 이처럼 삼국 통일 이후 유학에 대한 이해가 점차 깊어지면서, 효에 대한 사람들의 인식도 더 고양되었을 거예요. 그렇지만 어쨌든 삼국 간에 치열한 전쟁이 벌어지고 있을 당시에는 앞서 말한 대로 충이 효보다 더 귀중한 가치로 받아들여졌다는 것이죠.

남녀 간 · 노소간의 관계는 뒷전으로

강사: 이번에는 오계와 오륜의 또 다른 차이점에 대해 이야기해 볼까요? 즉 세속오계에는 오륜에서 세 번째와 네 번째로 거론된 '부부유별'이나 '장유유서'에 해당하는 것이 없는데, 그 이유는 어디에서 찾을 수 있을까요?

만득: 신라에서는 남녀 간의 위상차나 노소간의 서열 차가 이미 굳어져 있어, 이런 덕목들이 새삼스럽게 필요 없었기 때문이 아닐까예?

칠갑: 그게 아니믄, 당시까지는 성별이나 연령별로 상하 서열을 따지는 것을 그다지 중요하게 생각하지 않아서였겠지유.

강사: 칠갑이 학생 말이 정답이네요. 사실 남녀 간의 역할을 구별하는 것

은 고금을 통해 늘 있어 왔어요. 그리고 여성을 차별하는 것도 강도는 달랐지만, 남성 위주의 사회에서는 동서양을 불문하고 전근대 시기의 한 특징이었죠. 신라도 예외가 아니었을 겁니다. 그런데 6~7세기 신라 사회에서는, 남녀 차별이 구조화되어 있던 조선 후기 사회와는 달리, 여성의 지위가 상당히 높았습니다. 이는 무엇보다도 7세기 중엽에 선덕과 진덕이라는 여성 두 명이 연이어 신라의 왕으로 재위했음을 생각하면 쉽게 이해할 수 있는 것이지요. 물론 당시에도 여자가 왕이 되는 것에 대해 반발이 있었지만, 중요한 점은 어쨌든 여성이 최고 지위에 오를 수 있었다는 사실입니다. 암탉이 울면 집안이 망한다고 생각하던 조선 후기 사회에서는 상상도 할 수 없는 일이죠. 남녀 간의 역할과 위상을 근본적으로 구별하지 않던 신라인들에게는 부부유별과 같은 덕목이 애초부터 필요하지 않았던 것입니다.

만득: 그라믄 신라에서는 노소간의 서열도 안 따졌다는 깁니꺼?

강사: 노소를 구별하는 것도 정도의 차이는 있으나 어느 사회에서나 나타납니다. 신라에서는 2대 남해왕이 죽은 후 그의 아들인 유리와 사위인 탈해가 누가 치아가 많은가를 두고 후사를 결정했다는 이야기가 전합니다. 이가 많다는 사실은 나이가 많다는 것을 의미하므로, 이 이야기는 연장자를 우대하는 관행이 신라 초기부터 있었음을 알려 주는 것일 수 있습니다.

만득: 그란데 와 장유유서는 오계에서 빠졌을까예?

강사: 신라에서는 개인 간의 서열을 매길 때 오륜의 장유유서가 강조하는

연령의 많고 적음보다 훨씬 중요한 기준이 따로 있었기 때문입니다. 그것은 골품제라고 불리는 엄격한 신분제도였지요. 골품제는 진골로 불리는 왕족을 최고 신분으로 하고, 나머지 지배층의 신분을 육두품, 오두품, 사두품 등으로 세밀히 나누고 있었습니다. 한 개인의 신분이 상향 이동하는 것은 거의 불가능한, 철저히 폐쇄적인 신분 구조였어요. 이러한 상황에서는 같은 신분이라면 당연히 나이가 많고 적음에 따라 역할과 위상이 결정되겠지만, 그렇지 않다면 연령보다는 신분의 높고 낮음이 인간들 상호 간의 관계를 규정하는 가장 중요한 기준이 되는 것이죠. 같은 지배층이라고 하더라도 육두품 출신 사람이 나이가 더 먹었다고 해서 진골 출신 사람보다 사회적 서열이 높을 수 없는 사회였다는 이야기입니다. 물론 오륜이 만들어지던 시기의 중국 사회에도 신분제가 있었고, 오륜이 수용되고 강조되던 조선 후기 사회에도 신분제가 유지되고 있었어요. 그렇지만 그것들은 신라의 골품제만큼 세분되고 폐쇄적이고 엄격한 것은 아니었습니다. 결국 장유유서 역시 부부유별처럼 시대적 한계로 인해 신라인들의 가슴에는 쉽게 와 닿지 않는 덕목이었던 것입니다.

칠갑: 그러믄 오륜에서 맨 마지막에 제시된 붕우유신과 서로 통하는 교우이신이 오계에서는 세 번째 중요 항목으로 자리 잡고 있는디, 그 이유는 뭐남유? 신라 사람들한테는 친구 간의 관계가 남녀 간, 노소 간의 관계보다 월매나 중요한 의미를 지녔간디, 빠지지도 않고 오히려 더 강조되었던 것인가유?

강사: 이것은 장유유서와는 또 다른 측면에서 골품제와 관련이 있습니다. 노소간의 서열은 골품제의 벽 앞에서 큰 의미를 지닐 수 없었지만, 동년배 사이의 신의는 골품제의 모순을 완화시켜 주는 완충제가 될 수 있었다는 겁니다. 같은 신분끼리는 말할 것도 없고, 신분이 서로 다르더라도 어려서부터, 예컨대 화랑도 등을 통해 교유 관계를 지속해 온 사람들 사이에는 강한 동질감이 형성되기 마련입니다. 신분의 장벽을 초월하여 베풀어지는 신의는 골품제로 인해 필연적으로 발생하는 좌절감을 어느 정도 치유할 수 있는 것이고, 그것은 결국 신분 간의 골을 일정하게 메우는 기능을 하는 것이었습니다.

여러분, 고등학교 때 국어 시간에 〈모죽지랑가(慕竹旨郎歌)〉라는 향가를 배운 적 있지요? 그건 화랑인 죽지랑의 낭도에 속해 있던 득오라는 사람이 자신을 도와준 죽지랑을 사모하여 지은 노래라고 합니다. 이처럼 신분을 뛰어넘는 동년배 사이의 끈끈한 정과 의리가 바로 골품제라는 폐쇄적 신분 구조를 가진 신라로 하여금 상당 기간의 체제 안정기를 누리게 한 중요한 원인 중 하나였을지도 모릅니다. 원광법사가 남녀 간, 노소간의 관계는 뒷전으로 한 채, 친구 간의 관계를 특별히 강조한 것은 혹시 이 같은 심오한 뜻에서가 아니었을까요?

새로운 덕목, 임전무퇴와 살생유택

강사: 그러면 이제부터는 오륜에는 전혀 보이지 않는, 세속오계에만 있는

덕목인 임전무퇴와 살생유택의 의미를 생각해 보도록 합시다.

만득: 선생님요, 임전무퇴는 전쟁터에서 물러서지 말고 용감히 싸우라는 기지만, 엄밀히 말해 국가에 대한 충성을 강조하는 기 아입니꺼? 그라믄 사군이충과 직접 통하는 긴데 와 굳이 독립 항목으로 두었을까예?

강사: 잘 지적했네요. 사군이충이 오계의 맨 처음에 제시되었음에도 임전무퇴가 또 하나의 독립 항목으로 설정된 것은 그만큼 당시에 전쟁이 격렬하게 벌어졌고, 그 전쟁에서 승리하는 일이 매우 절실했던 상황을 반영합니다. 평화 시라면 굳이 이런 항목이 있을 필요가 없겠죠. 하지만 앞에서도 말했듯이 원광과 귀산 등이 살아가던 시기는 끊임없는 전쟁으로 신라가 국가 존망의 위기에 몰리고 있었습니다. 심지어 원광법사 자신이 수나라에 고구려를 공격해 줄 것을 요청하는 국서를 쓸 정도였지요. 어떻게 보면 오계 가운데 당시 신라인들에게 가장 절실했던 덕목은 임전무퇴가 아니었을까요?

칠갑: 선생님, 그려도 뭔가 허전헌디, 임전무퇴가 강조된 배경으로 다른 것은 생각할 수 없을까유?

강사: 당시 결사적으로 전쟁에서 이기려고 한 데에는 사실 또 다른 중요한 배경이 있었어요. 전쟁의 목적이 이전과는 크게 달라지고 있었던 것이죠. 과거의 전쟁은 물자 약탈이나 노동력 탈취가 주된 목적이었어요. 그런데 5~6세기에 우경(牛耕)의 보급과 수리 시설의 축조 등으로 농업생산력이 발전하면서 토지의 중요성이 더욱 커져 갔어요. 이에 따라 전쟁도 단순히 물자나 노동력을 둘러싸고 벌어지

는 것이 아니라, 가장 중요한 생산의 물적 토대가 된 땅 자체를 놓고 벌어지게 된 것이죠. 이 시기를 전후해서 전국 각지에 산성을 쌓게 된 것도 현재 자기들이 지배하고 있는 땅을 끝까지 다른 나라에 빼앗기지 않기 위한 노력의 일환이었어요. 전쟁에서 승리하고 영토를 보전하거나 확장하는 일이 과거에도 중요하지 않은 것은 아니었지만, 이제는 그야말로 국가의 향후 운명을 좌우하는 중차대한 일이 된 것이죠. 이런 상황에서는 사군이충이라는 덕목이 있더라도, 전쟁터에서 용기 있는 행동을 촉구하는 덕목이 다시금 설정되지 않을 수 없었을 겁니다.

만득: 이제 마지막으로 살생유택 하나만 남았네예. 그라믄 그건 우찌 봐야 합니꺼?

강사: 살생유택은 세속오계의 내용 가운데 가장 불교적인 색채가 강한 덕목이에요. 이것마저 없었다면 과연 세속오계를 불교 승려가 지은 것인지 의심할 수도 있을 정도죠. 다만 불교의 계율에서는 살생 자체를 금하는 것에 비해, 세속오계에서는 세속이라는 특수성을 감안하여 죽이더라도 가려서 죽이라는 주문을 하고 있지요. 당시의 치열한 전쟁 과정에서는 부득불 살생을 하지 않을 수 없었을 것이니, 현실을 적절하게 반영한 것이라고 할 수 있겠죠. 그런데 살생유택은 당시의 신라인들에게는 몹시 생소한 덕목이었던 것 같아요. 그래서 귀산과 추항도 "세속오계 가운데 나머지 것들은 곧바로 이해하겠으나, 살생유택만은 쉽게 알아듣지 못하겠습니다."라고 하며 원광법사에게 보충 설명을 청하기도 하였어요. 원광법사는 살생을

하더라도 때와 대상을 가려야 한다는 말로 답하였죠.

칠갑: 왜 생소했고, 이해를 못 혔을까유?

강사: 사실 6세기 이전의 신라 사회에서는 살생이 전혀 거리낌 없이 행해
졌습니다. 여러분도 많이들 들었겠지만, 신분이 높은 사람이 죽었
을 때에는 심지어 산 사람을 강제로 죽여 같이 묻기도 하였어요. 지
증왕 대에 이르러 그처럼 끔찍한 순장 풍습은 금지되었지만, 살생
자체를 금기시하는 분위기가 곧바로 생겨난 것은 아니었겠죠. 귀족
들은 자기 뜻을 거역하거나 마음에 들지 않는 행동을 한 하층 신분
의 사람들을 스스럼없이 처단하기도 했을 거예요. 이러한 행동은
당시 사람들의 내세관 때문에 가능했지요. 즉 현실 세계에서 얻은
지위와 신분, 부귀 따위가 죽어서도 계속 이어진다고 믿은 거예요.
현세에서 귀족이면 내세에서도 귀족인 것이고, 살아서 노비였으면
죽어서도 노비 신분을 벗어날 수 없다고 생각했던 것이에요. 이러
한 내세관이 지배하는 사회에서는 살생을 죄악시하거나 금기시하
는 풍조가 싹틀 수 없고, 살생유택이라는 덕목은 전혀 납득할 수 없
는 허튼소리에 불과했을 거예요.

만득: 아하, 그라믄 원광법사가 살생유택이라는 말로 불교의 윤회 사상을
포장했다는 말이 되네예.

강사: 바로 그거예요. 다들 알고 있겠지만, 불교에서는 현세에서 쌓은 공
덕에 따라 내세의 삶이 결정된다고 주장합니다. 즉 비록 현세에서
귀족으로 태어났다고 하더라도 선한 공덕을 쌓지 않고 악업만을 자
행할 경우, 내세에서는 귀족은커녕 지옥에 떨어질 수도 있다는 것

입니다. 법흥왕 대에 불교가 공인되고, 이후 지배층 사이에서 계속 확산되면서, '윤회전생(輪廻轉生)'의 관념은 재래의 내세 관념 위에 오버랩되기 시작했어요. 원광법사는 바로 이러한 상황에서 불교적 내세관에 입각하여 신라인들의 삶의 태도와 행동 양식을 조정하려 하였고, 그것이 세속오계의 마지막 항목에서 구현된 것이라고 할 수 있지요.

칠갑: 결국 살생유택이란 것도 임전무퇴처럼 당시 신라 사회가 처했던 독특한 상황에서 나온 새로운 덕목인 셈이네유.

강사: 그렇죠. 자, 이제 시간이 다 되었으니, 마무리를 짓도록 합시다. 삼국시대의 사회 기풍을 주로 신라의 세속오계를 가지고 얘기해 봤는데요. 고구려나 백제에서도 이와 유사한 덕목들이 있었을 것으로 추측해요. 서로 빈번히 교류하는 과정에서 삼국민들이 중요시하는 가치도 상당히 비슷해졌을 것이고, 특히 치열한 전쟁을 벌이면서는 임전무퇴처럼 상무적 기풍을 고취시키는 덕목이 삼국 모두에서 강조되었을 거예요. 여기서 특별히 세속오계를 들어 이야기한 것은 그것이 당시의 사회 기풍을 가장 단적으로 보여 주는 자료였기 때문이에요. 그걸 통해 알 수 있었던 점은 삼국시대에는 군주에 대한 '충성'과 전쟁터에서의 '용기'가 대단히 강조되었다는 것, 그리고 신분제의 모순을 완화시킬 수 있는 '신의'도 중요시되었으며 불교의 영향을 받으면서 새로이 '자비로움'이나 '인자함'이 바람직한 가치로 여겨졌다는 것, 반면에 후대에 비해 남녀 간·노소간의 구별에 대해서는 상대적으로 무관심했다는 것 등입니다. 오늘날 우리가 살고

있는 시대와 비교할 때, 생각에 많은 차이가 있음을 알 수 있지요. 시대가 변하면 사회도 바뀌고, 자연히 그 사회가 요구하는 기풍도 바뀝니다. 오늘날 우리에게 필요한, 바람직한 사회 기풍은 어떤 것이어야 할까요?

강종훈 _대구가톨릭대 교수

농가의 살림살이

전덕재

길에 앉아서 통곡한 사연

서기 194년, 고구려 고국천왕이 나라를 다스릴 때이다. 그해 서리가 일찍 내려 흉년이 들었다. 백성들이 굶주리자, 나라에서는 창고를 열어 진휼하였다. 10월에 왕은 질양(質陽)이란 곳에 사냥을 하려고 행차하였다. 가는 도중에 길에 앉아서 통곡하는 사람을 만났다. 왕은 통곡하는 모습이 너무나 측은하여 행차를 멈추고 그 연유를 물어보았다. 그 사람이 아뢰기를 "본래 이 사람은 집이 가난하여 품팔이로 어머니를 봉양하면서 살아왔습니다. 그런데 금년에 곡식이 제대로 익지 않아 품팔이를 할 곳이 없어서 굶어 죽을 처지가 되었습니다. 바로 이런 연유로 길에서 통곡하고 있었습니다."라고 하였다.

왕은 통곡하는 사람의 대답을 듣고, 백성의 부모가 되어 그들을 이 지경에 이르게 한 것을 한탄하였다. 왕은 을파소를 국상(國相)으로 등용하여 태평성대를 열었다고 자부하고 있었던 터였다. 왕은 즉시 통곡하는 자에게 의복과 곡식을 주어 위로하였다. 그리고 생활이 어려운 모든 사람들에게 식량을 나누어 주도록 하였다. 또한 국상 을파소와 관리들에게 빈민들을 항상적으로 구제할 수 있는 방법을 강구하도록 명령하였다. 그 결과 빈민 구제를 위하여 실시한 제도가 바로 진대법이었다. 이것은 관에서 비축한 곡식을 3월부터 7월까지 백성들에게 대여해 주고, 10월에 그것을 다시 회수하는 제도였다. 이 법의 실시로 많은 백성들이 혜택을 입었다.

이 이야기는 《삼국사기》에 나오는 실화이다. 위에서 길에 앉아 통곡하던 사람, 곧 좌이곡자(坐而哭者)의 운명은 행복하게 끝을 맺었다. 만약에 그가 왕을 만나지 못하였다면, 어떻게 되었을까. 아마도 그는 어머니와 함께 굶어 죽었을 것이다. 실제로 사서에는 흉년이 들어 사람들이 굶어 죽었다는 기록이 많이 보인다.

좌이곡자와 같은 처지의 사람들이 굶주림을 면할 수 있는 방법은 무엇이었을까. 굶어 죽을 처지에 놓인 이들이 흔히 취하는 태도는 남의 식량을 빼앗는 것, 곧 도적이 되는 것이었다. 그래서 흉년이 드는 해에 유달리 도적이 많이 생겨났다. 또 스스로 귀족이나 부잣집의 노비가 되어 생명을 부지하는 경우도 많았다. 그리고 극단적인 경우에는 사람을 잡아먹기도 하였다.

그러나 삼국시대나 통일신라시대의 백성들이 늘 굶주린 것만은 아니었다. 대부분은 국가에 세금을 내고도 자립적으로 재생산을 할 수 있었다. 하지만 그들도 잦은 자연재해와 무거운 조세 부담의 악순환이 지속되면 언제라도 좌이곡자와 같은 처지가 될 수 있었다.

한 해 수입과 살림 규모

신라시대 일반 농가의 살림살이를 엿볼 수 있는 자료가 바로 일본 도다이

사[東大寺] 쇼소인[正倉院]에서 발견된 〈신라촌락(장적)문서〉이다. 이 문서에는 서원경(西原京: 지금의 충북 청주시) 부근에 있는 네 개 촌의 인구 현황과 토지, 소와 말, 유실수 등에 대한 내용이 기재되어 있다. 문서에 개별 가호의 구체적인 토지 소유 현황은 적혀 있지 않지만, 촌마다 가호가 소유한 토지 면적의 합계가 전한다. 이를 가호의 수로 나누면 1호당 평균 10결(結)에서 14결이 된다. 통일신라시대 1결은 대략 1,200평에 해당하므로 농가들은 평균 1만 2,000∼1만 6,800평 정도의 토지를 소유하였던 셈이 된다. 그러나 당시에는 1년 또는 2년 동안 땅을 묵혀서 농사를 짓는 휴한법(休閑法)이 많아서 한 해에 농사를 짓는 실제 면적은 소유 토지의 절반에도 못 미쳤다.

한편 통일신라시대에 경제적으로 부유한 가호일수록 가족 수가 많은 편이었다. 보통 농가의 가족 수는 5∼7명이었다. 여기서는 편의상 여섯 명의 가족, 12결의 소유 토지 가운데 6결만 경작하고, 나머지는 한 해 묵혀서 농사를 짓는 농가를 당시 표준 농가로 설정해 두고, 그 농가의 호주를 '만득이'라고 명명하자.

통일신라시대에는 농가의 경제 형편을 고려하여 9등급으로 구분하는 호등제(戶等制)를 실시하였는데, 앞에서 설정한 가족과 재산을 보유한 만득이는 여덟 번째 등급인 하중호(下仲戶)에 해당한다. 물론 당시의 농가 가운데 만득이보다 더 가난한 아홉 번째 등급, 곧 하하호(下下戶)가 전 농가의 절반 이상이었으니, 만득이는 요샛말로 중산층 정도에는 해당한다고 볼 수 있을 것이다.

그러면 만득이가 한 해 동안 농사를 지어서 수확할 수 있는 곡물의 양을 살펴보자. 고려 성종 대에 1결의 논에서 7∼15섬, 밭에서 3.5∼7.5섬을 수

한 움큼(왼쪽)과 홉·되·말(한양대학교박물관 소장)
한 움큼은 한 되를 의미한다. 오른쪽 사진에서 가장 작은 것이 반 홉이다. 한 홉은 한 줌
을 의미하므로, 반 홉은 반 줌이 된다. 중간 크기의 것은 되이고, 가장 큰 것이 말이다. 삼
국과 통일신라시대에 1되의 용량은 200밀리리터였다.

확하였다. 여기서 한 섬은 15말로서 5만 2,500밀리리터(1되, 350밀리리터)에
해당한다. 신라시대에 농민들은 일반적으로 논과 밭의 보유 비율이 1:2 정
도였으므로 만득이도 매년 논 2결, 밭 4결을 경작하였다고 해 두자. 고려와
통일신라시대 1결의 면적은 크게 차이가 나지 않았던 바, 고려 성종 대의 수
확량을 토대로 만득이 농가의 한 해 수확량을 계산하면, 최고 60섬에서 최
하 28섬이 된다. 이를 평균하면 44섬이 된다.

　여기에 한 해 동안 만득이 가족이 부업이나 품을 팔아 벌어들일 수 있는
수입을 고려해야 한다. 신라 말기 진성여왕 대에 효녀 지은은 부자의 노비
가 되고 몸값으로 10여 섬을 받았는데, 이를 통해 성인 한 명이 한 해 동안
품을 팔아 벌어들일 수 있는 수입을 대강 헤아려 볼 수 있다. 이러한 것까지
감안하여 만득이의 한 해 평균수입을 추산하면, 대략 곡물 50~60여 섬 내
외가 된다. 여기서 도량형은 한 되 350밀리리터, 한 섬 15말을 기준으로 한

것이다.

만득이는 곡물 50~60섬 이외에 다른 살림살이도 보유하였다. 이와 관련하여 8세기 당나라 농가의 살림 규모가 참조된다. 투르판에서 발견된 당나라 문서 〈서주 포창현 9등정부(西州浦昌縣九等定簿)〉에는 경제적 형편에 따라 가호를 9등급으로 나눈 가운데 일곱 번째 등급에 해당하는 하상호(下上戶) 농가의 재산 내역이 적혀 있다. 여기에 나오는 송극준 집안의 재산 규모는 여자 노비 한 명, 집 한 채, 텃밭(채소밭) 1무(畝), 소달구지 1승(乘), 암소 두 마리, 청소맥(밀 종류) 다섯 섬, 미곡(기장 종류) 열 섬이었다. 다른 가호의 경우도 이와 비슷하였다. 그런데 하상호는 당나라에서 비교적 부유한 편에 속하였다. 이보다 부유하지 못한 만득이는 주택, 텃밭, 마전(麻田), 그리고 소 한 마리, 일부 농기구를 보유하는 정도였을 것이다. 물론 만득이보다 더 가난한 하하호 농가는 이보다 더 빈약한 살림 규모였음은 두말할 나위조차 없다.

한 해 지출

그러면 통일신라시대의 표준 농가로 설정한 만득이 가족의 한 해 수입 50~60여 섬 가운데 순수입은 얼마나 되었을까. 이를 알기 위해서는 첫째, 만득이 가족이 소비한 한 해의 식량 둘째, 다음해 농사를 위해 비축할 종자곡 셋째, 국가에 납부하는 납세액 넷째, 각종 기타 생활 경비 등을 조사할 필요가 있다.

통일신라시대에 한 사람이 하루에 먹는 곡식의 양과 관련하여 707년(성덕왕 6년)에 백성들이 굶주리자, 국가에서 '1인당 하루에 벼 석 되'씩을 나누어 주었다는 기록이 흥미를 끈다. 이것은 당시 한 사람이 하루에 벼 석 되씩을 먹는 것이 보통이었음을 시사해 준다. 이를 토대로 만득이 가족이 한 해 동안 소비하는 식량을 추산하면, 대략 33섬(1되 200밀리리터, 1섬 20말) 내외가 된다. 신라 말기에 한 되 350밀리리터, 한 섬 15말로 바뀌었으므로, 이것은 신라 말기의 25섬에 해당한다. 물론 가족 구성원 가운데 어린아이가 많을 경우, 식량으로 소비되는 곡물은 약간 줄어들게 된다.

고려시대에는 1결당 파종하는 종자량이 벼를 기준으로 볼 때 대략 0.5~1섬 규모였다. 통일신라시대의 경우도 거의 이와 비슷하였다는 가정하에 만득이 농가가 다음해 농사를 위하여 비축해야 할 종자곡을 계산하면, 3~6섬 내외가 된다.

통일신라시대 농민들은 벼나 콩으로 바치는 조세(租稅)와 명주실로 짠 비단이나 삼으로 짠 베 등의 직물류, 그리고 여러 가지 특산물이나 가공품을 공물(貢物)로 국가에 납부하였다. 먼저 만득이가 납부한 조세량을 살펴보자.

고구려의 농가는 1년에 곡식 5.5~6섬(1섬 2만 밀리리터)을 조세로 바쳤다. 당나라는 성인 남자에게 1년에 1인당 곡식 두 섬(1섬 59,757밀리리터)을 조세로 부과하였다. 고구려의 여섯 섬, 당나라의 두 섬은 거의 같은 양이다. 이를 신라 말기의 도량형으로 환산하면 2.3섬이 된다. 한편 고려시대나 조선시대의 농민은 수확량 가운데 10분의 1을 조세로 바쳤다. 이를 기준으로 보면, 한 해에 평균 44섬을 수확하였던 만득이는 1년에 넉 섬 정도를 조세로 바쳤다고 할 수 있다. 그러나 통일신라시대에 토지 면적을 기준으로 조세를 거두었는지는 의문이다. 아마도 조세는 농가의 경제적 형편을 고려하여 등급을 나눈 호등제에 기초하여 부과하였던 것으로 추정된다. 어떠한 경우든 만득이는 대략 서너 섬을 조세로 납부하였던 것으로 추정할 수 있겠다.

농민들이 국가에 납부한 베나 비단의 종류와 그 양을 정확히 알 수는 없다. 고구려에서는 농가 1호당 베 다섯 필을 징수하였다. 당나라의 경우 성인 남자 한 사람에게 비단 두 장(또는 베 2.5장), 면(綿: 솜) 석 량(또는 삼 세 근)을 공물의 명목으로 부과하였다. 신라의 일반 농가가 납부한 공물액도 이와 비슷하지 않았을까. 구체적인 양을 헤아리긴 어렵지만, 이와 관련하여 당에서 1년 부역 동원 기준일인 20일을 초과하였을 때, 즉 15일을 초과하면 공물을, 30일을 초과하면 조세와 공물을 모두 면제해 주었다는 점이 참조된다. 당나라에서는 공물과 조세의 세액을 동일하게 계량하였던 것이다. 아마 통일신라에서도 비슷하였을 것이다.

여기에 농민들은 자기 고장에서 산출되는 특산품이나 소금, 생선, 과실류 그리고

'사두오도'명 매병(위)과 '십석입옹'명 항아리
(경주 월지 출토, 국립경주박물관 소장)
매병에 '四斗五刀'라고 적혀 있는데 여기서 도(刀)는 되를 의미하는 신라식 이두이다. 이 병의 실제 높이는 59.5센티미터이다. 십석입옹 항아리에는 '十石入瓮'이라는 명문이 있다. 10섬들이 항아리란 뜻이다. 이것의 체적을 계산하여 신라 말에 1되의 용량이 350밀리리터임을 알 수 있다. 신라 말에 1석은 15두였으므로 당시 1섬의 용량은 5만 2,500밀리리터였다고 볼 수 있다.

여타 다양한 물품을 공물로 더 바쳤으므로 만득이는 공물로서 조세액보다 조금 많은 규모를 납부하였던 셈이 된다. 이것과 여타의 잡세까지 합하면 대략 대여섯 섬 내외가 되지 않았을까 한다. 결국 만득이는 한 해에 8~10섬을 국가에 세금으로 납부하였다고 추정할 수 있겠다.

조세와 공물의 납부 이외에도 만득이는 일정 기간 동안 국가의 부역에 동원되었다. 그리고 그는 3년을 기한으로 군역에 동원되기도 하였다. 만일 그가 부득이한 사정으로 부역 기일을 제대로 채우지 못할 경우에 곡물 또는 베·비단 등을 대신 납부하였다. 이것을 흔히 용(庸)이라고 불렀다. 물론 군역에 동원되면 각종 조세 부담을 면제받는 것이 상례였다.

만득이 가족은 그 밖에 생활에 필요한 경비를 지출해야 한다. 그러나 이에 대하여 우리가 알고 있는 정보는 거의 없다. 다만 고려시대에 빌린 돈을 갚거나 여타 생활 경비에 두세 섬을 지출하였으므로 만득이 가족도 그 규모의 생활 경비를 지출하였다고 설정해 두고자 한다. 이렇다면 만득이의 가족이 한 해 동안 지출하는 총량은 곡물로 환산하여 38~44섬 정도가 되었다고 추정할 수 있다.

만득이의 한 해 수입이 50~60여 섬 내외가 되었으므로 결국 그는 한 해 동안 농사를 지어서 최고 20여 섬 내외의 흑자를 보거나, 또는 겨우 적자를 면한 셈이 된다. 아마 보통은 5~10섬 내외의 흑자를 보았을 것이다. 물론 만득이보다 더 가난한 하하호 농가는 겨우 수입과 지출의 균형을 맞추거나 적자를 면치 못하였을 것이다.

부부는 부인의 제안대로 자식을 두 명 데리고 각자의 고향으로 가서 살기로 하였다. 바로 이때 조신이 꿈에서 깨어났다.

이 이야기는 승려인 조신이 세속의 헛된 욕망을 갈구하자, 미륵불이 꿈을 빌려서 경계한 것이라고 《삼국유사》에 전한다. 비록 설화이긴 하지만 여기서 유랑 생활을 하던 백성들의 고통을 엿볼 수 있다. 유랑 생활을 하다가 자식을 굶겨 죽이고, 또 자식이 동냥을 하다가 개에 물리고, 결국에는 가족들이 뿔뿔이 흩어져 살 수밖에 없는 처지에 내몰린 백성을 만날 수 있는 것이다.

기아선상에 허덕이는 농민들에게 국가가 세금을 계속 독촉하면 그들은 죽기 살기로 국가에 저항하였다. 889년(진성여왕 3) 여러 해 거듭된 흉년으로 세금이 제대로 걷히지 않아 국가의 재정이 고갈되자, 왕은 농민들에게 세금을 독촉하였다. 이에 세금을 제대로 낼 수 없는 농민들은 도적이 되어 저항하였고, 농민 항쟁이 전국으로 확산되면서 급기야 신라는 쇠망의 길로 접어들게 되었다.

그러나 진성여왕 대의 신라 사정은 매우 극단적인 경우일 뿐이다. 보통 세금을 제대로 납부할 수 없는 처지의 농민들은 면세 혜택을 받았다. 더구나 농민들이 굶어 죽을 처지에 이를 때에는 관에서 비축해 둔 곡식을 나누어 주었다. 그리고 국가는 여러 가지 정책을 통하여 농민들의 생활 안정을 도모하려고 애를 썼다.

그렇지만 국가의 시혜 조치는 한계가 있다. 왜냐하면 국가는 반드시 조세를 거두어서 관리들의 녹봉을 지급하거나 나라를 운영해야만 하였고, 진휼에 필요한 곡식을 비축해야 하기 때문이다. 잦은 재해와 무거운 조세 부담, 고리대를 꾸어 오는 악순환은 언제라도 그들을 좌이곡자와 같은 처지로 전락하게 만들었던 것이다. 농민들은 그러한 고통 속에서 자신의 생명과 가족들의 안녕을 지키기 위하여 몸부림쳤다. 바로 이와 같은 운명의 사슬을 끊으려는 농민들의 지난한 노력이야말로 역사 발전의 중요한 밑거름이 되었다.

전덕재 _단국대 교수

3부 생업과 터전

황금 나락 들판에 가래 짚고 서서

우쭐대던 '장인', 초라해진 '장이'

시장에서 기우제를 지냈다는데

든든한 산성, 화려한 도성

고대의 인구주택총조사

'척도'가 하나가 아니다?

황금 나락 들판에 가래 짚고 서서

김재홍

사다함이 황무지를 원한 까닭은?

신라 진흥왕(재위 540~576) 대에 사다함(斯多含)이라는 화랑이 있었다. 그는 15세의 어린 나이로 대가야 정벌에 참전하여 빛나는 전공을 세웠다. 이에 진흥왕은 관례대로 좋은 토지와 포로 300명을 포상으로 내려 주었다. 그러나 사다함은 전쟁 포로를 양민으로 풀어 주는 한편, 토지를 받지 않으려 하였다. 왕이 계속 권하자, 마지못한 듯 좋은 토지 대신 알천(閼川: 지금의 경주 북천) 가의 쓸모없는 땅을 달라고 청하였다. 그리고 이를 다시 군사들에게 나누어 주니, 당시 사람들이 그의 선행을 높이 칭송하였다고 한다.

진흥왕이 사다함에게 주려 하였다는 좋은 토지 곧 양전(良田)은 토질이 비옥하고 수확량이 많은 토지를 일컫는다. 오늘날 양전은 거의 대부분 큰 하천 가에 자리 잡고 있다. 오랜 세월에 걸친 강물의 범람으로 토질이 비옥할 뿐 아니라 농사에 가장 중요한 물을 쉽게 얻을 수 있기 때문이다. 그런데 오늘날 우리의 관념과 달리, 진흥왕 대의 신라인들은 알천 가의 땅을 쓸모없는 황무지라고 인식하고 있었다.

왜 신라인들은 강가의 땅을 황무지로 간주하였을까? 강가의 땅이 황무지라면, 양전은 하천에서 멀리 떨어진 산이나 구릉 아래에 위치하였다고 볼수 있다. 사실 강가의 땅은 비옥하기는 하지만, 강물이 자주 범람하기 때문에 수리관개시설을 제대로 갖추지 않으면 농사를 지을 수 없다. 아마 사다함이 살았던 6세기경 알천에는 아직 수리관개시설이 갖추어지지 않았던 모양이다. 이 때문에 신라인들은 알천 가의 땅을 황무지로 인식하였던 것이 아닐까? 알천뿐 아니라 다른 강가의 토지도 마찬가지였을 것이다. 삼국시대 중반까지만 하더라도 강가의 땅은 아직 인간의 손길이 닿지 않은 황무지로 남아 있었던 것이다. 그리고 당시 사람들은 주로 산이나 구릉 아래의 땅을 일구어 농사를 지으며 생활을 영위하였던 것이다. 청동기시대의 대표적 무덤인 고인돌이 주로 구릉지에 분포하는 것이나, 경주 일대로 이주한 고조선 유민들이 '산곡지간(山谷之間)'에 자리 잡았다는 것은 이를 반영한다.

그런데 사다함의 이야기에는 종전과 다른 변화의 조짐도 엿보인다. 4~6세기경 한반도 남부 지역에는 철제 농기구가 널리 보급되었고, 신라에서는 6세기에 접어들면서 조세 수취와 역역 동원의 근간인 지방 제도가 정비되었다. 이로써 신라는 각 지역 지방민을 동원하고 각종 철제 농기구를 이용하여 대규모 저수지와 제방을 축조할 수 있게 되었다.

대구 무술오작비
578년(진지왕 3)에 대구에 위치한 제방을 만들면서 작업 책임자, 동원한 인력, 작업 기간 등을 기록한 준공비이다.

신라에서는 531년(법흥왕 18) 국왕이 전국의 제방을 수리하라는 명령을 내린 바 있다. 경북 영천에는 청제(菁堤)라는 저수지가 있는데, 지금도 제방 앞에는 536년 청제의 준공을 기념하여 세운 비석이 1,500여 년 세월의 풍상을 간직한 채 서 있다. 저수지와 제방의 축조로 강가의 땅도 농토로 개간되어 갔다. 6세기 전반경은 종래 강가의 쓸모없던 땅이 옥토로 바뀌는 역사적 찰나였던 것이다. 이에 따라 강가의 땅은 점차 산간이나 구릉지의 토지보다 경제적 가치가 큰 양전으로 인식되기 시작하였을 것이다. 사다함은 바로 이러한 역사적 흐름을 정확히 읽어 내고 진흥왕에게 알천 가의 황무지를 달라고 청하였을지도 모른다.

처음에는 밭농사로 출발하여

오늘날 농사법은 크게 농토에 물을 대어 농사짓는 논농사와 물을 대지 않는 밭농사로 나뉜다. 현재 주곡인 쌀은 논에서 수확되며, 농지법상 논은 택지나 공장 부지로 쉽게 전환할 수 없는 절대 농지로 묶여 있는 데서 알 수 있

밭이랑
두둑은 흙을 갈아 쌓아 올린 부분이고, 고랑은 흙을 갈아 파낸 자리이다. 이 둘을 합쳐 이랑이라고 한다.

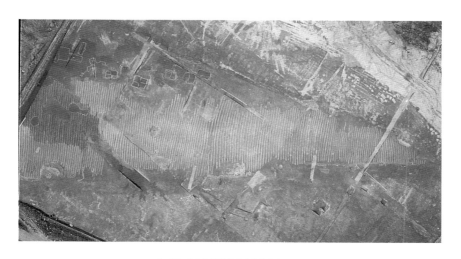

진주 대평리 청동기시대의 밭이랑
청동기시대의 밭은 오늘날처럼 밭에 이랑을 만들어 곡물을 재배하였는데, 나무괭이로
이랑을 판 형태를 잘 보여 주고 있다.

듯이 논농사의 비중은 밭농사보다 훨씬 높다. 그렇지만 처음부터 논농사의 비중이 높았던 것은 아니다.

우리나라에서는 기원전 3000년경 신석기시대 중기에 농경이 시작되었다. 당시에는 주로 돌이나 나무로 농기구를 만들어 농사를 지었고, 아직 강물이나 계곡 물을 이용할 만한 기술은 발달하지 않았다. 구릉지의 나무와 잡초를 벌목하고 불에 태워서 농토로 개간하여 농사를 짓는 화경(火耕) 농법이 사용되었다.

또한 이랑으로 만들어진 밭도 나타나는데, 나무나 돌괭이로 밭의 두둑과 고랑으로 갈아서 씨를 파종하였다. 강원도 고성 문암리에서 발견된 밭은 이랑의 길이가 970센티미터, 두둑 너비는 38~82센티미터, 고랑 너비가 40~90센티미터, 고랑 높이가 15~17센티미터이다. 이 밭은 두둑과 고랑의 너비가 일정하지 않고 이랑이 나란하게 이어지지 않는 원시적인 형태를 하고 있다. 밭 유구는 동아시아에서 가장 오래된 신석기시대의 탐으로 평가된다. 이 시기에는 볍씨는 없었고 조, 피, 수수 등 잡곡이 대종을 이루었다. 굳이 구분하자면 신석기인들은 잡곡 위주의 밭농사를 지었던 것이다.

이러한 밭농사는 청동기시대에 들어서 새롭게 변모하였다. 대전 괴정동에서 발견된 농경문 청동기에는 당시 농사짓는 과정이 잘 묘사되어 있다. 여기에는 한 사람이 나무나 청동 날을 가진 따비로 밭을 갈고, 다른 한 사람이 괭이로 땅을 고르는 장면이 새겨져 있다. 청동기시대에 들어서 오늘날처럼 밭에 이랑을 만들고 곡식을 파종하는 이랑 농법이 행해졌던 것이다. 경남 진주 대평리에서 발견된 청동기시대 밭 유적은 이러한 농경 모습을 잘 보여 주고 있다.

구릉 경사면에 위치한 밭은 기다란 도랑으로 둘러싸여 있다. 밭고랑의 가장 긴 부분은 30미터이고, 고랑과 두둑의 폭은 각각 35센티미터, 50센티미터 내외이며, 고랑의 깊이는 10센티미터 정도이다. 밭고랑의 폭이나 굴곡은 자연스럽게 이어져 있고, 밭의 곳곳에는 밭갈이에 걸림돌이 되었을 돌이나 토기를 모아 둔 무더기가 있었다. 또 소형 화덕자리도 여러 개 발견되었는데, 농사일을 하다가 즉석조리를 한 흔적으로 보인다. 밭고랑에서는 파손된 농기구와 떨어진 이삭, 그리고 고랑 사이에서는 조로 보이는 불탄 곡물 등이 발견되었다. 구릉 경사면에 위치한 상당히 넓은 밭을 경작하던 청동기시대 농부의 모습을 생생하게 전해 주는 유적이다.

한편 집 주위에서는 채소 등을 재배하던 텃밭이 발견되었다. 현재 확인할 수 있는 텃밭은 길이 10~12미터, 폭 5~6미터 정도이다. 고랑과 두둑은 일

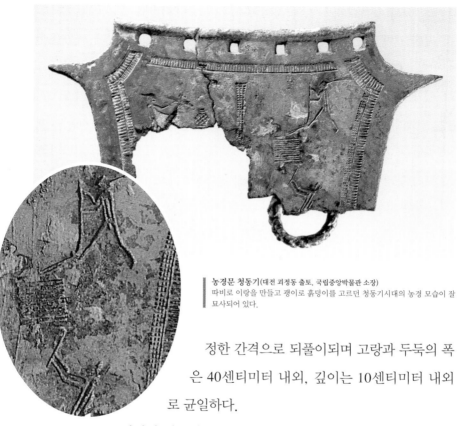

농경문 청동기(대전 괴정동 출토, 국립중앙박물관 소장)
따비로 이랑을 만들고 괭이로 흙덩이를 고르던 청동기시대의 농경 모습이 잘 묘사되어 있다.

정한 간격으로 되풀이되며 고랑과 두둑의 폭은 40센티미터 내외, 깊이는 10센티미터 내외로 균일하다.

이처럼 청동기시대에는 갈이 농법에 의한 밭농사가 상당히 발달하였다. 그렇지만 당시에는 아직 금속제 농기구가 없어 땅을 깊이 갈 수 없었고, 거름을 주는 시비법도 발달되지 않았다. 이에 따라 땅의 힘 곧 지력을 한번 소모하면 오랫동안 땅을 묵혀야 비로소 회복할 수 있었다. 그것도 한두 해가 아니라 여러 해 묵혀야 비로소 농사를 지을 수 있을 정도의 지력을 회복할 수 있었다. 이처럼 10년 이상 또는 불규칙적으로 땅을 묵혀서 농사를 짓던 신석기와 청동기시대의 농경법을 휴경법(休耕法)이라고 부른다.

그런데 철기시대에 들어와 철제 농기구가 보급되면서 땅을 종전보다 더욱 깊이 갈게 되었다. 이로써 땅의 힘을 고르게 이용할 수 있게 되었을 뿐 아니라, 지표면의 잡초나 작물 그루터기를 땅속 깊이 묻어 거름으로 활용할 수 있게 되었다. 나아가 지력을 회복하는 데 걸리는 기간도 상당히 단축되었다. 그리하여 1년 또는 2년 정도 땅을 묵히기만 하여도 농사를 지을 수 있게 되었다. 불규칙적으로 땅을 묵히던 휴경법이 정기적으로 일정 기간만 땅을 묵혀 농사를 짓는 휴한법(休閑法)으로 전환되고 있었다.

그리고 하천의 자연제방 등 범람 위험이 상대적으로 적으면서 아주 비옥한 토지의 경우에는 매년 농사를 짓기도 하였을 것이다. 지난 1992년 경기도 하남시 미사리에 위치한 한강 변의 자연제방에서 백제시대 밭이 발견되었다. 아래위 두 층에서 밭이 나왔는데, 하층 밭은 고랑과 두둑이 70~80센티미터로 일정하며 그 고랑에서 곡식을 심은 흔적이 발견되었다. 또한 상층 밭도 고랑과 두둑의 폭이 거의 비슷하였다. 이로 보아 해마다 고랑과 두둑을 번갈아 일구어 작물을 재배하였다고 추정된다. 한 땅에 매년 농사를 짓던 상경(常耕)의 흔적으로 여겨진다.

이러한 밭에서는 청동기시대까지만 하더라도 주로 조, 피, 수수 등이 재배되었다. 그러다가 삼국시대에 들어와 콩과 보리의 재배가 늘어났다. 특히 보리는 건조하고 차가운 기후에도 잘 견디는 작물로서 봄 가뭄이 심한 우리나라의 기후 조건에 아주 적합하다고 한다. 무엇보다 성장 기간이 짧고, 가을철에 수확하는 쌀이나 조와 달리 6월경에 수확하기에 식량문제 해결에 큰 도움을 주었다. 고구려 시조 주몽이 남쪽으로 피신할 때, 유화 부인이 비둘기를 통해 전해 주었다는 곡식 종자가 바로 이 보리이다.

논농사를 짓기 시작하다

논농사는 청동기시대에 벼의 전래와 함께 시작되었다. 벼는 육도(陸稻)라 하여 밭에서 재배되기도 하였지만, 주로 물을 댄 논에서 재배되었다. 벼는 아열대 식물로 우리나라에서 자생하던 식물이 아니다. 우리나라의 벼는 대체로 중국 양쯔강 유역에서 육로 또는 해로를 거쳐 전래된 것으로 추정되는데, 기후와 풍토의 차이로 인해 적응하는 데 상당히 오랜 시일이 걸렸다.

벼농사는 청동기시대에 본격적으로 시작되었으며, 울산 무거동 옥현, 울산 야음동, 밀양 금천리, 논산 마전리유적 등에서 확인되었다. 울산 무거동 옥현유적의 논은 낮은 구릉의 경사를 따라 어느 정도 단을 이루면서 형성되었는데, 그 모양이 네모꼴·긴네모꼴·불규칙꼴 등으로 다양하다. 당시의 논은 1~3평 내외의 작은 규모로 길게 계단을 이룬 논과는 구별되는, 작은 구획의 논이다. 이 시기에는 간단한 형태이지만 논에 물을 대는 수로, 물을 가두는 보(洑), 저수지 등이 발견되었다.

삼국시대 초기까지 벼를 재배하던 논은 주로 물을 쉽게 확보할 수 있는 저습지에 만들어졌다. 그러다가 4~6세기경 철제 농기구가 널리 보급되고, 저수지와 제방이 많이 축조되면서 계곡이나 중소 규모 하천 유역의 땅이 논으로 이용되기 시작하였다. 이 시기 논의 형태는 청동기시대의 작은 구획으로 나뉜 논보다는 계단 모양의 논이 많이 나타난다. 이는 쟁기를 이용하여 길게 논을 갈았기 때문이다. 저습지에서 출발한 논은 물을 확보하는 농경기술이 발달함에 따라 점차 확대되었던 것이다. 이러한 추세는 후대로 올수록 더욱 확산되었다.

벼를 재배하는 방법은 볍씨를 논에 직접 파종하는 직파법과 못자리에서

청동기시대의 논(울산 무거동 옥현 유적)
이 시기의 논은 크기와 형태가 고르지 않은 것이 특징이다.

모를 일정 정도 키운 다음 옮겨 심는 이앙법(모내기법)이 있다. 일반적으로 이앙법은 조선 후기에 널리 보급된 것으로 알려져 있으나, 고대사회에서도 원시적인 형태의 이앙법이 존재하였다. 우리나라에서는 확인되지 않았지만, 이웃 일본에서는 모를 키우던 고대의 못자리가 발견된 바 있다. 그렇지만 이앙법은 김매는 수고를 덜어 주는 대신에 모내기철에 물을 확보하지 못하면 한 해 농사를 몽땅 그르칠 우려가 있었다. 더욱이 우리나라는 모내기철인 늦봄과 초여름에 비가 적게 내리는 기후여서 그 위험도가 더욱 높았다. 그리하여 수리관개시설이 충분히 발달하지 않은 고대사회에서는 주로 직파법이 애용되었다.

물론 아주 가물 때에는 볍씨를 밭에 파종하기도 하였다. 그렇지만 밭에

삼국시대의 논(울산 무거동 옥현 유적)
이 시기의 논은 길게 계단을 이루는 형태로 쟁기를 이용해 경작하였음을 알 수 있다.

파종할 경우에는 뿌리가 깊이 들어가지 않을 뿐 아니라 벌어지는 가지의 수도 적었다. 더욱이 늦가뭄이라도 만나면 싹이 완전히 말라 버리기 때문에 상당한 피해를 입게 된다. 반면 논에 심으면 뿌리가 깊이 들어갈 뿐 아니라 벌어지는 가지의 수도 많아 수확량이 상대적으로 많았다. 또한 늦가뭄의 피해를 입을 확률도 상대적으로 적었다.

이러한 여러 가지 장점으로 논농사가 더욱 확산되었다. 특히 벼는 보리보다 저장성이 뛰어나므로 오랫동안 보관할 국가의 조세 품목으로 적합하였다. 그리하여 국가에서도 논농사를 적극적으로 장려하였다. 이로써 논농사가 널리 확산되었고, 주식 가운데 쌀의 비중은 더욱 높아졌다. 특히 논농사의 확산으로 토지 이용 효율이 크게 제고되었다. 즉 필요에 따라 논농사를 짓기도 하고, 밭농사를 짓기도 하는 수륙겸종(水陸兼種)을 할 수 있게 되었던 것이다.

철로 농기구를 만들다

신석기시대나 청동기시대에는 돌이나 나무로 농기구를 만들었다. 그러나 목제와 석제 농기구는 만들기는 쉬웠지만 효율성은 떨어졌다.

철기시대의 도래와 더불어 내구성이 강한 철제 농기구가 만들어지기 시작하였다. 기원전 4~3세기경에는 괭이와 낫, 기원전·후에는 따비 등이 철기로 제작되었다. 그렇지만 당시 철은 귀중한 금속이었던 만큼 삼국시대 초기까지만 하더라도 여전히 돌이나 나무로 만든 농기구가 많이 사용되었다. 최근 철기시대 초기에 해당하는 광주 신창동 유적에서 나무 괭이나 나무 쇠스랑 등 목제 농기구가 대량으로 출토된 것은 이를 반영한다. 철제 농기구는 읍락 거수 등 비교적 우세한 자들의 전유물이었고, 읍락민들은 주로 목제 농기구를 가지고 농사를 지어야 했다.

한반도 중남부 지역에서는 3세기 후반 이후 비로소 철제 농기구가 널리 보급되기 시작하였다. 보습·따비 등 갈이 도구, 괭이·쇠스랑 등 고르는 도구, 살포와 같이 논에 물꼬를 드는 도구, 호미와 같은 김매는 도구, 주조괭이·단조괭이 등 개간 도구, 낫과 같은 걷는 도구 등 일련의 철제 농기구 세트가 갖추어졌다. 그리고 이러한 철제 농기구 세트를 가지고 갈이에서 고르기, 제초, 수확에 이르는 일련의 농사 작업을 진행하게 되었다.

이 가운데 따비와 쟁기는 갈이 도구로서 가장 중요한 농기구였다. 즉 이

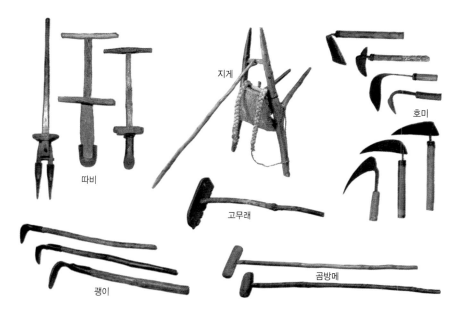

지게

따비

고무래

호미

괭이

곰방메

민속 자료에 보이는 각종 철제 농기구(국립민속박물관 소장)
현재에도 사용하는 농기구의 대부분은 삼국시대의 철제 농기구에서 기원하고 있다.

들은 따비로 짓느냐, 쟁기로 짓느냐에 따라 갈이 작업뿐 아니라 한 해 농사 짓는 법과 토지 이용 방식이 달라질 정도로 중요한 농기구였다. 따비는 주로 밭을 갈 때 사용하던 농기구로서 오늘날에는 섬 지방에서나 볼 수 있다. 아마 제주도로 여행을 갔던 독자들은 민속 마을 초가집 한 귀퉁이에서 따비를 본 적이 있을 것이다. 따비는 처음에는 외날이나 코끼리 이빨 모양의 날을 달았으나, 차츰 땅을 가는 기능이 발전하면서 U 자형 편자 모양의 날로 발전하였다.

그러다가 4~6세기에는 따비 대신 소나 말이 끄는 쟁기가 널리 이용되었다. 소갈이법이 도입되면서 노동력이 엄청나게 절감되었다. 그리고 깊이갈

이를 하게 되면서 지력을 크게 증진시키고 농업생산력도 증대되었다. 《삼국사기》에는 502년(지증왕 3)에 처음 소갈이를 하였다고 하지만, 이는 당시에 처음으로 소갈이법을 도입하였다는 뜻이 아니라 국가적 차원에서 적극 장려한 조치로 이해된다. 실제 6세기 이전에 보습을 제작하였다는 기록이 나온다. 그리고 6세기 이전 유적에서 쇠 보습이 발견되기도 하며, 심지어 고구려 지역에서는 2세기경 중국 한대(漢代)의 쟁기가 출토되기도 하였다.

괭이와 쇠스랑은 따비나 쟁기로 갈고 난 다음, 흙덩어리를 부수는 데 이용되었다. 땅을 잘 고르면 수분을 보존하여 흙을 비옥하게 하는 효과가 있다. 괭이는 주로 사질 토양인 밭농사에 사용되었고, 쇠스랑은 논의 찰진 흙을 고르는 데 이용되었다.

삼국시대에는 김매기 작업이 그다지 발달하지 않았는데, 실제로 당시 유적에서는 김매는 도구가 거의 출토되지 않는다. 현재 출토되는 김매기 농구로는 날이 넓고 납작한 호미 등이 있지만, 출토량이 적고 지역도 한정되어 있다. 집약농법에서 가장 중요한 농사 기술인 제초법이 고대사회에서는 아직 발달하지 않았음을 보여 준다. 김매기 도구인 호미는 통일신라시대에 들어와서는 날이 좁아지고 보급량이 증가하게 되었다고 한다.

황금 나락을 수레에 싣고

황금 나락이 주렁주렁 늘어지면 농부들은 만면에 웃음을 띤 채 한 해의 수고를 풍성한 수확으로 거두어들였다. 근래까지 우리 농촌에서는 낫이 수확 도구로 널리 사용되었다. 그러나 농경 초기 단계부터 낫이 수확 도구로 사용된 것은 아니었다.

농경이 막 시작된 단계에서는 야생 곡물을 채집하듯이 손으로 곡식알을 하나하나 땄을 것이다. 그러다가 농경이 점차 발달하면서 도구를 이용하여 이삭을 따게 되었다. 청동기시대 유적에서 널리 출토되는 반달 모양 돌칼이 이를 보여 준다. 그리고 간혹 돌낫을 이용하여 곡식 그루를 베기도 하였을 것이다.

낫이 수확 도구의 주인공으로 등장한 것은 철기시대 이후의 일이다. 반달 모양 돌칼은 잘 익은 이삭만 골라서 수확할 수 있는 장점이 있었다. 그렇지 만 이삭을 하나하나 따야 해서 수확에 많은 시간이 들었다. 그리하여 미처 수확을 다 하기도 전에 이삭이 땅에 떨어지는 일이 허다하였다. 또한 때를 맞추지 못할까 걱정하여 익기도 전에 수확을 하기도 하였다. 만약 익기도 전에 수확한다면 건조하는 데 많은 시간이 걸릴 뿐 아니라 그만큼 부패하기 도 쉬워 아무리 작황이 좋더라도 손실이 클 수밖에 없었다. 어떤 경우이든 농경 면적이 크게 확장되면 사용할 수 없는 수확 방법이었다.

▌ 반달 모양 돌칼과 그 사용법(국립중앙박물관 소장)

이에 따라 철기시대에 들어와 농경 면적이 확대되면서 한꺼번에 대량으로 수확할 수 있는 낫이 도입되었다. 낫은 한꺼번에 여러 포기를, 그것도 그루터기를 뿌리째 베어 낼 수 있었다. 한꺼번에 많은 양을 수확하여 노동력을 절감하였을 뿐만 아니라 위와 같은 손실도 크게 줄였다. 게다가 볏짚을 거두어서 가축 사료나 땔감, 그리고 퇴비나 농민들의 각종 수공업 재료로 활용하는 부수적인 효과도 거두었다. 볏짚을 이용한 초가지붕이 등장하는 것도 바로 이 무렵부터이다. 이처럼 낫은 수확 작업에 획기적인 변화를 가져왔다. 지금은 콤바인에 밀려나 본래 기능을 점차 상실하고 있지만, 20세기까지만 하더라도 낫은 수확 작업을 하는 데 일등 공신이었다.

수확한 벼는 여러 가지 운반 수단을 이용하여 창고로 옮겨졌다. 운반 수단 가운데 대표적인 것은 수레였다. 얼마 전까지만 하더라도 우리 농촌에서는 소가 끄는 달구지에 벼 가마니를 싣고 장터로 향하는 모습을 종종 볼 수 있었다. 당시 소달구지의 모습을 엿볼 수 있는 유물이 경주시 계림로에서 출토된 수레 모양 토기이다. 두 바퀴 사이에 굴대가 끼어져 있고 판자를 이어 붙여 만든 적재함과 끌채 등이 자세히 표현되어 있다.

이렇게 수레로 운반된 곡식은 창고에 저장되었다. 당시 창고의 모습은 집 모양 토기나 고분벽화를 통해 엿볼 수 있다. 집 모양 토기는 주거용이라기보다는 곡물을 저장하는 창고로 추정된다. 기와지붕을 한 것은 대체로 지배층의 창고로 여겨지며, 초가지붕을 한 다락집은 일반 농민의 창고이거나 마을의 공동 창고로 추정된다. 고구려 고분벽화에는 곡식을 저장하기 위해 다락집 모양을 한 창고로 올라가는 사람이 생동감 넘치게 그려져 있는데, 당시 고구려에서는 이러한 창고를 부경(桴京)이라고 불렀다. 수확한 곡식이 많지 않은 가난한 농민들은 토기와 같은 용기에 수확물을 저장하였을 것이다. 실제 신석기시대인들은 밑이 뾰족한 커다란 토기를 이용하여 도토리나 과일 열매를 저장하였다고 한다.

농경 발달에 따른 사회적 갈등

신석기시대 중기 이후에 정착 농경이 시작되었으나, 본격적인 농사는 청동기시대에 활발하게 이루어졌다. 청동기시대 이후 농경의 발달로 사람들의 삶의 터전인 마을의 모습도 크게 바뀌어 가고 있었다.

벼농사가 시작된 청동기시대에는 한반도 여러 지역에서 새로운 형태의 농경 취락이 형성되었다. 충남 부여 송국리에서 발견된 취락 유적이 대표적인 예이다. 이 유적은 주변에 하천이 흐르는 높이 30~50미터 정도의 낮은 구릉에 위치하고 있는데, 큰 도랑[환호(環濠)]과 나무 울타리[목책(木柵)] 등 외부로부터의 침략을 방어하기 위한 시설이 갖추어져 있었다. 신석기시대 마을이 대체로 강가나 바닷가에 아무런 방어 시설 없이 조성되었던 것과 비교할 때 많은 차이를 보여 준다. 그리고 송국리 유적에서는 벌채용 돌도끼, 홈자귀, 대팻날, 반달칼 등 농·공구와 함께 청동 단검, 간돌검, 달도끼, 돌

화살 등의 무기가 많이 출토되었다. 이러한 것들은 청동기시대 마을이 농경을 기반으로 하면서, 주변 다른 마을과 격한 분쟁을 벌이고 있었음을 알려 준다.

이처럼 청동기시대 마을의 모습이 바뀌게 된 이유는 벼농사의 시작으로 인해 잉여생산물이 늘어난 데 있다. 잉여 식량은 마을 간의 갈등을 불러일으켰다. 수확량이 상대적으로 적은 마을에서는 많은 잉여 식량을 확보한 마을을 상대로 약탈전을 벌이기 시작했다. 피땀 흘려 거둔 한 해 농사의 결실을 고스란히 탈취당할 수는 없었다. 이에 마을은 자연적으로 방어에 유리한 구릉지로 옮아가고, 여러 가지 방어 시설을 갖추게 되었다. 그렇지만 혼자서 농사짓기란 불가능하였으므로 한마을 사람들은 서로 힘을 합쳐 농사일을 하였다. 그러기에 마을 내부에서는 아직 빈부 격차가 심하지 않았다.

철기시대에 들어와, 철제 농기구가 널리 보급되면서 마을 사람들 사이에 빈부 차이가 심해졌다. 마을 사람들은 철제 농기구를 가진 사람과 그렇지 못한 사람으로 나뉘었다. 철제 농기구를 독점한 사람들은 많은 농토를 가지고, 노예 등으로 하여금 농사를 짓게 하였다. 철제 농기구를 갖지 못한 사람들은 수확물이 상대적으로 적을 수밖에 없었다. 이러한 빈부의 격차는 시간이 갈수록 벌어졌다.

삼국시대 무덤에서는 많은 양의 철제 농기구가 출토되는데, 신분과 지위가 높은 자의 무덤일수록 그 수량과 종류가 월등하다. 당시 철제 농기구는 단순히 농사를 짓는 도구가 아니라 특정인의 사회적 신분과 지위를 나타내는 위세품이었던 것이다. 그러나 철제 농기구의 보급이 늘어나면서 점차 일반 농민 중에서도 철제 농기구를 소유하는 사람들이 늘기 시작하였다. 따라서 6세기 중반 이후에는 무덤에 철제 농기구를 껴묻는 풍습도 점차 사라지게 된다. 이는 철제 농기구가 특정인의 신분과 지위를 나타내는 위세품으로서의 기능을 상실하게 된 결과이다.

농경의 발달 그리고 농기구와 토지 소유의 격차로 빈부 차는 더욱 심해졌다. 농경은 인류로 하여금 굶주림에서 벗어나게 한 가장 중요한 동인이었지만, 그로 인해 인간과 인간, 집단과 집단 사이의 갈등이 생겨났던 것이다. 그 갈등은 역사의 진전과 더불어 계속 이어져 내려왔고, 전근대 시기의 모든 사회문제의 시발점은 바로 여기에 있었다.

이처럼 농경은 빈부와 계급이라는 불행의 씨앗을 인류에게 안겨 주기도 하였지만, 어떻든 신석기시대 이래 오늘날까지 풍요를 누리게 한 가장 중요한 원천이었다. 그래서 고대인들도 신분과 계층에 관계없이 모두가 한마음 한뜻이 되어 한 해 농사가 잘 되기를 기원하였다. 고대인들이 한 해 농사가 시작되고 끝나는 봄가을로 행한 제천 의례에는 바로 그러한 염원이 담겨 있

오회분 5호묘의 신농(중국 지린성 지안 소재)
신농은 소머리에 인간의 몸뚱이를 한 농업 신으로 풍요를 가져다주는 신으로 믿어졌다.

었다. 소머리에 인간의 몸뚱이를 한, 농업 신인 신농(神農)이 벼 이삭을 들고 있는 고구려 고분벽화는 풍성한 수확을 바라는 고구려인들의 마음을 잘 표현하고 있다. 질병과 전쟁으로 인하여 식량의 자급이 중요한 현실에서 우리는 한 해 농사가 잘되기를 기원하면서 무엇을 생각하여야 할까?

김재홍 _국민대 교수

우쭐대던 '장인', 초라해진 '장이'

이한상

돌을 녹이고 흙을 빚어서

현대인의 직업은 매우 다양하다. 농민, 어민, 상인, 회사원, 군인, 공무원, 각종 서비스업 종사원 등 다 헤아리려면 하루해가 모자랄지도 모른다. 삼국시대에도 이처럼 다양한 직업이 있었을까?

그렇지는 않았다. 삼국시대의 직업은 단순했다. 그 시대 사람들의 대부분은 농민이었고, 몇몇 새로운 직업에 종사하는 이들 역시 기본적으로는 농업을 생계 수단으로 삼고 있었다. 농업 중심의 사회에서 그나마 색다른 직업을 가진 이가 바로 수공업자, 곧 장인(匠人)이었다.

삼국시대 장인들은 무슨 일을 하면서 살았을까? 요즘처럼 세련된 식기를 사용하지는 않았지만, 당시에도 나무를 깎거나 흙을 빚어서 만든 다양한 그릇에 음식을 담아 먹었을 것이다. 특히 귀족들은 각종 금속으로 만든 식기를 사용하였고, 귀금속이나 비단으로 온몸을 장식한 채 자신들의 지위를 과시하였다.

또 국왕이나 귀족은 살아서뿐 아니라 죽어서도 생전의 부귀영화를 누리려고 하였다. 평소 살던 집 못지않게 화려하게 무덤 방을 꾸미고, 시신에 화려한 장식을 더하여 무덤에 묻혔다. 장인들은 여기에 필요한 막대한 물품들을 쉼 없이 만들어 내었다.

전쟁이 잦을 때면 장인들은 각종 무기를 만드는 데 온 힘을 기울였고, 평화로운 시기에는 다양한 농기구와 공구를 만들었다. 지방 제도가 정비되어 각 지방에 관아(官衙)가 들어서면서는 그곳에 필요한 기와를 굽거나 건축자재인 돌과 나무를 다듬기도 하였다. 특히 삼국시대 후반 불교가 융성함에 따라 각지에 큰 사찰이 지어졌다. 황룡사나 미륵사를 짓기 위해서는 수년간 대규모 장인 조직을 동원하였을 것이다. 그것도 최상의 기술을 가진 장인들을 골라서!

우리나라에 장인은 언제 출현하였을까? 아마도 전업적인 장인은 금속제 물품을 만들기 시작하면서 나타났을 것이다. 금속기가 처음 만들어진 청동기시대는 농경이 상당히 발달하였고, 잉여생산물을 둘러싸고 집단 간에 대립과 갈등이 증폭되는 매우 역동적인 사회였다. 그런데 청동기는 동광(銅鑛)에서 광석을 채취하고 높은 열로 녹인 다음 틀에 붓는 복잡한 과정을 거쳐 비로소 하나의 물품으로 완성되었다. 이 과정은 개방된 가마에서 민무늬토기를 굽던 종전의 단순한 생산 체계로는 불가능했고, 좀 더 복잡한 새로운 생산 체계를 필요로 하였다. 이에 따라 오로지 이러한 일에만 종사하는 인력, 곧 장인과 그에 따르는 생산 체계가 생겨나게 되었다.

그러나 명실상부한 장인 집단이 출현하고 이들이 만든 각종 물품 특히 금속기가 널리 사용된 때는 철기시대부터이다. 철산(鐵山)이 풍부한 우리나라는 이 시기에 들어와 대부분의 도구를 철로 만들게 되었고, 그에 따라 생산력도 급격히 향상되었다. 요즘으로 치면 국가의 기간산업이라 할 수 있는 철·금·은·동 등의 금속 제품을 만드는 과정은 국가 관리하의 전업적 장인 조직이 담당하였고, 토기와 일반 생필품은 지역별로 존재했던 장인들이 국가의 통제를 받으며 만들었다.

이처럼 단단하기 그지없는 광석에 고온을 가해 금속을 만들고, 흙을 빚어 각종 생활 용기를 만드는 작업, 곧 수공업의 출현은 요즘으로 치면 반도체를 만드는 일만큼이나 획기적인 사건으로 인류 역사 발전의 기본 토대를 마련한 것이라 할 수 있다. 이러한 중대한 변화의 중심에 바로 장인 그리고 장인 집단이 자리해 있었다.

철제품이 만들어지기까지

요즘 '공방(工房)'이라 하면, 우리는 으레 텔레비전 다큐멘터리에 등장하는 나이 든 장인이 도자기를 구웠다가 깨뜨리고 또다시 굽고 하는 모습을 연상한다. 혹은 영화 〈사랑과 영혼(Ghost)〉에 등장하는 물레[녹로(鑪轤)]의 이미지를 떠올릴 것이다.

오늘날의 생산과정에서는 물품을 만드는 기계가 중심이고 인간은 그에 부속하는 존재로 되어 간다. 그에 따라 수공(手工)으로 물품을 만드는 경우는 줄어들었고, 우리는 전문적인 수공 작업에 예술 혹은 전통이라는 수식어를 붙이기도 한다. 그러나 삼국시대에는 장인이 생산과정의 중심이었다. 그들은 다양한 종류의 공방을 무대 삼아 자신만이 가지고 있는 '노하우'를 발휘하여 여러 가지 물품을 만들어 냈다.

제철 공정

철광석과 목탄 장입

점화 · 송풍

생산된 철괴

철기 제작

무쇠 솥을 주조하는 모습
(김준근, 〈가마점〉, 《기산풍속화첩》,
함부르크인류학박물관 소장)

무쇠 솥
(청주 사뇌사지 출토, 국립청주박물관)

단조하는 모습
(김홍도, 〈대장간〉, 《풍속화첩》, 국립중앙박물관 소장)

칠지도
(복제품, 국립부여박물관 소장)

당시의 주요 공방으로는 제철소, 토기 제작소, 기와 제작소, 귀금속 공방 등이 있었다. 그리고 누가 운영하느냐에 따라 관영과 민영으로 나뉘었다. 관영 공방은 비교적 대규모로 수도와 각 지방의 중심지에 위치하여 국가에서 필요로 하는 중요 물품을 생산하였다. 전쟁에 사용되는 무기를 비롯하여 관청이나 사찰을 짓는 데 사용되는 기와 등등. 민영 공방은 일반 백성들이 사용하는 생필품인 토기, 기와, 철제 도구 등을 만들었는데, 관영 공방에 비해 규모가 작았고, 만들 수 있는 물품도 제한되어 있었다.

그러면 당시에 물품은 어떠한 생산과정을 거쳐 소비자에게 공급되었을까?

먼저 철제품의 경우부터 살펴보자. 철기를 만들려면 먼저 원료를 확보해야 한다. 제철 원료로는 강모래에 섞여 있는 사철(沙鐵)과 암석에 끼어 있는 철광석이 있다. 예전에는 고대인들이 힘들게 철광석을 캐내서 제련하는 것보다는 강가의 사철을 모아 손쉽게 제련하였을 것이라고 막연히 추측해 왔다. 그런데 경주와 부산에서 출토된 신라의 철기를 분석해 본 결과, 그 소재가 철광석이라는 결론이 나왔다. 아마 국가에서 운영하는 대규모 제철인 경우에는 원료가 풍부한 철광석을 이용하였던 것 같다.

광산에서 힘들여 채굴한 광석은 제련 과정을 거쳐 단순한 돌덩이에서 아주 쓸모 있는 철 소재로 탈바꿈하게 된다. 철광석을 제련한 장소가 광산 부근인지 아니면 소비지 근처인지는 정확히 알 수 없다. 현재까지의 분석 결과, 경주 일원의 철 소재는 울산 달천광산의 자철광으로 밝혀졌다. 그렇다면 철광석이든 이를 제련한 선철(銑鐵)이든 둘 가운데 하나는 울산 달천광산에서 경주까지 옮겨졌을 것이다. 이 작업은 조직화된 많은 노동력을 필요로

하는 아주 고된 일이다. 제련을 하려면 여기에 더하여 숯이 필요하고, 숯을
만들기 위해서는 숯가마[탄요(炭窯)]를 만들고 나무를 벌목해야 했다. 최근
경주, 울산, 청도 등에서 이러한 제철용 숯가마가 많이 발견되었다.

제련된 철은 두 갈래 길을 가게 된다. 먼저 고온으로 환원(還元)된 철은 틀
에 부어져 곧바로 여러 가지 물품으로 만들어진다. 그리고 저온으로 환원된
철은 여러 차례 열을 가하고 망치로 두드리는 단조 과정을 거쳐 비로소 도
구가 된다. 이러한 단조 작업에는 집게, 망치, 숫돌 등이 사용되었다. 당시
제철 시설의 사례로는 충북 진천 석장리와 경주 황성동 유적이 있는데, 특
히 황성동 유적에서는 제련로(製鍊爐)를 비롯하여 용해로(溶解爐), 단야로(鍛
冶爐) 등이 일괄 조사되었다. 원석을 제련하고, 거기에서 나온 철 소재를 녹
여 주조품을 만들거나 단조하여 물건을 만드는 공방이 한곳에 집중되어 있
었던 것이다.

이렇게 대규모 인력을 동원하여 복잡한 공정을 거쳐 만들어진 철제품이 곧바로 소비자에게 공급된 것은 아니었다. 왜냐하면 이 물품들은 당시 지배층이 국가를 통치하는 데 유효한 수단이었고, 제철 기술은 선진 집단 내지 국가에서만 제한적으로 소유할 수 있는 첨단 기술이었기 때문이다. 그들은 철 소재를 다른 나라에 수출하여 외제품을 수입하기도 하였고, 철기를 매개로 지배 체제를 유지하였던 것이다. 즉 무기와 고급 농기구는 소유에 엄격한 제한이 있었다. 중앙에서는 주변 지역 지배층에게 이를 간헐적으로 나누어 주며 지배—복속 관계를 확인하기도 하였다. 주변 지역에서는 이러한 관계에 편입되어 새로운 문명의 이기를 구하려고 노력하기도 하였다.

유행에 민감한 귀금속 공방

5세기 전후가 되면 철기 제작소 외에 귀금속을 만드는 공방도 각광을 받게 되었다. 이 무렵에 만들어진 신라의 대형 무덤에는 굉장히 많은 귀금속이 부장되어 있다. 당시 귀족들은 화려한 금은제 장식품으로 온몸을 치장하였고, 사후에도 화려한 모습을 하고 저승으로 갔다.

이 물품들을 만들기 위해서는 금·은·동 등 금속재료를 만드는 작업이 이루어져야 했다. 그리고 이 금속재료들을 이용하여 여러 공방에서 관(冠), 귀걸이, 팔찌, 반지, 허리띠 장식, 신발 등을 만들어야 했다. 공방에서는 일정한 모델, 정형화된 제작 기법에 따라 물품을 만들고 있었다. 특히 장식품은 당시 삼국 간의 교류를 통하여 최고의 패션 감각을 선보이면서 새로운 유행을 좇는 분위기도 있었다. 이러한 귀금속 공방은 대체로 사회가 한 단계 발

금관(왼쪽, 경주 천마총 출토, 국립경주박물관 소장)과 귀걸이(경주 보문동 합장분 출토, 국립중앙박물관 소장)
신라 장인의 뛰어난 솜씨를 보여 주는 화려한 귀금속 공예품이다.

전하면서 규모가 축소되며 왕족만을 위해서 물품을 생산하게 된다.

철기 제작소나 귀금속 공방과 비교되지 않을 정도로 많았던 것이 토기 공방이다. 토기는 당시 일상 생활품이면서 무덤에 껴묻는 양도 적지 않았다. 또한 부피가 크고 깨지기 쉬워서 멀리 운반하기가 힘들었던 까닭에 전국 각지에 공방이 산재하였다.

신라의 경우 5세기에는 각 지방별로 특색 있는 토기가 만들어졌다. 그러나 신라 중앙정부의 통제력이 강화되는 6세기 무렵부터 상황이 바뀌었다. 신라 중앙정부가 각지에 분산되어 있던 자율적이고 소규모인 장인 집단을 통합하거나 제작선을 일원적으로 재편하는 조치를 취하였기 때문이었다.

단야구(경남 김해시 대성동 고분 출토, 부산시립박물관 복천분관)
무기류나 농기구를 만들기 위해서는 집게로 불에 달군 쇠를 잡고 망치로 쇠를 단련한 후
숫돌에다 갈았다. 위에서 왼쪽부터 망치, 숫돌, 끌, 집게이다.

이에 따라 신라 전역의 토기는 양식상(樣式上) 획일성을 보이게 되고, 중앙과 지방의 물품에서 지역성(地域性)이 사라지게 되었다.

이와 같이 장인들은 물품의 주문자인 국가의 의지에 따라 기술을 발휘하는 경우가 대부분이었다. 관영 공방의 장인들이 집단화되면서 작업의 전업화(專業化)도 진행되었다. 예를 들어 6세기 이후 신라 토기는 생산 물품의 외형과 제작 기법이 거의 비슷해진다. 이는 물품의 종류별, 작업 공정별 전업화의 진전을 반영해 주는 것이다. 이처럼 집단화와 전업화가 이루어짐에 따라 각종 물품은 대량생산이 가능해졌다. 이는 이질적 요소가 많았던 각 지역의 생활상을 통일시켜 주는 계기가 되었다.

'장이'로의 전락

수공업에 종사하는 장인의 사회적 지위는 어떠했을까? 우리가 알고 있는 장인의 지위는 대체로 고려시대 이후의 모습이다. 대장장이, 미장이라는 표현은 장인의 지위가 매우 낮았음을 보여 주지만, 장인의 지위가 본디부터 이렇게 낮았던 것은 아니다. 오히려 삼국시대 수공업자는 비교적 높은 사회적 지위를 누렸다.

백제에서는 기와 장인을 '와박사(瓦博士)'라고 불렀다. 백제는 6세기 후반 이들을 왜국에 파견하여 기와 제작법을 전수하였다. 이들은 일본 최초의 기와 건축물인 아스카테라[飛鳥寺]에 사용될 기와를 만들었다. 이를 통해 볼 때 백제에서는 전문 기술자로서의 장인을 상당히 높게 대우하였으며, 실제 장인의 역할이 컸음을 알 수 있다.

신라 탈해왕은 자기 자신을 본래 단야(鍛冶) 장인 출신이라고 밝히고 있다. 왕이 대장장이 출신이라고 하면 의아하게 여기는 사람도 있을 것이다. 그러나 박·석·김 세 성씨가 교대로 왕이 되던 신라 초기의 상황에서, 세력을 잡고 왕위를 차지하기 위해서는 제철 집단을 소유하는 것이 필수적이었다. 석탈해가 직접 망치를 두드리는 장인이었는지 아니면 장인 집단을 총괄하는 책임자였는지는 단정하기 어렵다. 하지만 삼국시대 초기에 단야 장인의 지위가 낮지 않았음은 분명하다.

이 밖에 신라와 가야의 대형 고분들에서는 야장의 상징인 집게, 망치, 숫돌, 받침모루 등의 단야구(鍛冶具)가 출토되고 있다. 대형 고분에 왜 단야구를 부장하였을까? 그것도 그곳에서 가장 큰 무덤에 말이다. 아마 단야구가 갖는 상징적 의미 때문이었을 것이다.

무덤에 껴묻은 단야구란 단순히 '철 소재를 두드려 철제품을 만드는 도구'라는 의미를 초월하여 제철 집단의 상징물이었다. 단야구를 가지고 무덤에 묻히는 자는 결국 제철 장인 집단에 대한 통제권을 가지고 있었음을 상징적으로 표현하고자 하였던 것이다. 이처럼 대형 고분의 단야구를 통해 야장 또는 야장 집단이 상당히 높은 사회적 지위를 누리면서 우쭐대던 모습을 연상해 볼 수 있다.

그런데 6~7세기에 접어들면서 단야구는 각 지방의 소형 무덤 군에서만 출토된다. 우쭐대던 야장의 신분이 쇠락의 길을 걷기 시작한 것이다. 이러한 야장의 지위 변화는 6세기 대의 신라 비문 속에 등장하는 '장척(匠尺)'에서도 살펴볼 수 있다. 장척은 야장의 후손으로 각 촌락에 살면서 각종 철제 도구를 만들던 자로 짐작된다. 이들은 국가의 필요에 따라 전쟁에 사용될 무기류를 제작하기도 하였을 텐데, 6세기 이후 촌주(村主) 등 지방 촌락의 지배층과는 분리되어 신분적으로 급속히 쇠락하였다. 이들은 차츰 지배층의 일원에서 탈락하여 국가의 필요에 따라 동원되는 등 자신의 기술로 근근이 생활해 나가는 존재로 전락하였던 것이다.

장인의 지위는 삼국시대 후기로 가면서 더욱 낮아졌다. 예를 들어 7세기 중엽에 강수(强首)의 아버지는 며느릿감이 야장 집안의 딸이라 하여 결혼을 반대하였다. 야장 집안은 '보잘것없다'거나 '빈천(貧賤)하다'고 일컬어지고, 결혼 상대가 되는 것이 부끄러운 일로 간주될 정도로 신분이 하락하였다. 이러한 상황은 삼국 통일 이후에 더욱 심해졌을 것이다.

한편 이 시기에는 각 지방에 소경(小京) 등 지방행정 중심지가 설치되면서 공방도 그 부근 지역에 집단화되었다. 《삼국사기》 지리지에 나오는 보검성(寶劍成), 여금성(麗金成), 진금성(進錦成) 등의 지명은 각각 큰 칼, 금, 비단 등을 생산하던 곳으로 추정된다. 여기서 '성(成)'이란 수공업자의 집단 거주지로서 고려시대의 소(所)와 성격이 비슷하다.

이와 관련하여 7세기의 신라 토기에 '기촌(器村)'이라는 글자를 새긴 것이 나와서 주목된다. '기촌'이란 마을 주민 전체가 토기를 전업적으로 만들던 촌을 뜻할 것이다. 이는 이곳저곳에 흩어져 있던 장인 집단을 물품 제작 공급에 유리한 지역으로 이주시켜 장인촌(匠人村)으로 재편하였던 신라 정부의 정책적 산물이다. 이로써 장인들은 물품 종류별로 세분된 취락에 거주하면서 국가의 철저한 통제 아래 각종 물건을 생산하게 되었다. 오늘날 '사기골', '가마골', '기와골' 등으로 불리는 마을에서 고려나 조선시대 가마터가 많이 발견된다는 사실도 이런 맥락에서 이해할 수 있다.

이제 장인들은 국가에 공물(貢物)을 바치고 부역에 동원되는 신세로 전락했다. 더욱이 관영 공방과 민영 공방의 구분이 현저해지면서 관영 공방의 장인은 노비 신분으로, 민영 공방의 장인도 비록 양인이지만 사회적으로는 천대를 받게 되었다. 고려시대의 대표적 천인 집단인 향(鄕), 소(所), 부곡(部曲) 중 소가 바로 장인들의 집단 거주지로서 국가에서 필요한 물품을 전업적으로 만들던 곳이었다.

국경을 넘나든 기술자들

삼국시대에 각국은 변화무쌍한 대외 관계를 맺고 있었다. 때로는 화해하고 때로는 대립하는 가운데 인적 물적 교류가 진전되었고, 그에 따라 문화적 동질성도 깊어 갔다.

《삼국유사》에 기록되어 있는 것처럼, 백제 장인 아사달은 머나먼 신라의 수도에서 석탑을 만들기 위하여 사랑하는 아내 아사녀와 헤어져야 했다. 황룡사 목탑을 만든 백제 장인 아비지도 그러했을 것이다. 이러한 일은 당시 장인들에게는 흔히 있을 수 있는 일이었다.

아사달과 아비지보다 훨씬 더 먼 곳으로 길을 떠났던 장인도 있었다. 5세기 무렵, 가야의 장인들은 집단적으로 왜의 긴키[近畿] 지방으로 이주하여 왜의 대표적 토기인 스에키[須惠器] 생산을 주도하였다. 이들은 왜 머나먼 '왜(倭) 땅'까지 가서 토기를 만들었을까? 이에 대해서는 한일 양국 학계에서 논란이 많다. 제 발로 건너갔다고도 하고, 왜인이 잡아갔다고도 한다. 어쨌든 이들은 되돌아올 수 없는 먼 길을 떠났다. 이와 달리 백제의 기와 장인인 와박사들은 국가의 명령에 따라 왜국 땅으로 건너가 기와 만드는 기술을 가르쳤다.

중국의 장인이 삼국에 직접 왔을 수도 있다. 공주 송산리 6호분의 입구를 막았던 연꽃무늬 벽돌에는 '양관와위사의(梁官瓦爲師矣)'라는 글자가 쓰여 있다. 물론 글자의 판독과 해석에 다양한 견해가 있긴 하지만, 대체로 '중국 남조 양나라 관영 공방의 기와를 본보기로 삼았다'든가 '중국 남조 양나라 관영 공방에서 기술 지도를 하였다'고 해석된다. 만약 이 같은 해석이 타당하다면, 우리는 이 벽돌을 통해 중국의 양나라가 백제에 기술자를 파견하여 문화를 전수하는 모습을 상상할 수 있다.

그 밖에 다른 나라의 완제품을 보고 모방하는 일도 종종 있었다. 외국 물품이 출토되는 경우도 종종 있고, 그 물품을 모방하거나 특징적인 요소만을 받아들여서 새로운 물품을 만든 예가 다수 확인된다.

한편 삼국시대 장인 가운데 일부는 전쟁에 종군하기도 했다. 삼국시대 전쟁에서 주로 사용되는 무기는 큰 칼, 창, 도끼, 활이었다. 특히 성곽 전투에서는 소모성 무기인 화살이 대량으로 사용되었고, 일부 무기는 보수하거나 추가로 제작할 필요도 있었다. 이러한 급박한 전쟁의 와중에서 다른 나라의 최신 무기를 전리품으로 획득하면 기존 무기에 그것의 장점을 가미하기도 하였을 것이다.

이와 같이 삼국시대 장인들은 매우 다양한 일에 종사하였다. 이들이 종사한 수공업은 농업과 함께 고대사회를 떠받쳐 주는 주요한 생산 분야로서, 고대사회가 발전함에 따라 그 비중과 중요성은 더욱 증대되었다. 그렇지만 국가권력이 강해질수록, 또 국가체제가 정비될수록 장인들은 더욱 강한 통제를 받게 되었다. 그 사회적 지위는 점차 낮아지게 되고 신분의 고착성은 심화되었다.

이로써 장인들은 자신의 의지에 따라 물품을 만들기보다는 자신들을 수공업에 옭아매려는 여러 여건에 순응하면서 일생을 마치는 존재로 점차 전락했다. 고대의 장인들은 자신의 기술이 세련될수록, 또 자신이 생산한 물품이 늘어날수록 그에 반비례하여 더욱 초라해지는 자신의 모습을 발견해야 했던 것이다.

이한상 _대전대 교수

시장에서 기우제를 지냈다는데

김창석

삼국시대 시장 스케치

삼국시대 시장 거리는 어떤 모습이었을까? 신라는 490년에 수도인 금성에 시사(市肆)라는 상가 건물을 설치했다. 이것은 본격적인 시장은 아니고 일종의 관영 상점이다. 그 후 얼마 있지 않아서 처음으로 동시(東市)가, 그리고 통일신라시대에 서시와 남시가 개설되었다. 세 개의 시장은 모두 금성 안에 있었고, 감독 관청인 시전(市典)이 설치되어 시장의 상인과 상업세에 대한 관리뿐 아니라 도량형, 상품 가격, 가게 문을 여닫는 시간까지 일일이 간섭하고 엄격하게 규제했다.

중국이나 일본의 예를 통해서 보면 시의 내부에는 화물을 저장하는 창고가 있고 물자를 운송하기 위한 수로(水路)가 설치되기도 했던 것 같다. 시장 안은 구획을 나누어 울타리를 치고 문을 달았으며, 각 상가에는 취급하는 상품을 적은 일종의 간판을 달았다. 비단 가게는 '견사(絹肆)', 약재 가게는 '약사(藥肆)' 하는 식이다. 그리고 시장에는 많은 사람이 모일 수 있는 광장이 있어, 때로는 죄인을 처형하는 장소로 이용되었다. 중앙에 굴나무나 뽕나무

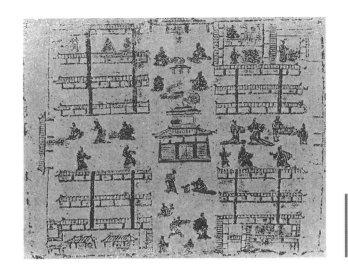

를 심어 둔 것도 흥미로운 점이다.

　초기의 시장은 이렇게 국가의 간섭과 통제가 심해서 시장 안에 관리 사무소가 설치되고 상인들은 일정한 곳에 집단적으로 거주해야 했다. 상품은 초기에 주로 고급 비단이나 장신구 같은 고가의 외제 수입품을 취급하여, 귀족이나 관료들이 단골손님이었다. 요즘 명품족들이 애용하는 고급 백화점의 면세 매장과 비슷하다. 그러나 시간이 지나면서 시장에는 여러 가지 물건들이 진열되고 손님층이 다양해진다. 《삼국사기》의 온달 이야기를 보면, 평강공주가 금팔찌를 팔아서 살림살이를 장만하는 장면이 나온다. 이 중에서 그릇, 소와 말은 시장에서 구입했을 것이다. 이 밖에 시장에서는 농민들에게 필요한 각종 농기구, 옷감이나 신발, 건어물이 거래되었다.

시(市)의 원초적 모습

그런데 지금의 우리 눈으로 보면, 삼국시대 시장에서는 상식 밖의 이상한 일들이 벌어지기도 했다. 628년(진평왕 50) 여름, 신라에 큰 가뭄이 들었다. 요즘 같으면 양수기를 동원하고 지하수를 찾느라 분주하겠지만, 1,400여 년 전에 그런 대책을 기대할 수는 없다. 국가의 일차적인 대책은 시장의 자리를 옮기는 것이었다. 그리고 그곳에서 용(龍)을 그려 놓고 기우제를 지냈다. 왜 하필 시장에서 기우제를 지냈을까? 시장은 많은 사람들이 모이는 곳이어서 기우제를 지내기에는 최적의 장소이기는 하다. 하지만 여기에는 더 근본적인 이유가 있었다.

요즘은 시장 이름을 남대문시장, 모래내시장 등 '무슨무슨 시장'이라고 부르지만, 당시의 시장은 동시, 서시, 남시, 웅진시 등 주로 '무슨무슨 시(市)'라고 불렸다. 그런데 이 시(市)는 이미 고조선 때부터 존재하고 있었다. 신시(神市)가 바로 그것이다. 《삼국유사》에 실린 단군신화를 보면, 환웅이 3,000명의 무리를 이끌고 태백산 정상에 있는 신단수 아래 내려와 이곳을 신시라고 이름 지었다고 한다. 그리고 웅녀가 아이를 잉태하고자 기원한 곳이 바로 신시의 중심에 서 있던 신단수 아래였다. 신시는 신단수로 상징되듯이 수풀이 우거진 신성한 곳이었다.

초기의 고조선 사회는 최고 지배자를 일컫는 '단군왕검'이란 명칭에서 드러나듯이, 제사와 정치가 완전히 분리되지 않은 상태였다. '단군'은 종교적 제의(祭儀)를 거행하는 샤먼, '왕검'은 정치적 지배자인 국왕을 뜻하는 말이다. 고조선의 왕과 최고 귀족들은 중요한 국사가 있으면 신성한 장소에 모여 점을 치거나 하늘에 제사를 지내 신탁(神託)을 받았고, 성스러운 시조인 환인, 환웅, 웅녀에게 제사를 지냈다. 그리고 이곳을 바로 '신시'라고 불렀다. 고조선의 시에서는 물건을 사고파는 상행위는 없었다. 하늘에 제사를 올리고 인민을 통치하던 곳인 신성한 장소, 이것이 우리 역사상 최초로 나타나는 시의 원초적인 모습이다.

고대인들은 기상이변이나 자연재해가 일어나면 하늘이나 조상신들이 자신을 벌주기 위해 조화를 부리는 것이라고 생각했다. 그래서 이러한 신들을 감히 범접할 수 없는 두려운 존재로 여겼다. 신의 뜻을 거스르는 행위나 신을 모독하는 독신죄(瀆神罪), 터부(Taboo)를 범하는 행위는 고대사회에서 가장 지탄받는 범죄행위였다.

왕과 귀족, 관료들은 이를 이용하여 자기들은 하늘의 자손이고 신과 의사소통할 수 있는 특별한 족속이라고 선전하면서 대다수의 민들에 대한 지배를 합리화했다. 이들이 신과 만나는 장소가 신시였고, 신과 접촉하는 의식이 제의였다. 따라서 독신죄를 범한 죄인은 신의 노여움을 풀어 주기 위해서 시에서 처형되었다. 다른 집단과 전쟁을 벌여서 잡아 온 적장(敵將)도 이들이 믿는 이질적인 신들의 오염을 막고 정화시키기 위해서 신성한 장소인 시에서 처단했다. 부여는 음력 12월에 영고(迎鼓) 행사를 통해 하늘에 제사를 지냈는데, 이때 중요한 재판을 열어 죄인을 단죄하거나 사면했다.

제천 행사가 열리면 각지에서 많은 사람들이 모여들었다. 이들 중 각 지역의 우두머리들은 제사를 올릴 때 쓸 제수 용품을 장만해 와야 했다. 그래야만 계속해서 신의 가호를 받고 현실적으로는 국왕의 눈 밖에 나지 않을 수 있었다. 제수용 공납물을 바치지 않는 집단은 반역의 뜻이 있는 것으로 간주되었다.

국왕은 각지의 귀중한 물품들을 모아 제사를 지내고 행사가 끝나면 일부를 다시 나누어 주었다. 그리고 외국과 교역을 통해서 입수한 사치품을 내려 주면서 자신의 권위를 내세우기도 했다. 신성한 곡물의 경우 분배하고 난 나머지는 시 안에 설치된 창고에 보관했다가 봄이 되면 종자로 농민들에게 나누어 주거나 구휼 식량으로 이용했다. 신에게 바치는 신성한 종자를 땅에 뿌리면서 농민들은 신의 은혜에 감사하고 풍년을 확신했을 것이다. 시에서 이루어지는 재분배 과정을 통해서 구성원들은 동질감을 확인하고 공동체 의식을 높여 나갈 수 있었다. 요즘에도 명절이 되면 외지에 나가 사는 친척들이 모여 제사를 지내고 음식을 나누어 먹으면서 가족 간의 유대를 확인하는데, 그 의의를 생각해 보면 본질적으로는, 원초적인 시에서 벌어지던 제사와 크게 다를 것 같지 않다. 원초적인 시는 요즘의 시장과는 많이 달라서 제의가 벌어질 뿐 아니라 중요한 정사(政事)가 논의되고, 죄인의 처형과 사면이 이루어지며 물품의 취합과 재분배가 행해지던 복합적인 공간이었던 것이다.

장사꾼, 시(市)에 나타나다

이 세상에 영원불변한 것은 없다. 겉모습만 바뀌고 알맹이는 그대로인 경우도 있지만, 그 본질이나 성격이 달라지는 일이 허다하다. 시(市)도 예외는 아니었다. 정치 상황이 바뀌고 시의 주인공인 샤먼들이 세속 사회로 진출하면서 그 기능이나 성격이 변화해 간다.

고대사회 초기의 왕들은 원래 단군왕검처럼 정치적 지배자이면서 샤먼의 역할을 겸하고 있었다. 그러나 사회질서가 복잡해지고 주변 나라들과의 충돌 가능성이 높아지면서, 이에 대처하기 위해 정치적인 권력자의 성격을 강화해 나가고, 샤먼의 종교적인 기능은 다른 인물에게 맡기게 된다. 이른바 제정(祭政)의 분리이다. 삼한 사회에서 천신(天神)에 대한 제사를 전담하던 천군(天君)이 좋은 예가 된다.

이에 따라 종래 시가 갖고 있던 정무 기능은 국왕을 중심으로 한 조정(朝廷)으로 넘어간다. 왕은 각지의 수장(首長)과 샤먼들을 중앙으로 흡수하여 자신에게 충성하는 귀족, 관료로 만들고 관부를 설립해 나갔다. 고구려, 백제, 신라가 중앙집권 체제를 정비하는 1~4세기 대에 일어난 일이다. 이제 시는 더 이상 복합적인 기능을 수행하는 공간이 아니고, 하늘에 대한 전통적인 제사를 올리는 종교적인 장소로 역할이 축소되었다.

한편 시에서는 상업의 싹이 서서히 돋아나고 있었다. 제수 용품을 가져다 바치고, 그 대가로 신의 가호를 보장받으며 재분배 과정을 통해서 물품을 받아 오는 것 자체가 일종의 거래 행위라고 할 수 있다. 또 공납물 일부를 은밀하게 빼돌려 사적으로 거래하거나, 어떤 이들은 아예 판매를 목적으로 상품을 생산하여 시에서 제의가 벌어질 때 모여든 사람들에게 팔기도 했을 것이다. 시에서 활동하면서 제의를 주관하던 샤먼들 중에는 제물 조달만을 담당한 이들이 있어서 공납물이 충분치 않으면 제물을 장만하기 위해 초보적인 상업 활동을 벌여야 했다.

하지만 상업 활동은 시의 기능이나 샤먼의 활동과는 다른 방향에서도 발전하고 있었다. 신석기시대 사람들은 주로 해안이나 강변에서 살았는데 점차 내륙의 구릉이나 계곡 주변으로까지 진출하면서 중대한 문제에 직면하게 되었다. 바로 소금 섭취의 문제이다.

소금은 사람이 생명을 유지하고 활동하는 데 필수적인 물질 중의 하나이
다. 미역, 파래 같은 해조류나 생선, 조개류, 짐승의 내장에는 소금 성분이
들어 있다. 원시인들은 이를 통해 간접적으로 염분을 섭취했다. 따라서 바
닷가에서 멀리 떨어진 내륙에 정착한 사람들은 소금을 얻기 위해 해안 지역
의 집단과 교역을 할 수밖에 없었다. 내륙에서 나는 곡물이나 옷감, 가죽,
철이나 구리 같은 광물을 공급하는 대신 해산물을 받아 오는 식이다. 해안
주민들이 제염법을 알게 되면서는 직접 소금을 제공받을 수 있게 되고, 이
를 안정적으로 확보하기 위해 무력으로 정복해 나갔다. 초기에 고
구려가 해안에 접해 있는 동옥저를 복속시키고 정기적으로 해산
물을 공납으로 받은 것은 당시 고구려가 압록강 중류 유역의 내
륙 지방에 자리 잡고 있었기 때문이다.

구리, 주석, 철 등의 광물 자원도 산지가 제한되어 있고, 원료
를 뽑아내는 데 특별한 기술이 필요하기에 집단 간에 교역이 이
루어졌다. 변한의 철은 국제적으로 유명해서 철정(鐵鋌)이라는
덩이쇠의 형태로 주변 여러 나라에 수출되었다. 이러한 대외 교
역에는 중앙정부의 강한 통제가 가해지고 있었다. 하지만 교역용
물자가 중앙으로 집중되어 외부와 교환되고, 수입된 물자가 분배
되는 일련의 과정은 국내의 상업 발달에 많은 영향을 끼쳤다.

전북 익산 미륵사지 출토 소형 금판(국립익산박물관 소장)
가야에서 덩이쇠가 철기의 소재이자 화폐로 사용된 것처럼 백제의 지배층은
금은을 고액의 현물화폐로 사용하고 이름을 새겨 절에 시주하기도 했다.

소금 장수 을불(乙弗)

《한서》지리지에 나오는 유명한 '범금 8조(犯禁八條)' 중에는, 절도죄에 대해 "속죄하기 위해서는 1인당 50만의 가치를 가진 물건을 내야 한다."라는 규정이 있다. 50만으로 헤아려지는 물건은 금은 같은 귀금속이나 화폐였을 것이다.

우리가 고대에 자체적으로 화폐를 제작하지는 않았지만, 명도전이나 반량전 같은 중국 고대의 동전이 고조선 문화권의 여러 유적에서 출토되고 있다. 이는 중국계 귀화인이나 상인들이 본토에서 가져온 것인데, 이들 중에는 고조선 내에서 실제로 유통되는 것이 있었다. 특히 중국과 교역을 벌일 때 수입품에 대한 결제 대금으로 이용되었을 확률이 크다.

이 밖에 고대사회에서는 베[布]와 곡물이 화폐 기능을 담당했다. 삼국 모두 조세 품목으로 쌀, 좁쌀 등의 곡물과 삼베, 비단 등의 옷감을 수취한 것은 이러한 현실에서 나왔다. 일반민들은 집에서 생산한 곡물, 옷감을 가지고 나가 농기구나 가축 등을 구입할 수 있었다. 그런데 납세 기간이 되어 관리들의 독촉은 빗발치는데 비축해 둔 곡물이나 옷감이 부족할 때에는, 이를 마련하기 위해서라도 다른 물건들을 내다 팔아야 했다. 이 과정에서 국내 유통과 상업이 서서히 발전해 나갔다.

한편 삼국의 수도나 지방의 중심 도시는 정치, 군사, 문화의 요충지로서 인구가 꽤 집중해 있었다. 도시에는 귀족, 관료 같은 지배층을 포함하여 일부 부유한 서민들이 살았다. 이들 대부분이 생산 활동과는 거리가 멀었다. 그러나 이들이 필요로 하는 생필품은 상당한 양이었다.

3세기 무렵의 고구려에는 농사짓지 않고 앉아서 먹고사는 유력자들이

1만여 명이나 되었다. 이들에게는 먼 곳으로부터 양식, 물고기, 소금이 공급되었다. 여기에는 자신이 소유한 토지와 인민들로부터 매년 거두어들이는 수취물과 함께 멀리 떨어진 곳에서 사들이는 물품이 있었다. 이러한 과정에서 상업 활동이 활발해지고 강과 하천을 이용한 뱃길과 육상 교통로가 개척되었으며, 이를 전담하는 상인이나 수공업자들도 나타났다. 고구려의 소금 장수 을불은 이러한 배경에서 탄생했다.

> 을불은 서천왕(西川王)의 손자이다. 서천왕에 이어 봉상왕(烽上王)이 즉위하여 을불의 아버지를 죽이자 을불은 해를 입을까 두려워 도망쳤다. 처음에는 음모(陰牟)란 자의 집에 고용되어 여러 가지 집안일을 돌보았으나 너무 힘들어 1년 만에 그만두었다. 그 후 재모(再牟)란 사람과 함께 압록강을 오르내리며 소금 장사를 했다. 하루는 압록강변에 있는 노파의 집에서 묵게 되었는데 대가로 소금 한 말가량을 주었다. 노파는 소금을 더 많이 차지할 요량으로 소금 짐 속에 신발을 감추어 두었다가, 을불 일행이 길을 나서자 그들이 신발을 훔쳤다고 관청에 고했다. 관청에서는 노파의 신발을 찾아내고, 을불 일행에게 신발을 훔친 벌로 소금을 노파에게 주도록 하고 을불을 매질한 다음 풀어 주었다.

이 이야기는 나중에 미천왕이 되는 을불이 왕위에 오르기까지 많은 우여곡절을 겪었음을 보여 주기 위한 것으로 과장이 섞여 있다. 하지만 배에 소금을 싣고 압록강을 오르내리며 강변의 촌락에 소금을 공급하는 고구려 소금 장수들의 모습을 잘 보여 준다. 당시의 수도였던 국내성이나 압록강 중류의 내륙 지방에 사는 사람들에게, 소금은 관리를 속이면서까지 확보해야 하는 중요한 물자였다. 백제 가요로 전해지는 〈정읍사(井邑詞)〉에도 행상 나간 남편이 무사히 돌아오길 기원하는 아내의 간절한 마음이 담겨 있다. 당시 상인들은 무리를 이루거나 단독으로 여러 가지 물건들을 싣고 다니면서 인근 도시나 교통로상의 주민들에게 이를 팔아 부를 축적해 나갔다.

국가로서는 이러한 사회·경제적인 변화와 발전에 당면해서 전통적인 시(市)를 통해 공납물을 취합·보관하고 재분배하는 것만으로는 이를 감당할 수 없게 되었다. 그래서 종래의 시를 이제 상거래가 이루어지는 상업 구역으로 바꾸어 나갔다. 앞에서 본 신라 소지왕 대의 시사(市肆) 설치나 곧 이은 지증왕 대의 동시(東市) 개설은 그 결과이다. 국왕의 입장에서는 사치품이나 생활 용품을 구매하려는 도시 주민들의 요구를 무시할 수 없었고, 국가에서 세금으로 거둔 것 중 일부를 다른 물품으로 바꾸거나 기한이 경과한 물건들을 처분할 필요도 있었다. 그리고 시에서는 원래 제수 용품의 취합과 분배, 상품의 부분적인 교환이 이루어지고 있었으므로 이러한 역할을 맡기기에 적합했다. 이제 시는 상업 구역으로서의 시장이 된 것이다.

화려한 날은 가고

인터넷을 통해 세계가 하나가 된 요즘에도 신문에는 '오늘의 운세'가 빠지지 않는 인기 칸으로 매일같이 지면에 오른다. 인공지능(AI, artificial intelligence)이 바둑의 챔피언이 되고 질병을 진단하는 첨단 과학 시대 한편에서 코로나19와 같은 신종 전염병을 막아 준다는 부적이 횡행하고 있다.

든든한 산성, 화려한 도성

구문회

"봄 정월에 백제가 고구려의 도살성을 빼앗았다."

"삼월에 고구려가 백제의 금현성을 함락시켰다. (진흥)왕은 두 나라의 군사들이 피로한 틈을 타서 이사부에게 군사를 내어 공격하도록 시켰다. 그리고 두 성을 빼앗아 증축하고 무장한 군사 1,000명을 머물게 하여 지키게 하였다."(《삼국사기》〈신라본기〉 진흥왕 11년조)

진흥왕 11년은 서기 550년에 해당한다. 도살성과 금현성은 대략 경기도 남부에서 충청도 북부 일대에 있었던 것으로 추정되고 있다. 신라는 위의 두 성을 점령함으로써, 이후 한강 유역을 확보할 수 있는 유리한 조건을 만들어 가고 있었다. 이후 진흥왕은 마침내 소백산맥 북쪽과 한강 하류, 함경도 해안 지대의 일부를 신라에 편입시키는 성과를 거두어 정복 군주로서 명성을 날리게 되었다.

삼국 간의 전쟁은 이렇게 성을 뺏고 뺏기는 양상으로 전개되고 있었다. 성곽은 무엇보다도 유사시에 공격을 방어하는 시설이다. 그러나 성을 함락시키는 것은 단순히 방어 시설 하나를 더 차지한다는 데 그치지 않았다. 그성 주변에 흩어져 있는 촌락의 주민 그리고 그들이 경작하는 토지를 아울러얻는 것이었다. 따라서 삼국은 성곽을 둘러싼 공방전에 목을 맬 수밖에 없었다.

지방 통치의 거점, 국토방위의 중심

470년(자비왕 13) 신라는 충북 보은 지역에 거대한 석성을 쌓았다. 이곳은신라가 상주에서 소백산맥을 넘어 서북쪽으로 진출하는 교두보였고, 청주와 괴산 그리고 옥천으로 향하는 교통로가 결집되는 지점이기도 했다. 따라서 신라는 이곳을 발판으로 백제 땅을 넘볼 수도 있었다.

이와 같이 보은 지역은 전략상 중요한 곳이었기에 튼튼한 방어 시설을 갖추어야만 했다. 많은 백성들이 동원되어 3년 만에 공사를 마칠 수 있었고, 그로 인해 이 성은 '삼년산성'이라고 이름 붙여졌다. 그리고 10여 년 뒤에 중앙정부에서는 장군 실죽(實竹)을 시켜 장정 3,000명을 동원하여 대대적으로성을 다시 쌓기도 했다. 전략적으로 중요한 만큼 지속적인 관심을 기울였음을 알 수 있다. 일단 성을 쌓자 이곳은 주변의 촌락을 아우르는 행정의 중심지가 되었다. 6세기에 들어 새로운 지방 제도인 주군제(州郡制)를 시행하면서 이 지역에도 군이 설치되었는데, 이 지역을 대표하는 성의 이름을 따서'삼년산군'이라 하였다.

삼년산성 성벽(충북 보은군 소재)
10여 미터가 넘는 웅장한 성벽이 잘 남아 있어 남한에 있는 삼국시대 산성의 대표적인 유적으로 꼽힌다.

554년(진흥왕 15), 백제 성왕의 공격으로 관산성(지금의 충북 옥천) 부근에서 큰 전투가 벌어진 적이 있었다. 신라군의 전세가 불리했을 때, 김유신의 조부인 김무력 휘하에서 활약하며 성왕을 죽임으로써 전세를 역전시킨 사람이 있었다. 그는 삼년산군의 유력자로서 지방관을 보좌하던 도도(都刀)라는 이였다. 전략상으로 중요한 지역의 유력자가 톡톡히 한몫을 해냈던 것은 지방 통치 조직이 잘 편제된 결과라고 볼 수 있다.

삼국은 국경의 요충지 곳곳에 성곽을 쌓았다. 그 성곽은 단순한 방어 시설에 그치지 않고 지방 통치의 중심지로 기능하기도 하였다. 이렇게 하여 삼국시대에는 많은 성곽이 만들어졌다. 지금까지 남아 있는 1,000여 개가 넘는 성곽의 상당수가 이때 쌓은 것들이다. 이는 삼국이 한반도 내에서 각축을 벌인 결과이다.

이런 상황은 한반도에만 국한된 일이 아니었다. 만주를 차지하고 있던 고구려는 중국 세력과 대결하면서 랴오둥 벌판에 크고 작은 수많은 성을 쌓았다. 이 성들은 드넓은 지역에 별처럼 흩어져 있었는데, 앞뒤로 서로 호응하며 내부적으로 지방 통치의 거점 구실을 하면서 대외적인 방어 체계를 이루고 있었다. 만약 외적이 침입해 오기라도 한다면 주변에 흩어져 살던 모든 주민들은 살림살이를 챙겨 중심되는 성곽으로 피난하였다. 비록 적의 포위로 성이 고립되더라도, 그들은 군사들과 힘을 합쳐 적군을 막아 내었던 것이다.

172년(신대왕 8) 중국 한나라의 대군이 쳐들어왔을 때, 당시 고구려 조정에서는 대부분의 중신들이 곧장 맞서 싸우자는 분위기였다. 그러나 명림답부(明臨答夫)는 "군사가 많을 때에는 공격하고, 적을 때에는 수비에 치중하는 것이 병가(兵家)의 이치이다. 지금 적들은 천 리 길에서 식량을 날라 오므로 오래 버티지 못할 것이다. 우리가 곡식 한 톨 없이 들판을 비워 두고 기다리다가 그들이 지쳐 돌아갈 때 날랜 군사를 출동시키면 반드시 승리할 것이다."라고 주장하였다. 이 주장을 따른 고구려가 대승을 거둔 것은 말할 나위도 없었다.

험준한 지형을 이용하여 높이 쌓은 성은 단시간 내에 함락하기 어렵다. 그렇다고 그냥 지나쳐서 깊숙이 진격하자니 뒤에 남겨 둔 성의 군사들이 뛰쳐나와 기습하거나 보급로를 끊을 우려가 있었다. 645년(보장왕 4)에 고구려를 침략한 당 태종은 랴오둥 벌판의 여러 성을 함락시키고 다음 목표를 논의하였다. 그는 안시성 성주가 호락호락한 인물이 아님을 알고 건안성을 먼저 치자고 하였지만, 결국 "안시성을 그냥 지나치면 고구려에 보급로를 차단당할 수 있다."라는 이세적의 의견을 따랐다. 그러나 석 달간 안시성 공격에 매달린 결과, 참담한 패배만 남았다.

이렇게 성 하나를 잘 지키는 것이 전쟁 전체의 승패를 좌우하기도 하였다. 따라서 대외 방어 체계의 중심이 되는 큰 성에는 항상 많은 식량을 모아 두고 만약을 대비하였다. 당 태종의 침략으로 고구려 요동성이 함락되었을 때 빼앗긴 식량이 50만 석에 달했다는 것은 그러한 사정을 잘 나타낸다. 그리고 이때 포로가 된 군사가 1만여 명, 민간인이 4만 명이었다고 한다. 주변의 많은 백성들이 함께 모여 총력전을 벌였기 때문이다.

시공자 실명제 실시

성이 적군에게 함락되면 많은 사람들이 죽임을 당하거나 끌려가서 노비가 되기 십상이었다. 그런 만큼 성을 잘 지켜 내는 것은 바로 자신의 목숨이 걸린 중대한 문제였다. 그리고 이는 그 성 안에 모여든 사람들만의 일로 끝나는 것이 아니었다. 국경 지대의 성 하나가 잘 버텨 주면, 후방에서는 방어 태세를 갖추고 또 응원군을 보낼 여유를 얻을 수 있었기 때문이다.

성을 잘 지키는 것에 못지않게 성을 튼튼하게 쌓는 일도 중요했다. 특히 국가에서는 이 일에 크게 신경을 쓰고 있었다. 따라서 성 하나를 쌓는 것은 한 고을의 일이 아니라 국가적인 차원에서 계획되고 실행되었다. 그리고 부실한 공사로 쉽게 무너져 버리는 일이 없도록 엄격히 감독하였다.

신라 조정에서는 591년(진평왕 13) 경주에 남산신성(南山新城)을 쌓을 때 많은 고을의 장정들을 동원하였다. 그리고 각 촌락별로 공사 구간을 할당하여 책임의 소재를 분명히 하였다. 남산신성비가 그 증거이다. 이 비석들의 첫머리는 모두 "신해년(591) 2월 26일 남산신성을 법에 따라 쌓되, 만든 지 3년 안에 무너지면 죄로 다스릴 것을 널리 알려 서약하게 한다."라는 공통된 문장으로 시작되고 있다. 작업에 동원된 이들이 공사에 앞서 서약식을 행했음을 보여 주는 것이다.

또한 남산신성비에는 지방관과 그 지역의 촌주, 기술자 등 성을 쌓는 공사에 책임을 져야 할 인물들의 이름도 빠짐없이 열

남산신성비 제1비(국립경주박물관 소장)
남산신성비는 지금까지 부서진 파편을 포함하여 모두 열 개가 발견되었다. 비문의 내용은 삼국시대에 이미 공사 책임제가 시행되었음을 보여 준다.

거되어 있다. 각 촌락별로 할당받은 공사 구간도 몇 보(步), 몇 척(尺), 몇 촌(寸)까지 자세하게 기록되어 있다. 이렇게 엄격히 책임 소재를 밝혀 둔 이면에는 부실 공사를 방지하려는 의도가 있었을 것이다.

1990년대 중반 정부에서는 경부 고속철도의 부실 공사가 드러나자 뒤늦게 책임자의 이름을 건조물에 새겨 넣는 방안을 발표한 적이 있었다. 그러나 정작 삼국시대 사람들은 일찍부터 공사 책임제를 시행하고 있었던 셈이다.

한편 성벽에다 직접 '○보 ○척의 공사 구간의 책임자는 누구(또는 어느 지역)'라는 문구를 새겨 넣기도 하였다. 고구려의 평양성이나 통일신라 때의 경주 관문성 등에 그 흔적이 남아 있다. 이들 문구가 갖는 의미 또한 남산신성비의 그것과 같았을 것이다. 이러한 공사 책임제의 전통은 조선시대까지 이어져서, 지금도 해미읍성이나 고창읍성의 성벽에서는 공사 담당 지역인 공주(公州)나 충주(忠州) 등의 글자가 새겨진 성돌들을 찾아볼 수 있다.

대형 크레인이나 지게차가 없던 시절, 성 쌓는 일은 무척이나 괴롭고 힘든 일이었다. 많은 인력이 동원되었고, 또 오랜 시일이 소요되었다. 국가에서는 농민들을 동원할 때 될 수 있으면 농사철을 피하려 하였다. 성 쌓는 일이 중요하지만 생업에 지장을 주어서는 안 된다고 생각했기 때문이다.

그러나 크고 작은 전쟁이 항상 벌어지던 시절에 이러한 원칙이 실제로 얼마나 지켜졌을지 알 수 없는 일이다. 고구려 영류왕 때 천리장성을 쌓는 데 연개소문이 공사 책임자로 파견되었던 사실은 잘 알려져 있다. 이 공사는 16년이라는 긴 세월이 걸렸는데, 당시 수많은 남자들이 동원되어 여자들이 농사를 지을 정도였다고 한다. 남자를 차출당한 농가는 경제적으로 어려움을 겪었고, 이 부담으로 몰락하는 경우도 많았을 것이다.

또한 오늘날 작업 현장에서 산업재해와 같은 사고들이 일어나듯이, 당시 공사 현장도 사고의 안전지대는 아니었을 것이다. 사람들은 힘든 노역에다 항상 죽음과 부상의 위험에 놓여 있었다.

나무 울타리에서 웅장한 석성으로

오늘날 삼국시대 성곽의 대부분은 무너진 돌무더기 상태로 남아 있다. 그러나 이것들이 무너지지 않고 10여 미터가 넘는 높이의 웅장한 모습을 하고 있다면 장관일 것이다. 물론 성곽이 처음부터 이렇게 위풍당당한 석성(石城)으로 출발했던 것은 아니었다. 사람들이 각자의 어린 시절을 거쳐 성숙한 어른이 되는 것과 마찬가지다.

원시시대를 벗어나 농경 생활이 시작되고 사람들이 한곳에 정착하게 되면서, 인간 사회는 큰 변화를 겪는다. 이제는 열심히 일하여 가을걷이를 하면 개개인이 먹고사는 데 필요한 양 이상으로 잉여생산물이 생겨났다. 빈부의 격차가 커지면서 계급이 발생하였고, 권력자가 등장하였다. 그리고 이들의 주도로 아주 짧은 시간에 많은 재화를 얻기 위한 약탈 전쟁이 일어나기 시작하였다. 청동기의 사용은 이러한 추세를 더욱 촉진시켰다.

방어 시설이 나타나는 것은 바로 이 무렵이다. 나지막한 구릉 위에 움집들이 옹기종기 들어서서 마을이 형성되면, 그 둘레에는 나무 울타리(목책)를 둘러치게 된다. 그리고 그 바깥에는 길게 큰 도랑(환호)을 파 놓는다. 초기의 방어 시설은 이러한 모습이었다. 언제 있을지 모르는 약탈전에 대비하기 위

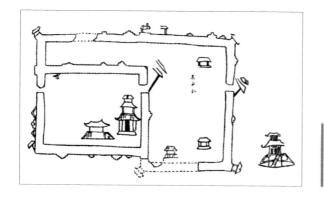

요동성총의 성곽도(모사도, 평남 순천시 소재)
요동성은 내성과 외성을 갖춘 대규모 평지성이었다. 성 안의 탑과 건물은 물론 성벽 위의 다양한 여장, 성문의 모양까지 알 수 있는 자료이다.

한 것이다. 당시 유적에서 종종 발견되는 화재의 흔적은 적의 침입과 약탈, 방화 등으로 이어지는 긴장 상태를 그대로 보여 준다.

전쟁이 잦아지면서 크고 작은 권력자들이 차츰 통합되어 국가가 성립될 무렵에는 방어 시설이 더욱 발전하였다. 이제는 많은 사람을 동원하는 대규모 공사가 가능해졌기 때문이다. 이때 흙을 절구질하듯이 다져 쌓아서 토성을 만들기 시작하였다. 백제 초기의 정치 중심지였던 서울 송파구의 몽촌토성이나 풍납토성, 신라의 궁성이었던 경주월성 등이 그 대표적인 유적이다.

전쟁의 규모가 커지면서 성곽은 웅장한 석성으로 발전하였다. 변경 지대의 요충지나 지방 통치의 중심지에는 어김없이 석성이 쌓였다. 지금 중국 랴오둥 지방에 남아 있는 고구려의 성들은 규모 면에서 보는 이의 눈을 압도할 정도로 그 위용을 자랑하고 있다. 돌을 주된 재료로 사용하여 빈틈없이 잘 쌓은 성벽. 삼국시대부터 만들어진 이러한 석성은, 벽돌로 쌓은 중국 성곽과 구별되는 우리나라 성곽의 특징이기도 하다.

한편 성곽에는 방어 시설로서 제구실을 다하기 위해 여러 시설물들을 만들었다. 성벽의 바깥쪽에는 깊은 웅덩이를 파고 물을 채웠다. 이를 해자(垓字)라고 하는데, 평지성인 경주월성이나 몽촌토성 등에서 복원된 모습을 찾아볼 수 있다. 그러나 삼국시대 성들은 대부분 높은 산 위에 쌓은 산성이었기에 해자가 필요 없는 경우가 많았다.

산성은 지형의 험난함을 충분히 이용하여 만들었다. 굽이굽이 돌아가는 산등선을 따라 가파른 곳은 성벽 높이를 낮게 하고, 나지막한 구릉이나 계곡을 지나는 구간은 적군이 올려다보기조차 버거울 정도로 높은 성벽을 쌓았다.

이 밖에 성벽 위의 병사들이 몸을 숨긴 채 바깥의 적군을 공격하기 쉽도록 담장 형태인 성가퀴[여장(女墻)]를 설치하였다. 그리고 방어에 취약한 성문을 보완하기 위해 이중 삼중의 방어벽인 옹성(甕城)을 쌓는 것은 일반적인 일이었다. 성벽 아래에 바짝 달라붙은 적군을 공격하기 쉽도록 성벽 중간중간에 돌출된 치(雉)를 만들어 놓기도 했다.

위와 같은 방어 시설 외에 적군의 포위 공격을 견뎌 내기 위해서는 여러 가지가 필요하였다. 식량 비축은 물론, 그보다 더 중요하게는 물을 확보해 둘 필요가 있었다. 고구려 대무신왕 때 중국 한나라의 요동 태수가 군사를 이끌고 공격해 왔다. 한나라 군사가 수십 일 동안 포위를 풀지 않자 을두지(乙豆智)란 이가 꾀를 내었다. "적들은 우리가 바위산에 쌓은 성 안에 들어와 있어 물이 나는 샘이 없을 것이라 여기고, 오랫동안 포위하여 우리들이 지치기를 기다리고 있습니다. 그렇다면 연못의 잉어를 잡아 물풀에 싸서 맛좋은 술과 함께 선물하는 것이 어떨는지요?" 이 말을 따랐더니 과연 적장은 "성 안에 물이 많으니 갑자기 함락할 수 없다."라고 생각하고는 군사를 이끌

생초성 연못(경남 산청군 소재)
산성 안의 경사를 이용하여 빗물이 잘 모이는 지점에 저수 시설을 만들었다. 지금도 물
이 고여 있고, 주변에서 물을 먹으러 온 멧돼지들의 발자국이 발견된다.

고 돌아갔다.

한편 신라 진평왕 때 찬덕(讚德)은 가잠성(지금의 경남 거창 부근)을 지키다 백제군의 공격을 받았다. 백제군에 맞서 100여 일간 외로운 싸움이 계속되었는데, 설상가상으로 중앙정부에서 보낸 구원군마저 변변히 싸우지도 못하고 철수하고 말았다. 이런 상황에서 성 안 사람들은 식량이 다하고 물마저 떨어지자, 동료의 시체를 먹고 소변을 받아 마시며 저항하였다. 그러나 결국 힘이 다하여 성이 함락되었다고 한다.

이처럼 식량과 물의 중요성이 컸기 때문에 성 안에는 평시에 창고를 지어 양곡을 쌓아 두는 한편 연못이나 우물을 만들어 물을 모아 두었던 것이다.

지금도 곳곳의 성곽을 둘러보면 당시의 흔적들을 찾을 수 있다.

국왕이 사는 특별시

도성(都城)은 좁은 의미로는 왕이 사는 궁궐과 종묘, 사직이 있는 곳을 둘러싼 성곽을 가리킨다. 그러나 넓은 의미로는 궁궐이 있는 도시 자체를 가리키기도 한다. 일반적으로 삼국시대 도성의 중심에는 왕궁이 자리하고 있고, 그 주위에는 관청·사찰·민가 등이 빽빽하게 들어서 있는 것이 보통이었다.

그러나 도성이 처음부터 이러한 모습이었던 것은 아니다. 철기 문화가 보급되고 생산력이 발전하면서 읍락(邑落) 중 중심이 되는 국읍(國邑)이 생겨났고, 이들이 주변의 읍락을 통합하면서 소국(小國)이 성립되었다. 국읍이 성장하면서 권력자의 주거 시설이 다른 주거지와 구별되어 발전하였다. 소국들이 점차 통합되면서 신라의 전신인 사로국(斯盧國)이나 백제의 전신인 백제국(伯濟國)의 중심지는 도성이 되었고, 최고 권력자인 왕의 주거 시설은 왕권의 강화와 더불어 궁궐로 발전하였다.

오늘날 서울에는 수도방위사령부가 설치되어 그 방위에 각별한 신경을 쓰고 있다. 이로 볼 때 왕조 국가에서 나라의 중심이자 국왕이 사는 도성의 방어에 많은 관심을 기울였던 것은 당연하다. 비상사태에 대비하여 왕도의 지배층뿐만 아니라 모든 주민의 피난 장소로서 산성이 만들어졌다. 즉 평지에 둘러친 재성(在城)만으로는 적군의 침입에 대비할 수 없었기 때문에 가까운 산에 산성을 축조하여 비상시 도성의 역할을 하도록 하였다. 이른바 '평지성−산성 체제'의 구축이다. 그 전형적인 예는 고구려의 경우에서 찾아볼 수 있다. 고구려의 도성은 생산물이 풍부하면서 방어에 유리한 지역에 들어섰다. 도성의 지역적 중요성은 유리왕 대에 교제(郊祭)에 쓸 돼지를 찾으러 갔던 설지(薛支)가 "국내(중국 지린성 지안) 위나암(尉那巖)은 산수가 깊고 험하며 땅이 오곡에 알맞고 또한 산짐승과 물고기 등이 많이 난다. 만일 그곳으로 도읍을 옮긴다면 백성들의 이익이 무궁할 뿐만 아니라 전쟁의 걱정 또한 면할 수 있을 것이다."라고 한 말에 잘 나타나 있다.

이후 국내 지역으로 도읍을 옮기면서 가까운 산에 위나암성을 쌓아 '평지성−산성 체제'를 구축하였다. 위나암성은 한나라와 선비족 등이 침입했을 때 피난처로 이용되었다. 이러한 도성 체제는 427년(장수왕 15)의 평양 천도 이후에도 유지되었다. 당시 천도한 곳은 지금의 평양보다 대동강을 약간 더 거슬러 올라간 곳이었다. 여기에는 궁성인 안학궁을 중심으로 그 남쪽에 시가지가 조성되었고, 그 북쪽 산에는 대성산성이 축조되었다.

백제의 사비도성도 이와 비슷한 형태였다. 지금의 부여 시가지를 둘러싼 나성이 있고, 부소산 남쪽 기슭의 부여객사 근처(옛 국립부여박물관 자리)에 왕궁이 있었다. 그리고 바로 뒷산에는 낙화암이 있는 절벽을 끼고 부소산성이 축조되었던 것이다.

한편 586년(평원왕 28) 고구려에서는 지금의 평양 지역인 장안성으로 천도하면서 재성과 산성이 분리되어 있는 체제가 하나로 통합되었다. 즉 산성과 왕궁이 연속된 성벽 중에 포함되었고, 외곽으로는 자연의 형세를 교묘히 이용한 나성이 둘러쳐졌다. 이렇게 하여 장안성은 일반민이 거주하는 외성, 관청과 귀족들의 거주지인 중성, 궁성인 내성, 산성인 북성 등으로 이루어지게 되었다.

그러나 신라에서는 사정이 약간 달랐다. 신라는 한 번도 천도한 적이 없이 경주분지를 줄곧 수도로 삼았다. 당초부터 계획된 도시가 아니었고, 국가의 발전과 함께 도시가 팽창하여 나성이 없었다. 그 대신 주변의 남산성, 명활산성, 선도산성 등이 수도를 외곽에서 방어하는 형식이었다.

화려한 소비도시의 이면에는?

도성 안의 시가지는 현대식 도시계획을 무색게 할 정도로 바둑판식으로 정연하게 구획되어 있었다. 고구려 장안성의 경우, 폐허가 된 지 1,000년이 지나도록 정연한 방리 구획(坊里區劃)의 흔적인 도로 유적이 지금까지도 대동강 변에 남아 있다. 조선 후기 사람들은 그것을 현인(賢人) 기자(箕子)가 이상적인 토지제도인 정전제(井田制)를 시행했던 흔적으로 오해하기도 했다.

도성은 왕족과 귀족 등 최고의 지배층이 모여 사는 곳이었다. 그리고 왕실의 지원을 받아 세워진 사찰들이 도성 내 곳곳에 즐비하게 들어서 있었다. 도성은 정치, 종교, 문화 등 모든 것의 중심지였던 것이다. 그러므로 전국의 모든 물자가 이곳으로 모여들면서 화려한 소비도시로서의 면모를 과시하고 있었다.

궁궐의 화려함은 극에 달하였을 것이지만 구체적인 모습을 살펴볼 수 있는 자료는 단편적이다. 백제 무왕 때에는 궁궐 남쪽에 못을 파고 20여 리나 되는 곳에서 물을 끌어 대었으며, 가장자리의 네 언덕에 버드나무를 심었고, 못 가운데 섬을 만들어서 방장선산(方丈仙山)을 방불케 하였다고 한다.

신라 왕경 복원도(신라역사과학관 소장)
전성기의 경주 모습으로 바둑판 모양의 정연한 방리 구획이 한눈에 들어온다.

방장선산이란 도가에서 말하는 선인(仙人)이 산다는, 불사약(不死藥)이 있고 금은으로 만든 궁궐이 있다는 곳이다. 지금의 부여 궁남지(宮南池)가 그곳으로 짐작된다.

신라의 경우도 마찬가지였다. 통일 후 문무왕 때 궁궐 안에 못을 파고 산을 만들어 화초를 심고 진기한 새와 동물을 길렀다고 한다. 지금의 월지(月池)가 그곳인데, 조선 시대에 폐허가 된 이곳에 기러기와 오리가 날아들어 '안압지(雁鴨池)'라 부르기도 했다. 왕실뿐 아니라 귀족들도 호화로운 저택인 금입택(金入宅)에서 살고 있었다. 그리고 봄, 여름, 가을, 겨울의 사계절에 따라 빼어난 풍광을 자랑하면서 귀족들의 놀이 장소가 되던 사절유택(四節

遊宅)이 있었던 곳도 도성이었다.

화려했던 신라 도성의 모습은 헌강왕 때의 일화에 잘 나타난다. 왕이 측근 신하들을 데리고 월상루에 올라가 사방을 바라보니 도성 주민들의 집이 즐비하고 노래와 풍악 소리가 그치지 않았다. 왕이 시중(侍中) 민공(敏恭)을 돌아보면서, "지금 민간에는 지붕을 기와로 잇고 짚으로 잇지 않으며, 밥을 숯으로 짓고 나무로 짓지 않는다 하는데 과연 그러한가?" 하니, 민공이 "일찍이 그렇다고 들었습니다. 이 모두가 왕의 덕입니다."라고 대답하였다.

그러나 이런 화려함도 잠시뿐, 신라는 곧 전국적인 농민 봉기에 휩싸이면서 몰락의 길을 걷게 된다. 여기서 그 호사스러운 외형의 이면을 생각할 필요가 있다. 신라는 통일 이후 중앙정부 조직과 지방 제도를 정비하고 1세기가량 안정을 누렸으나, 중앙 귀족들 사이에 격렬한 왕위 쟁탈전이 일어나면서 심각한 위기를 맞게 되었다.

넓어진 영토와 늘어난 백성들을 통치하려면 끊임없는 쇄신이 요구되었지만, 국왕의 친인척 세력을 중심으로 한 정치체제와 도성 그리고 진골 귀족을 중심으로 한 골품제는 이를 실현할 수 없도록 하였다. 결국 불안정한 정국으로 인해 지방 통치가 원활히 이루어지지 못했고, 귀족과 사원의 대토지 소유가 확대되면서 농민들은 가중된 수탈에 무방비 상태였다. 여기에 연이은 자연재해가 겹치면서 농민들의 몰락은 필연적일 수밖에 없었다.

이런 상황에서 신라 도성은 사치와 소비 향락의 극치로 치달리고 있었다. 헌강왕 때의 일화는 참으로 폭풍 전야의 고요함과 같은 것이었다고나 할까. 여기서 우리는 통일 직후 성을 새로 쌓아 도성의 면모를 일신하고자 했던 문무왕에게 던진 의상대사의 한마디를 떠올리게 된다.

"비록 들판에 풀집을 짓고 살더라도 정도(正道)를 행하면 길이 복을 누릴 것이요, 그러지 못하면 여러 사람을 수고롭게 하여 훌륭한 성을 쌓아도 이익이 없을 것이다."

구문회 _국립민속박물관 학예연구관

고대의 인구주택총조사

백영미

삼국시대에도 인구조사를 하였을까?

인류 역사의 발전과 더불어 인구는 지속적으로 증가해 왔다. 큰 전쟁을 치르거나 전염병이 유행하여 일시적으로 감소한 때도 있었지만, 장기적으로 볼 때에는 증가 일로를 걸어왔다. 우리나라 인구도 지속적으로 증가하였다고 생각된다. 연구에 따르면 대체로 고려 전기의 인구는 250만~300만 명, 조선 초는 550만 명, 1910년에는 1,750만 명 정도로 추정한다. 2021년 기준으로 보면 남북한 인구는 대략 7,700만 명을 넘는다. 수천 년 동안 아주 느리게 증가하던 인구가 근대에 들어서면서 산업과 의학이 획기적으로 발달하여 급격하게 증가한 것이다.

우리나라에서 현대적인 의미의 인구조사는 1925년부터 시작되었는데 2020년까지 대략 5년 단위로 20차례 실시되었다. 초기에는 인구수만 파악하다가 1949년부터 인구 이동이 조사되었고, 1960년부터는 인구주택총조사 개념을 도입하면서 인구에 관한 항목과 가구(家口) 경제력에 관한 항목으로 나누어 조사하기 시작하였다. 또한 2005년부터 인터넷 조사가 도입되었고, 2020년에는 모바일 조사가 도입되었다. 국가는 이러한 인구주택조사를 기초로 주요한 사회·경제 정책을 수립하고 있다. 신도시 조성, 교통노선 조정, 문화시설 확충, 교육제도 개선 등에 이르기까지 인구조사를 국가 정책의 필수적인 기초 자료로써 생활에 밀접하게 활용하고 있다.

이처럼 현대사회에서 국가의 기본 정책을 수립하는 데 핵심적인 역할을 하는 인구주택조사가 삼국시대에는 어떤 의미를 갖고 있었을까? 삼국이 제 각기 호구(戶口)를 확충하기 위해 끊임없이 노력하고 있었고, 이를 위해서 전쟁까지 감수했던 절박한 이유는 무엇이었을까?

고려나 조선시대에도 오늘날의 인구주택조사처럼 국가적인 차원에서 호구조사를 실시하였던 것으로 보인다. 당시 호구조사는 주로 백성들의 노동력을 징발하기 위한 목적으로 실시하였기에 실제 인구수보다는 역역(力役) 부담자인 성인 남자[정(丁)]와 가호(家戶)의 파악에 초점이 맞추어져 있었다. 즉 호주를 중심으로 한 호적(戶籍) 작성이 호구조사의 기본이 되었다. 호적 제도는 오랫동안 유지되어 오다가 2007년 호적법이 폐지되고 2008년부터 '가족관계의 등록에 관한 법률'이 시행되면서 사라졌다. 현재는 호주보다는 세대나 개인 단위로 인구가 파악되고 있지만 조선시대까지는 호주를 중심으로 한 호적 작성이 호구조사의 기초가 되었다.

통일신라의 경우도 고려나 조선시대와 크게 다르지 않았을 것이다. 촌락 단위로 인구 변동 사항을 자세히 기록한 〈신라촌락문서〉는 그 좋은 사례이다. 문서를 통해 당시 비교적 안정된 지배 체제를 바탕으로 하여 호적이 작성되었고, 이를 기초로 엄밀한 호구 파악이 이루어졌음을 알 수 있다. 통일신라와 달리 삼국시대의 경우 이와 관련된 구체적인 자료는 전해지지 않는

다. 그러나 삼국시대부터 호구조사를 실시했다는 기록
은 찾아볼 수 있다.

《삼국사기》 백제편 기록에는 당나라가 백제를 멸망
시킨 후에 호구를 조사하여 호적을 작성하였다고 전한
다. 이것만 가지고 백제에서도 호적 작성을 위한 호구
조사가 있었다고 말하기는 곤란하다. 하지만 최근에 백
제 사비성이 있었던 부여 궁남지(宮南池)에서 '중구(中
口)', '소구(小口)'라는 표현이 나오는 목간(木簡)이 발견
되었다. 목간은 글씨를 쓸 수 있도록 다듬은 나무 편을
말하는데 이 목간 내용을 통해 적어도 백제에서 가호의
구성원을 중구·소구로 나누어 파악하였음을 알 수 있
다. 이뿐만 아니라, 《일본서기》를 보면, "임나(가야) 지
역으로 도망간 백제 백성으로서 3~4년이 지나 호적에
서 누락된 자를 다시 호적에 올렸다."라는 기록이 있어
백제에도 실제로 호적이 존재했음을 엿보게 한다. 게다
가 백제 중앙 관청 22부에 포함된 점구부(點口部)는 호
구의 파악과 관리를 맡은 관청으로 여겨진다. 당나라가
백제 멸망 후 작성했다는 호적은 아마 점구부(點口部)
등에서 이미 작성되어 있던 기존의 호적을 재정비했다
는 의미로 파악된다.

한편 백제와 달리 고구려와 신라의 경우 호적 작성 사실을 알려 주는 직접
적인 기록은 전하지 않는다. 그렇지만 광개토왕릉비문에는 고구려에서 왕릉

을 지키는 수묘인(守墓人)을 정할 때, 가호를 일정한 등급으로 나누어 징발한 사실이 보인다. 신라 단양적성비에도 6세기 중반 신라에서 가호의 구성원을 연령별로 파악하고 있었던 사실이 나타난다. 그리고 무엇보다도 삼국통일 이후 〈신라촌락문서〉와 같은 정밀한 호구자료가 작성되기 위해서는 이전에 호적이 작성되어야 한다. 따라서 통일신라뿐 아니라 삼국시대에도 이미 호적 작성을 기초로 한 호구조사가 체계적으로 실시되었다고 볼 수 있겠다.

인구조사 방법

오늘날 인구조사라고 하면 통계청 주관으로 조사원이 개별 방문하여 조사하던 방식이 생각날 것이다. 2010년까지는 조사원이 집집마다 직접 방문하여 조사한 항목으로 개별 가구명부(家口名簿)를 작성하고 각 읍·면·동 단위로 가구명부를 취합하였다. 이후 각 시·군·구를 통해 집계하고 최종적으로 시·도 단위로 집계한 수치를 다음 해에 통계청에서 발표하였다. 2010년까지 이러한 전국적인 현장조사 방식이 진행되었고, 경제활동, 인구이동, 고령자, 정보화 등에 대한 내용은 전체의 10퍼센트에 해당하는 표본조사를 병행하였다. 2015년부터는 전국의 모든 가구를 직접 조사하지 않고, 주민등록부, 건축물대장 등의 행정자료를 이용하여 전수조사하였다. 이와 병행해서 등록된 행정자료를 이용하여 조사하기 어려운 경제활동, 통근·통학 여부 등에 대해서는 20퍼센트를 표본으로 추출하여 방문조사를 실시하였다. 2020년에도 전수조사는 행정자료를 이용하여 조사하고, 표본조사는 20퍼센트 범위 내외로 인터넷, 전화, 방문 방식으로 조사한다. 그렇다면 삼국과 통일신라시대에도 요즘처럼 조사원이 개별 가호를 방문하여 호구 수를 조사하였을까? 만약 그렇지 않다면 과연 어떤 방식으로 호구조사가 이루어졌을까?

고려나 조선시대에는 호적을 작성하면서 이를 기초로 호구 수를 집계하였다고 보고 있다. 매년 각 가호에서 호구단자(戶口單子)를 작성하여 관청에 제출하면, 관청에서는 이를 기초로 3년마다 호적을 작성했다고 본다. 국가는 호적에 기재된 각 가호의 호구 수를 취합하여 전체 호구 수를 집계하고, 이에 따라 각종 세금과 역을 부과하였을 것이다.

삼국과 통일신라에서도 호적을 작성하였으므로 국가의 호구조사 역시 이를 기초로 이루어졌다고 생각된다. 다만 당시에 호구단자와 같은 문서를 호주가 직접 작성하여 관청에 제출했다는 분명한 자료는 전해지지 않는다. 그런데 고대의 중국이나 일본의 경우를 보면, 호구단자와 비슷한 성격의 문서인 수실(手實)이 작성되고 있었다. 수실은 호주가 자기 가호의 가구 사항이나 토지 소유 상황을 자세하게 적은 문서로, 호주가 직접 작성하여 관청에 보고하는 문서이다. 관청에서는 이 수실을 기초로 호적을 3부 작성해서 하나는 현(縣)에서 보관하고 하나는 주(州)에, 다른 하나는 중앙 관청에 바친다. 이러한 과정을 거쳐 중앙 관청에서는 각지에서 올라온 호적을 근거로 호구를 집계하고 이를 바탕으로 각 지방에 세금과 역역을 부과하는 것이다.

통일신라의 경우도 주변국가인 중국, 일본과 크게 다르지 않았을 것이다. 다만 호주가 직접 작성한 문서를 중국이나 일본처럼 수실이라고 불렀는지, 아니면 조선시대처럼 호구단자라고 불렀는지 알 수 없을 뿐이다.

〈신라촌락문서〉엿보기

통일신라시대에 호구조사를 대단히 철저하게 실시하였음을 알려 주는 대표적인 자료가 바로 일본의 도다이사[東大寺] 쇼소인[正倉院]에서 발견된 〈신라촌락문서〉이다. 이 문서는 지금의 청주시 부근에 있던 여러 촌락을 대상으로 호구 구성과 가축, 토지, 유실수의 소유 상태를 촌락별로 상세하게 집계한 공문서이다. 문서는 쇼소인에 소장되어 있던 화엄경질의 배접지로 재활용된 공문서로 현재 4개 촌락의 기록만 전하고 있다. 그렇지만 종이를 자른 흔적과 줄 간격으로 볼 때 이보다 더 많은 촌락의 기록이 집계되고 있음을 유추할 수 있다. 문서는 호구 구성과 경제력에 대한 내용을 촌락 단위로 집계해서 취합한 문서이므로 아마도 가호 단위로 작성된 호적에 기초하였다고 생각된다. 촌락문서로는 촌락 내의 개별 가호의 호구 사항에 관한 내용을 알 수는 없지만 문서를 통해 호적이 작성되고 촌락 단위로 집계되었다

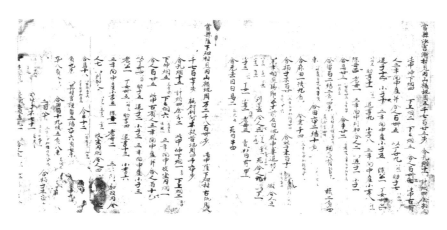

〈신라촌락문서〉(일본 도다이사 쇼소인 소장)
통일신라시대의 문서로 서원경 부근의 네 개 촌락에 대한 인구와 경제 상황이 상세히 적혀 있다.

는 점은 알 수가 있다.

네 개 촌락 중에서 사해점촌(沙害漸村)의 내용이 비교적 많고, 나머지 세 개 촌락의 작성 형식도 이것과 같으므로 사해점촌을 통해서 촌락문서의 내용과 형식을 살펴보자. 촌락문서는 크게 3분 되는데 첫째, 촌 전반의 내용, 둘째, 현재의 상황, 셋째, 3년 사이에 감소한 내용이다. 현재 상황에는 3년 사이에 증가한 내용도 포함해서 적고 있다.

먼저 촌락 전반에 대한 내용으로 촌락의 명칭, 둘레, 공연(孔烟), 계연(計烟)의 수치를 기록하고 있다. 촌락의 규모는 촌락의 둘레 ○○○○보(步)로 가늠할 수 있다. 다음에 기록된 공연은 등급을 가진 가호의 합계 수치이고, 계연은 가호의 등급과 수를 분수로 계산한 수치이다. 그러므로 촌락의 둘레, 공연, 계연은 해당 촌락의 경제력을 각각 한 개씩의 숫자로 보여 주는 경제지수라고 할 수 있다. 아마도 이러한 수치로 촌락의 경제력을 파악하고, 각종 세금과 역을 부과하였을 것으로 생각된다.

촌락 전반에 관한 내용 다음에는 촌락의 현재 내용을 기록하고 있다. 현재 촌락의 호구 수를 연령별로 기록하고, 말과 소, 논과 밭, 유실수의 숫자를 각각 기록하였다. 마지막으로 3년 사이에 감소된 호구 수, 말과 소의 수를 적고 있다.

문서의 내용 가운데 가장 자세한 기록은 바로 호구와 관련된 기록이다. 현재의 촌 전체 호구 수뿐만 아니라 3년 사이의 변동 사항을 자세하게 기록하고 있다. 게다가 호구를 연령과 성별로 등급을 매겨서 구분해 놓았다. 성인이 된 사람들을 정(丁)·정녀(丁女)라고 불렀고, 미성년자도 조자(助子)·조여자(助女子), 추자(追子)·추여자(追女子), 소자(小子)·소여자(小女子)로 세분하

였다. 그리고 부역을 면제받을 나이가 된 사람들을 제공(除公)·제모(除母),
나이가 많은 노인은 노공(老公)·노모(老母)로 구분하였다.

〈신라촌락문서〉의 서식 *

촌 전반	촌명: 사해점촌(沙害漸村) 둘레: 5,725보(步) 공연: 11(이 중에서 중하연 4, 중상연 2, 하하연 5) 계연: 4와 3/6		
현재 상황	현재 사람의 수	147명	본래 있던 사람과 3년간 태어난 사람 145명: 정 29명, 조자 7명, 추자 3명 …… 정녀 42명, 조여자 11명, 추여자 9명 …… 3년 사이에 이사 온 사람 2명
	현재 있는 말	25마리	전부터 있던 것 22마리 3년 사이에 추가된 것 3마리
	현재 있는 소	22마리	전부터 있던 것 17마리 3년 사이에 추가된 것 5마리
	논[畓]	102결 2부 4속	관모답(官謨畓) 4결 내시령답(內視令畓) 4결 민이 받은 것[연수유답(烟受有畓)] 94결 2부 4속
	밭[田]	62결 10부 5속	모두 민이 받은 것[연수유전(烟受有田)]
	뽕나무[桑]	1,004그루	3년 사이에 심은 것 90그루 전부터 있던 것 914그루
	잣나무[栢子木]	120그루	3년 사이에 심은 것 34그루 전부터 있던 것 86그루
	호두나무[秋子木]	112그루	3년 사이에 심은 것 38그루 전부터 있던 것 74그루
감소 부분	3년 사이에 이사한 사람		5명: 정 1명, 소자 1명, 정녀 1명 …… 3명: 정 2명, 소여자 1명
	죽은 사람		9명: 정 1명, 소자 3명, 정녀 1명 ……
	가 버린 말과 죽은 말		2마리
	가 버린 소와 죽은 소		4마리
	죽은 나무		0그루

■ 〈신라촌락문서〉는 서술식으로 현재 상황과 3년 사이의 감소 내용이 나뉘어 설명되어 있다. 이를 독자의 이해를 돕기 위해 간단히 표로 정리하였다.

이와 같이 연령 등급을 세분한 것은 역역 동원 대상을 철저하게 파악하고 관리하기 위해서라고 볼 수 있다. 이것은 고려나 조선시대에 성인 남자를 제외한 호구에 대하여 그리 자세하게 조사하지 않았던 것과는 차이를 보이는 중요한 시대적 특징이라고 볼 수 있다.

그렇다면 신라촌락문서는 누가 작성하고 어떠한 과정을 거쳐 중앙으로 집계되었을까? 문서를 살펴보면 문서의 작성에 직접 관여한 관리라고 여겨지는 공등(公等)이 보인다. 공등의 실체에 대해서는 구체적으로 알 수 없지만 "다른 군에 살고 있는 처에게 옮겨 간 사실을 공등에게 보고한다."라는 내용으로 보아 공등은 촌락문서를 작성하고 그것을 상급 기관에 보고하는 임무를 띤 하급 관리라고 생각된다. 아마도 고려나 조선시대의 향리와 유사한 존재가 아닐까 한다.

촌락문서는 일단 현(縣)에서 작성하여 그것을 촌락 별로 집계한 다음 상급 지방 단위인 주(州)·군(郡)에 보내졌을 것이다. 그리고 주·군에서는 현 단위로 집계된 문서를 취합하여 정리한 다음, 중앙의 관청에 보냈을 것이다. 그리고 중앙의 관청에서는 주·군 단위에서 집계되어 보고된 문서를 토대로 나라 전체의 호구 수를 집계하고, 각 지방 단위의 경제력을 파악하였을 것이다. 아마도 현재 전하는 촌락문서는 바로 현이나 소경(小京)에서 중앙의 관청에 보낸 문서 가운데 하나였을 것이다. 중앙의 주관 부서인 조부(調府)나 창부(倉部)에서는 이 자료들을 바탕으로 하여 각각 세금과 역을 부과하고 나라 전체의 여러 정책을 수립하였을 것이다.

당시의 인구는 얼마나 되었을까?

그렇다면 이와 같은 호구 집계 방법을 통해 조사된 삼국과 통일신라의 인구는 얼마나 되었을까? 《삼국사기》나 《삼국유사》를 보면 삼국의 호구 수에 관한 기록이 종종 나온다. 현재도 그렇듯이 기록상의 호구 수와 실제 인구는 거리가 있기 마련이다. 인구조사 과정에서 누락되었을 수도 있고 백성들이 국가의 수탈을 피해 도망하는 경우도 있었기 때문이다. 또 넓은 토지를 가진 귀족이 탈세하기 위해서 고의로 예속된 농민의 수를 속이는 경우도 있었다. 그래서 학자들은 사료에 나타나는 호구 수는 대략 실제 인구보다 10퍼센트 정도 적은 것으로 보고 있다.

또한 고대의 호구 수를 전해 주는 몇 가지 자료도 수치상 큰 차이를 보인다. 예를 들어 중국 사서인 《구당서》에는 백제가 멸망할 때 가호 수가 76만 호라고 적혀 있는 데 비해, 대당평제비에는 24만 호 620만 명이라고 새겨져 있다. 또한 《삼국유사》는 이보다 조금 앞 시기의 가호 수를 15만 호로 전하고 있다. 이러한 현상은 이방인의 피상적 견문을 근거로 했거나 기록하는 과정에서 오자(誤字)가 생긴 것으로 여겨진다. 그리고 신라와 당의 연합군이 고구려와 백제를 정벌한 후 그 공적을 과시하기 위해서 가호 수를 과장하여 기록했을 수도 있다. 따라서 이러한 약점을 가진 자료를 이용해서 당시의 인구를 추정하는 작업은 대단히 조심스러울 수밖에 없다. 하지만 이러한 자료의 한계를 감안하고 삼국이 동원한 병력 수 등의 보조적인 자료를 참조하면 대략적인 인구를 파악할 수 있겠다.

먼저 백제의 인구를 추정해 보자. 3세기 중엽경에 오늘날의 경기, 충청, 전라도 지역에 해당하는 마한 지역에는 10만 호 정도가 있었다고 한다. '호

(戶)'는 그 의미가 분명치 않지만, 부모와 그 자녀들로 이루어진 단혼소가족(單婚小家族)이 기본단위라고 생각된다. 여기에 일부 친족과 함께 노비, 예속 농민이 포함되기도 하였다. 따라서 계층이나 시기에 따라 다양한 형태의 호가 나타나므로 하나의 호가 몇 명 정도였는지 추정하기는 매우 어렵다. 그러나 중국이나 고구려의 예를 보거나 〈신라촌락문서〉에서 가족 단위로 이동하는 가족 수가 3~6명인 점을 감안하면 당시 1호당 평균 인구는 5명 정도로 생각할 수 있다. 이렇게 본다면 3세기 중엽 마한 지역의 인구는 50만 명(10만 호×5명) 정도가 된다. 마한 지역은 원래 농업 생산 조건이 좋은 데다가 이후 백제가 이 지역을 점령하면서 적극적으로 논을 개발하고 농업을 장려해 나갔다. 그리하여 《삼국유사》에 따르면 6세기 후반 백제의 인구는 약 80만 명에 이르렀다고 할 수 있는데, 이는 3세기 중엽부터 연평균 0.16퍼센트 정도 증가한 것이다. 이 증가율을 적용해 보면, 7세기 중반 멸망할 때 백제의 인구는 약 100만에 달했을 것으로 보인다.

다음으로 신라의 인구를 살펴보자. 중국 측 기록에 나타나는 3세기 중엽경 진한과 변한의 인구는 25만 명 정도이다. 이후 신라의 인구를 추정할 수 있는 자료는 거의 전해지지 않는다. 다만 《삼국사기》를 보면 668년 신라가 고구려를 정벌하는 데 20만 명의 병력을 동원한 사실이 나타난다. 당시 백제는 이미 멸망한 이후여서 신라의 병력에 백제 군사가 일부 포함되었을지도 모른다. 그러나 아직 백제 유민들의 반신라 감정이 누그러지지 않은 상황에서 국가의 사활을 건 중요한 전투에 백제 군사를 많이 동원하기는 힘들었을 것이다. 따라서 20만 명의 병력은 신라가 최대 적대국가인 고구려를 정벌하기 위해서 동원할 수 있는 최대 가용 인원이라고 할 수 있다. 그렇다면 신라는 20만 명의 병력을 어떻게 차출하였을까? 전체에서 군사의 차출 비율을 알 수 있다면 전체 인구 수도 추정할 수 있을 것이다.

원래 전쟁에 출정하는 것은 귀족층의 특권이었다. 이들만이 무기와 군마(軍馬)를 갖출 수 있었고 또 한편으로는 전공(戰功)을 통해서 정치적 성공도 이룰 수 있었기 때문이다. 그러나 대체로 4세기 이후가 되면 일반민인 정(丁: 16~57세)에게도 군역을 지웠다. 신라는 적어도 6세기 이후에는 전 가호에 대해 군역을 징발했을 것으로 보인다. 특히 통일 전쟁이 한창이던 7세기 중엽에는 정에 대한 철저한 파악과 징발이 이루어졌을 것이다. 이는 장가를 못 갈 정도로 가난했던 진정(眞正)이 군역을 지고 있고, 설씨녀의 연로한 아버지가 수자리에 차출된 것으로도 확인할 수 있다. 그렇다면 전체 인구에서 정(丁)이 차지하는 비율은 어느 정도일까? 〈신라촌락문서〉를 보면 전체 촌의 인구 중에 정남이 차지하는 비율은 21퍼센트 정도로, 이를 기준으로 삼으면 전 인구 대 정의 비율은 5:1 정도가 된다. 따라서 7세기 중반에 거의 모든 정이 군역에 차출되었다고 가정하면 당시 신라의 총동원 병력이 20여 만 명이므로, 전체 인구는 약 100만 명 정도로 추산된다.

고구려의 경우는 관련 자료의 내용이 부실하여 인구수를 추정하기가 매우 어렵다. 중국 측 기록이 전하는 3세기 중엽경의 인구는, 전국의 인구인지 수도만의 인구인지 분명하지 않지만, 최소 15만 명 정도로 보인다. 이후 고구려는 주변 종족들을 흡수하면서 영역을 확대해 나갔고, 장수왕 대에는 비옥한 평야 지대인 평양성으로 천도하면서 생산 기반이 확충되어 인구가 급증하였다고 생각된다. 《삼국유사》에서는 고구려 전성기의 인구가 100만 명 정도라고 기록하고 있지만, 전성기가 구체적으로 어느 시기인지 알 수가 없다. 그리고 중국 측 기록에는 고구려가 멸망할 때 가호 수는 약 70만 호, 호구수는 350만 명으로 적혀 있는데 이것도 상당히 과장된 수치일 수 있다. 다만 고구려 말기 최대 병력 수가 30만 명으로 나오므로 이를 근거로 추산해 보면 7세기 중반 고구려의 인구는 대략 150만~300만 명 정도라고 생각된다.

이와 같이 본다면, 삼국시대 말인 7세기 중반경 삼국의 총인구는 고구려 150만~300만 명, 백제와 신라는 각각 100만 명으로 추산해서 약 350만~500만 명 정도라고 추정할 수 있다. 당시 사람들은 각 국가의 수도를 비롯하여 각지의 지방 도시와 성(城) 주변에 밀집해서 모여 살았다. 이는 삼국시대 공통된 현상으로서 당시의 농업 경제력과도 관련이 있다. 이때에는 아직 농업기술이 미약해서 농경지가 널리 개간되지 못했으므로 농민들이 넓은 지역에 분포해서 살아간다는 것은 매우 어려운 일이었다. 삼국시대의 도시와 성은 정치, 행정, 군사의 중심지이자 경제적으로도 최대 생산 거점이므로 농민들이 당시 도시와 성 주변에서 멀리 벗어나 생활할 수는 없었다. 이러한 상황에서 나라의 정치가 안정되고 행정력이 갖춰져 있다면 가호의 경제력을 파악하기는 그렇게 어려운 일이 아니었을 것이다.

고대국가의 사활은 호구 수를 늘리고 이를 정확하게 파악하는 데 달려 있었다고 해도 과언이 아니다. 이러한 과정이 순조롭게 진행되었을 때 나라는 번영할 수 있었지만 호구 수가 감소되었을 때에는 쇠퇴와 멸망으로 이어졌기 때문이다.

백영미 _충남대학교박물관 학예연구실장

'척도'가 하나가 아니다?

이준성

더욱 더 세밀해지는 도량형

지난 2018년 11월 16일, 프랑스 베르사유에서 열린 제26차 국제도량형총회에서 130년 만에 질량 단위인 킬로그램(Kg)의 정의가 변경되었다. 그동안 1킬로그램은 백금 90퍼센트와 이리듐 10퍼센트의 합금을 재료로 하여 지름과 높이가 각각 39밀리미터인 원통을 제작한 후, 이를 '원기(原器)'로 삼아 정의해 왔다. 이 '원기'의 원본은 파리의 국제도량형국 건물 지하에 보관되며, 세계 여러 나라에는 같은 방법으로 제작한 원기가 배포되었다. 세계 각국에서는 대부분 이중으로 된 유리병 안에 이를 보관하여 왔는데, 공기 접촉 등 여러 요인으로 인해 질량이 약 50마이크로그램(μg, 100만분의 1g) 정도 변동하는 문제가 발생하였고, 그것이 킬로그램의 정의를 변경해야 하는 이유가 되었다.

1889년 만들어진 국제킬로그램원기
제1차 국제도량형총회에서 승인받은
후 2019년 5월까지 사용되었다.

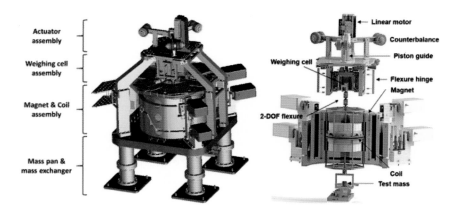

Actuator
assembly

Weighing cell
assembly

Magnet & Coil
assembly

Mass pan &
mass exchanger

Linear motor

Counterbalance

Piston guide

Weighing cell

Flexure hinge
Magnet

2-DOF flexure

Coil
Test mass

키블 저울의 구조. 자기력이 저울을 평형상태로 바꿀 때, 코일에 흘려 보낸 전류·자기장의 세기를 측정해 '플랑크 상수'를 도출한다.

킬로그램의 새로운 정의는 광자(빛 알갱이)가 가지는 에너지와 진동수의 비례관계를 나타내는 '플랑크상수(h)'를 활용하여 규정된다. 그동안 인공적인 물체로 정의해 왔던 것을 이제 자연에 존재하는 불변의 특성인 '상수'로 정의하게 된 것이다. 이를 측정하기 위해서는 '키블저울(Kibble balance)'이라는 별도의 장치도 필요하다. 근대의 도량형 통일은 누구든지, 언제, 어디서나 같은 값을 반복해서 얻을 수 있는 방법을 열망한 결과였지만, 이제는 그 정의를 이해하기 위해 복잡한 양자역학 지식이 필요하게 되었다.

우리나라에서도 '국가표준기본법 시행령'을 개정하여 지난 2019년 5월부터 법적으로 킬로그램에 대한 새로운 정의를 수용하여 사용하였다. 사실 킬로그램의 정의가 변경되었다고 해서 일상생활을 하는 대부분의 사람들에게 체감될 만한 변화는 없다. 그렇지만 미세한 차이로 그 결과가 크게 달라질 수도 있는 최첨단 연구, 그리고 이를 활용한 산업 현장에서는 측정 정밀도가 한층 더 정교해질 것으로 기대하며 반기고 있다. 도량형의 변화는 어느 시기에나 당시 경제구조에서 가장 첨단에 있는 곳에서 먼저 체감되고, 그 영향력은 같은 시기를 사는 모든 사람들에게 차츰차츰 파급된다. 그것은 고 대사회에서도 마찬가지였다. 삼국에서는 어떠한 도량형이 쓰였는지, 또 어 떤 변화 과정을 거쳐 왔는지 살펴보자.

'한 뼘'에서 시작된 도량형

도량형(度量衡)은 길이[도(度)], 부피[량(量)], 무게[형(衡)]를 의미하는 글자 를 조합한 단어이지만, 때에 따라서는 그것을 측정하는 도구나 단위법을 말 하기도 한다. 인류가 도량형을 언제부터 사용하기 시작했는지는 확실히 알 수 없지만, 간단한 도구를 만드는 과정에서 시작하여 교류를 하게 되면서 그 필요가 늘어났을 것임은 예상할 수 있다. 도구 제작과 교류 과정에서 점 차 길고 짧음, 많고 적음, 무거움과 가벼움 등 가장 기본적인 것들을 헤아릴 필요가 생겼을 것이고, 도구와 생산품의 일정한 품질과 규격을 갖추는 것은 신뢰를 유지할 수 있는 가장 기본적인 조건이기 때문이다. 이것이 지켜지지 않았을 경우 개인과 개인 사이에도, 개인과 국가 사이에도, 또 국가와 국가 사이에도 갈등과 혼란은 언제든지 야기될 수 있었다.

사람들이 처음으로 사용했던 척도는 대개 신체를 이용하는 것이었다. 이 집트 피라미드의 건축에 사용된 큐빗(cubit)이라는 단위는 '팔꿈치에서 가운 데 손가락 끝까지의 길이'를 기준으로 삼은 것이다. 피트(feet)는 글자 그대 로 '사람의 발 길이', 야드(yard)는 '팔을 뻗었을 때 코끝에서부터 엄지손가락

끝까지의 길이'를 기준으로 정해졌다.

우리나라의 척도도 신체를 이용한 것이 많다. '열 길 물 속은 알아도 한 길 사람 속은 모른다'는 속담에서 단위로 쓰인 '길'은 사람의 키 정도 되는 길이이다. '내 코가 석 자'라는 속담에 쓰인 한 '자'는 대체로 한 뼘의 길이, '세 치 혀가 사람 잡는다'에 쓰인 한 '치'는 손가락 한마디의 길이를 말한다. 서로 다른 지역에서 생활하던 사람들이 대체로 같은 아이디어를 떠올리며 척도를 만들어 간 것을 보면 사람들의 생각이 어느 곳에서나 크게 다르지는 않았던 모양이다.

우리나라에서는 언제부터 도량형을 사용했을까?

우리나라에서 처음 도량형이 사용된 것은 삼국시대 이전부터였을 가능성이 크다. 가령 청동기유적인 보령 관창리와 익산 관운리의 주거지에서는 무게를 재는 데 사용했을 법한 돌추가 발굴되었고, 창원 다호리의 지배층 무덤에서도 당시 중국에서 사용하던 자와 길이가 같은 붓이 출토되었다. 변한과 진한에서는 철이 많이 생산되어 마한뿐만 아니라 예(濊)와 왜(倭)에서도 철을 사러 왔다고 하는데, 이는 당시 철이 교환의 대가로 사용되었다는 것을 알려 준다. 철을 사고 파는 국가가 그 길이와 무게 등에 대해 서로 신뢰할 수 있는 합의된 기준이 있었음을 말해 주는 것이다.

경상남도 창원시 다호리에서 출토된 붓과 삭도(목간에 쓴 글씨를 긁어 지우는 손칼)(국립중앙박물관 소장)

도량형 중에서도 가장 기본이 되는 것은 길이를 재는 '도(度)'이다. 《삼국사기》, 《삼국유사》와 여러 금석문 자료에는 길이를 재는 대표적인 단위로 척(尺)이 나온다. '척'은 우리말 '자'와 통하는 한자어로, 처음에는 한 뼘의 길이를 기준으로 만들어졌다. 하지만 표준화된 도량형기가 되면서 세밀한 측정 방법이 제시되었다. 중국의 역사서인 《한서》 〈율력지〉의 기록에 따르면 12율의 기본음인 황종관을 검은 기장 알로 90등분하여 그 1등분을 1분(分), 10분을 1촌(村), 10촌을 1척(尺), 10척을 1장(丈), 10장을 1인(引)으로 하였다.

　그렇다면 삼국에서 길이를 재는 척(尺)은 모두 동일했다고 볼 수 있을까? 결론부터 말하자면, 당시 사용했던 척의 길이는 다양했다. 기록상으로는 같은 단위로 나오더라도 시대에 따라, 또 용도에 따라 쓰기에 가장 알맞고 적합한 방향으로 변해 갔던 점이 전근대사회 도량형의 특징이다. 주나라척[周尺]이니 한나라척[漢尺]이니 당나라척[唐尺]이니 하는 것은 시대별로 사용된 척도의 길이가 달라서 붙여진 명칭이다. 건물을 지을 때 사용하는 영조척, 옷을 만들 때 사용한 포백척, 땅의 길이를 측정하기 위해 사용했던 양전척 등의 이름은 같은 시대라도 용도에 따라 길이를 달리 하면서 붙여진 것이다.

고구려, 백제, 신라 척도(尺度)의 변화

　삼국시대 사람들은 서로 다른 길이의 척도를 사용했다. 삼국시대에 사용한 척(尺)에 대해서는 주로 다음의 세 가지를 이야기한다. 첫 번째로 23~24센티미터(cm) 전후의 한나라척, 두 번째로 29~30센티미터 전후의 당나라

척, 세 번째로 35~36센티미터 전후의 고구려척이다. 하지만 어느 시기에 어떤 용도로 해당 척도가 사용되었는지를 살피려면 개별적인 검토가 필요하다. 가령 6세기 초반 재위한 신라 법흥왕의 키는 7척으로 기록되어 있는데, 한나라척을 적용하여 계산하면 161~168센티미터, 당나라척으로는 203~210센티미터, 고구려척으로는 245~252센티미터로 계산된다. 당시 사람의 키를 재는 용도로는 한나라척이 사용되었을 가능성이 가장 클 것으로 짐작할 수 있겠다.

법흥왕의 키를 지금 다시 잴 수는 없지만, 현재에도 남아 있는 불상의 높이나 산성의 길이는 그것을 알려 주는 과거의 기록과 현재의 수치를 비교해 보며 척도의 변화 여부를 따져볼 수 있다. 경주 단석산(斷石山)의 미륵석상과 보살상이 그런 경우이다. 단석산은 화랑 김유신이 신검으로 바위를 잘랐다는 설화에서 그 이름이 붙여졌는데, 이곳의 정상 부근에는 10미터 높이의 커다란 자연바위 4개가 천연적으로 ㄷ자형 석실을 이루고 있다. 그 석실 벽에는 10구의 불상이 조성되어 있는데, 그중 가장 큰 미륵석상의 높이를 3장(=30척)의 크기로 만들었다는 바위글씨가 남아 있다. 최근에 이 석상을 3D 스캐닝을 통해 측정한 결과 미륵석상의 높이는 6.62미터였다. 이 석굴사원이 만들어진 때는 대략 7세기경으로 보고 있으니, 삼국통일기까지는 꾸준하게 한나라척을 사용하고 있었다는 사실을 알 수 있다.

그런데 618년 중국에서 당나라가 들어서고 척도를 바꾸면서 곧바로 주변 나라들에도 영향을 미쳤던 것으로 보인다. 경주시와 울산광역시 사이에 있는 관문성은 이를 잘 보여 준다. 관문성은 삼국이 통일된 이후인 8세기 초, 일본의 침입을 방어하기 위해 만들어졌다. 축성 때 작성된 것으로 보이는

이다. 당시 견포는 오늘날의 화폐처럼 통용되었기에 그 단위의 변화가 사회에 미치는 영향력이 막대했다. 물물교환 경제체계에서 단위의 변화는 교환되는 가치에 영향을 주며, 생산 기준에도 영향을 미쳐 사회와 경제 전반에 상당한 변화를 가져온다. 당시 신라에서는 견포의 단위를 바꿔야 할 만큼의 변화가 있었음을 감지할 수 있다.

그런데 단위 변화의 필요성이 있었던 동시에 당시 신라는 장기간의 전쟁으로 말미암아 민생의 안정이 무엇보다 필요한 상황이었다. 그렇기에 급격한 변화를 주기보다는 가급적 사회적으로 혼란을 야기하지 않는 선에서 수용될 만한 수준의 정비를 추구하였을 것으로 생각된다. 따라서 개정된 견포 1필의 규격(길이 7보, 너비 2척)은 개정되기 이전의 기준이던 10심(尋)과 크게 차이가 나지 않았으리라 생각된다. 개정된 제도에서는 길이와 너비를 구분하여 제시하고 보(步)와 척(尺)을 각각의 단위로 삼아 1필의 규격과 유통과정을 보다 명확하게 하려는 의도가 있었던 것이다.

아울러 당시 견포 단위의 조정은 기존에 백제와 고구려의 지배 영역이었던 지역까지 지속적으로 확대되던 신라 영토 전체를 관리하기 위한 측면에서 바라볼 수도 있다. 지방통치체제의 정비와 더불어서 신라는 견포 단위의 조정 등을 통해 전국 단위의 물자 유통을 효과적으로 파악하고, 관련된 체계를 일원화할 필요가 있었던 것이다. 결국 이러한 조치는 오랜 기간 서로 다른 문화와 제도를 가지고 살아왔던 삼국의 사람들을 아우르는 새로운 지배체제 구축과 경제적 통일에 대한 문무왕의 의지를 보여 준다.

면적 기준의 양전대 수확량 기준의 양전

도량형은 각 나라마다의 자연 환경과 사회 조건에 따라 형성되었고, 시대적 특성에 따라 변화하였다. 그런데 한국의 고대국가에서 살필 수 있는 특징 중 하나는 도량형을 세밀하게 적용하여 토지를 측량하는 과정이 확연하게 드러나지 않는다는 점이다. 농업국가에서 조세의 상당 부분은 토지를 매개로 규정된다는 점을 떠올려 본다면 이 부분은 의아하게 느껴진다.

삼국시대에 토지 측량을 세밀하게 하지 않은 이유는 중국과 한국의 조세제도에 차이가 있었기 때문이다. 면적을 기준으로 하여 토지를 파악하고 조세를 거두어들였던 중국과 달리 한국의 고대국가에서는 파종량이나 수확량을 기준으로 양전을 했다. 그것은 상대적으로 좁은 땅에 많은 사람들이 거주하고 있고, 이들이 경작하는 논과 밭이 대체로 다양한 모양으로 오밀조밀하게 서로 붙어 있으며, 토질의 차이가 지역에 따라 비교적 확연한 우리 형편에 맞춰 고안된 방법이었다.

먼저 사용된 양전법은 파종량을 기준으로 삼는 것이었다. 같은 씨앗 한 말을 뿌려도 토질에 따라 그해 수확은 달라진다. 그러기에 몇 되, 몇 말, 몇 섬을 파종하면 그해 수확이 얼마나 될 것인지 아는 농부의 오랜 경험 그 자체를 해당 지역의 척도로 삼고자 했던 것이다. 그러다가 결부제라는 수확량 중심의 양전법이 만들어졌다. 결부제에서는 곡식 다발 한 움큼[1악(握)]을 수확할 수 있는 전답 면적을 한 줌[파(把)]이라 하고, 열 줌(10파)을 수확할 수 있는 전답을 한 뭇[속(束)], 열 뭇(10속)을 수확할 수 있는 전답을 한 짐[부(負)], 백짐(100부)을 수확할 수 있는 전답을 1먹[결(結)]으로 하였다. 결부제를 통해서는 수확량에 따라 세금을 거두어들였기에 비옥한 땅에서 농사를 지어 소출이 많았던 농부나, 토지가 척박하여 소출이 적은 농부 누구에게나 예측 가능하고 공평하게 세금을 부과할 수 있었다.

그러다가 시간이 지나 중국의 양전제도인 경무제를 도입해야 하는 시기가 왔다. 근대사회 이후 오늘날 전세계가 대부분 통일된 도량형을 사용하고 있는 것처럼, 당시 동아시아 세계가 하나로 이어지면서 중국에서 사용하던 제도였던 경무제를 도입하는 것은 거스를 수 없는 추세였다. 그런데 우리나라에서 경무제는 도입 과정에서 기존에 익숙하게 사용하던 결부제와 접목되었다. 즉 수확량 중심의 결부제와 면적 중심의 경무제 사이의 면적을 서로 환산할 수 있는 수치를 만들어 제시하고 사용한 것이다. 그 환산 수치에 더욱 민감했던 사람들은 서로의 경제 사정에 대해 이야기해야 할 양국의 외교 사절, 혹은 중국의 농법이나 수취제도를 연구해야 했던 학자들이었다. 킬로그램의 정의가 변화하였다고 해서 실생활에 큰 변화가 일어나지 않은 것처럼, 경무제와 결부법을 접목하여 사용한다고 해도 자신의 땅을 경작하는 농부들이 느끼는 체감은 크지 않았다.

통일된 도량형과 내게 편한 도량형

전근대사회 동아시아에서 사용되었던 도량형 제도인 척관법은 시대에 따라, 지역에 따라, 용도에 따라 서로 다른 길이를 용인했다. 그것은 각 사회마다 농업사회의 여러 제도와 깊은 관련을 맺으며 사람들이 사용하기에 가장 편한 방식으로 타협하면서 변화해 간 결과였다. 근대사회 전 세계의 통일된 도량형 사용을 위해 고안된 미터법 역시 산업사회의 여러 제도와 관련을 맺으며 점차 더 세밀하고 정교한 방향으로 변화를 거듭하고 있다.

글의 시작 부분에서 언급했던 킬로그램 정의의 변화는 오늘날 세계가 얼마나 도량형 사용에 민감하게 대응하고 반응하는지를 보여 준다. 그렇지만 조금만 더 깊이 들어가 보면 도량형을 통일한다는 것이 참 어렵다는 점 역시 함께 알게 된다. 현재 전 세계적으로 통용되는 '미터법' 역시 혁신적인 도량형 시스템으로 평가받았음에도 그것이 보편적으로 보급되기에는 상당한 시일이 소요되었다.

미터법은 프랑스대혁명의 열기가 한창이던 1790년, 파리과학아카데미의 제안을 바탕으로 하고 있다. 제안 당시 1미터는 북극에서 적도까지 거리의 천만분의 일로 정의되었고, 각 변의 길이가 1/10미터인 정육면체의 부피를 1리터(l)로, 섭씨 4도(℃)의 물 1리터(l)의 질량을 1킬로그램(kg)으로 정하여 같은 값을 반복해서 얻기에 용이했다. 그런데 근대사회로 접어들면서 도량형을 통일하고자 하는 사람들의 열망만큼이나, 그동안 익숙하게 사용해 온 단위를 쉽게 바꾸려 하지 않았던 사람들의 관성도 만만치 않은 것이었다. 결국 처음 제안한 프랑스에서는 1840년대 들어서 미터법 이외의 다른 단위를 사용할 경우 벌금형에 처한다는 규정을 만들었고, 그로부터 한 세대가 지난 1875년이 되어서야 22개국의 대표가 미터 조약에 조인하여 비로소 국제적으로 확산될 수 있었다.

우리나라에서는 1905년 대한제국 법률 1호로 '도량형법'을 제정했다. 일제시기 이후 1959년에 국제 미터 조약에 가입했고, 1961년에 '계량법'을 제정하면서 법정 계량의 기본 단위로 미터법을 채택하였다. 그리고 2007년부터는 척관법 대신 미터법만을 쓰도록 강제하고 있다. 그렇지만 여전히 많은 사람들은 115제곱미터(㎡)보다는 35평이라는 단위를, 돼지고기 600그램(g)보다는 한 근이 더 편하다고 생각하고 있으니, 중국의 양전제도인 경무제를 도입하면서도 그것을 우리 식의 결부제와 결합하여 사용했던 사례를 다시 떠올리게 한다. 도량형 단위라는 것이 얼마나 환경에 따라 적절하게 만들어지고 깊게 뿌리내리며 사용되는 것인지 알 수 있다. 어린 시절부터 디지털 환경에서 성장한 '디지털 네이티브' 세대가 사회를 움직이게 될 머지않은 시점에, 우리는 어떠한 도량형의 변화를 맞이하게 될까?

4부 생태와 환경

신화로 본 인간과 자연, 만남과 이별

이정빈

신화는 믿기 어려운 이야기에 불과할까?

우리는 어디서 왔을까. 우주와 세계는 어떻게 만들어졌을까. 인간과 우주·세계에 대한 의문은 끊임이 없었다. 원시·고대 사회에도 마찬가지였다. 원시·고대 사회의 신화는 이 같은 의문에 대한 나름의 설명 방식이었다.

현대인의 눈으로 볼 때 원시·고대의 신화를 그대로 믿기는 어렵다. 신비롭고 기이한 이야기로 가득하기 때문이다. 곰과 호랑이가 사람으로 변하길 원하였다는 단군신화의 내용이 대표적이다. 그러나 신화는 어디까지나 신화이다. 다만 신화를 믿기 어려운 허구의 이야기로 간주하고 사실의 이야기로 말하는 역사와 무관하다고 할 수만은 없다. 신화도 역사의 산물이기 때문이다.

신화는 인간과 우주·세계에 대한 원시인·고대인의 설명을 담고 있다고 했다. 따라서 신화를 통해 그들의 사유를 생각해 볼 수 있다. 보다 구체적으로 인간과 자연에 대한 사유가 주목된다. 상당수의 신화에서 인간을 둘러싼 가장 밀접한 세계는 자연이었기 때문이다.

한국 고대의 신화에서 인간과 자연은 어떻게 설명되었을까. 인간과 자연의 이야기를 품은 한국 고대 신화에 나타난 사유를 읽어 보자.

사람이 곰이었고, 곰은 사람이었다.

곰과 호랑이가 함께 굴에 살았다. 둘은 항상 신(神) 환웅에게 사람으로 변화하기를 소원하였다. 이때 신이 영험한 쑥 한 묶음과 마늘[蒜] 스무 묶음을 주면서 말하였다. "너희가 이것을 먹고 백일 동안 햇빛을 보지 않으면 금세 사람의 몸을 얻을 수 있을 것이다." 곰과 호랑이가 쑥과 마늘을 먹고 21일 동안 금기를 지켰더니 곰은 여자의 몸을 얻었다. 그러나 호랑이는 사람의 몸을 얻지 못했다. 금기를 어겼기 때문이다. 웅녀는 여자의 몸을 얻었지만 혼인할 사람이 없었다. 그래서 언제나 단수(壇樹) 아래에서 아이를 갖기를 기도하였다. 환웅이 잠시 사람으로 변화하여 그와 혼인하였다. 잉태하여 아이를 낳으니 단군왕검이라고 불렀다. (《삼국유사》 권1, 기이2 고조선)

한국 사람이면 누구나 잘 알고 있는 단군신화의 일부이다. 단군신화에서 곰과 호랑이는 사람으로 변하기를 소원했고, 마침내 곰은 여자의 몸을 얻었다. 단군왕검의 어머니가 된 웅녀(熊女)였다. 곰이 사람으로 변화하여 고조선의 첫 왕을 낳았다는 것이다. 곰이 사람으로 변하였다는 이야기는 어떠한 의미를 갖고 있을까. 먼저 다른 지역·다른 시기의 신화와 무엇이 같고 무엇이 다른지 살펴보자.

시베리아 여러 종족의 곰·호랑이 신화가 비교된다. 시베리아의 여러 종족, 특히 아무르강 유역의 여러 종족은 곰이나 호랑이를 자기 집단의 조상이었다고 믿었다. 자기 종족이 곰이나 호랑이에서 기원하였다는 신화를 갖고 있었던 것이다. 곰·호랑이 토템(totem)이었다. 고조선의 단군신화와 시베리아 여러 종족의 신화는 곰과 호랑이가 특정 집단의 조상이었다고 말한다는 점에서 공통된다.

신화는 현생 인류가 출현하여 수렵·채집으로 생활하던 선사시대부터 있었다. 원시 수렵·채집 사회에서 처음 만들어진 것이다. 이 점에서 최근까지 수렵·채집으로 삶을 꾸려온 시베리아 여러 종족은 신화의 원형을 비교적 잘 간직하고 있다고 이해된다. 단군신화 속의 곰과 호랑이도 오래전에는 시베리아 여러 종족의 신화처럼 각 종족의 토템이었을 수 있다.

물론 이와 같이 본다고 해서 고조선과 시베리아 여러 종족의 기원이 같다고 단정할 수는 없다. 곰 신화는 지구 북반부에서 곰이 사는 곳이면 어디에서나 찾아볼 수 있다. 호랑이 신화 역시 그 서식지마다 거의 빠짐없이 나온다. 반드시 곰과 호랑이가 아니어도 세계 각지에는 각 지역에서 중시된 동물과 인간의 관계를 다룬 신화는 수두룩하다.

표범, 늑대, 사슴, 염소 등 주인공으로 나오는 동물도 다양하다. 주인공으로 나오는 동물은 최상위 포식자로 인간의 주된 경쟁 상대이기도 했고, 수렵의 대상으로 삶을 영위하는 데 필수적인 존재이기도 했다. 각 지역의 생태환경을 대표하였던 것이다. 따라서 같은 동물이 나온다고 해서 종족의 기원까지 같다고 할 수는 없다. 단군신화와 시베리아 여러 종족, 나아가 세계 각지는 보편적인 신화적 사유를 공유하고 있었던 것이다. 오히려 차이점에

나나이족 곰 의례(하바롭스크 박물관)
곰과 호랑이도 사람이었으므로, 곰·호랑이 사냥은 신중해야 했다. 사냥해서 가죽과 고기
를 얻고자 한다면 정중해야 했다. 세계 각지의 곰 의례는 그와 같은 의미를 지니고 있었다.

주목할 필요가 있다.

시베리아 여러 종족의 신화에서 곰과 호랑이는 마음만 먹으면 언제든 사
람으로 변할 수 있었다. 가죽을 벗으면 사람이었고, 가죽을 입으면 다시 곰
이나 호랑이였다. 곰·호랑이는 아끼는 형이자 누이였고, 사랑하는 남편이
자 아내였다. 곰·호랑이와 지내다가 사람과 더불어 살았고, 사람과 더불어
살다가 곰·호랑이로 변해서 숲으로 갔다. 사람과 곰·호랑이 사이에 벽이 없
었다. 사람이 곰이었고 곰은 사람이었다.

이와 비교해서 단군신화의 곰·호랑이는 스스로 사람으로 변할 수 없었
다. 신께 소원해야 했고 어려운 금기를 지켜야 했다. 웅녀는 여자의 몸을 얻
었지만 혼인할 사람이 없었다. 단군신화에서 사람과 곰·호랑이 사이의 벽이

▍아이누족 곰 의례 '이오만테' 삽화(브루클린 미술관)

비교적 높았던 셈이다. 더욱이 단군신화에서 곰과 호랑이는 사람이 되기를 소원했다고 하였다. 시베리아 여러 종족의 신화와 달리 사람이 곰·호랑이보 다 우월한 존재처럼 나온다.

이처럼 단군신화의 곰·호랑이를 시베리아 여러 종족의 신화와 비교해 볼 때, 토템의 흔적을 담고 있다는 점에서 공통적인 요소를 찾을 수 있지만, 사 람과 곰·호랑이를 구분했고 사람을 보다 우월한 존재처럼 그리고 있다는 점 에서 차이가 분명하게 드러난다. 사람과 곰·호랑이 인간과 자연 사이에 벽 이 생겨난 것이다. 뒤에서 자세히 살펴보겠지만, 이러한 차이는 고조선 사 회의 역사적 변화를 반영하는 것으로 생각된다.

그럼에도 한국 고대의 여러 나라에서 곰·호랑이를 사람과 같이 보았던 신 화적 사유가 곧장 없어진 것은 아니었다. 신라 청년 김현과 호랑이 낭자의 만남과 이별을 전하는 〈김현감호(金現感虎)설화〉를 보자.

김현과 호랑이 낭자의 만남과 이별

신라 원성왕(재위: 785~798) 대에 귀족 청년 김현(金現)이 밤이 깊도록 혼자 흥륜사에서 탑돌이를 하고 있었다. 이때 한 낭자가 나타나 함께 탑돌이를 했다. 둘은 서로 눈길을 보냈고, 탑돌이를 마치고 사랑을 나누었다. 낭자의 만류에도 김현은 서산(西山) 기슭에 있는 그녀의 집까지 쫓아갔다. 잠시 후에 호랑이 세 마리가 으르렁대면서 왔다. "집에 누린내가 나니, 허기를 달랠 수 있겠구나." 이때 하늘에서 외침이 있었다. "너희는 생명을 해치는 악행이 너무나 심하니, 마땅히 죽여서 징벌해야겠다." 세 마리의 짐승이 근심에 빠졌다. 낭자는 세 오빠의 벌을 대신 받겠노라고 했다. 그리고 김현에게 말했다. "저는 그대와 동류(同類)가 아니지만, 사랑을 얻었으니 부부와 같습니다. 저는 내일 서울[경주] 시내에 들어가서 사람을 해칠 것입니다. 그러면 대왕께서는 높은 관직을 상으로 내걸고 나를 잡도록 할 것이니, 낭군께서 저를 잡으세요." 김현이 말했다. "이류(異類)의 교분은 평범하지 않은 일이나, 서로 마음이 통하였으니, 참으로 하늘이 내린 행운입니다. 어찌 배필의 죽음을 팔아서 출세하겠습니까?"(《삼국유사》 권5, 감통7 김현감호)

《삼국유사》에 수록된 김현감호설화의 일부를 요약한 것이다. 8세기 후반

신라의 귀족 청년 김현은 흥륜사에
서 한 낭자를 만나 사랑에 빠졌다.
그런데 낭자는 사실 사람의 모습을
한 호랑이었다. 하지만 둘은 이 벽을
넘고자 했다. 호랑이 낭자는 부부와
같은 인연을 맺었다고 했고, 김현은
호랑이 낭자를 배필이라고 했다. 비
단 둘만 아니라 호랑이 낭자의 세 오
빠도 사람의 말을 했다. 사람과 호랑
이의 만남이 가능했던 것이다.

©최경선

■ 흥륜사에서 탑돌이 하는 김현과 호랑이 낭자

　　김현감호설화는 흥륜사를 무대로
한 데서 알 수 있듯이 불교적 색채가 가미되었다. 다만 사람과 호랑이가 의
사소통할 수 있었다는 점에서 그 원형은 시베리아 여러 종족의 곰·호랑이
신화와 비슷했다고 여겨진다. 8세기 후반 신라 사회를 배경으로 한 설화이
지만, 곰·호랑이를 사람과 같이 보았던 신화적 사유가 여전히 이어지고 있
었던 것이다.

　　《삼국유사》에 수록된 김현감호설화의 끝에는 신도징(申屠澄)설화도 함께
전한다. 신도징설화 역시 8세기 후반을 배경으로 하였는데, 공간적인 무대
는 당나라였다. 신도징의 아내와 그의 가족이 사실은 호랑이였다는 내용이
다. 신도징과 아내는 오래도록 부부로 살았지만, 부모를 그리워한 아내가
결국 가죽을 입고 호랑이로 변해 숲속으로 사라졌다고 하였다. 이 역시 곰·
호랑이를 사람과 같이 보았던 신화적 사유의 일면을 보여 준다. 이와 같은

©이현태

추정 흥륜사지(현 경주공업고등학교)

신화적 사유는 민간에서 더욱 풍성하였고, 상당히 후대까지 지속되었던 것
으로 생각된다.

다만 김현감호설화와 같은 후대의 이야기가 원시 사회의 신화적 사유를
그대로 간직한 것이 아니었음은 물론이다. 호랑이 낭자와 김현의 말처럼 둘
은 동류가 아닌 이류였다. 어디까지나 서로 다른 세계의 존재였다. 김현의
말처럼 이류의 만남은 평범한 일이 아니었다. 그렇기 때문에 둘의 만남은
벽을 넘기 어려웠다. 호랑이 낭자는 세 오빠의 벌을 자신의 죽음으로 대신
하고자 했고, 자신의 죽음으로 김현이 출세하도록 했다. 세 오빠와 김현을
위해서 목숨을 끊은 것이다. 이별하고 만 것이다.

김현과 호랑이 낭자의 만남이 결실을 맺지 못했다는 점에서 김현감호설
화는 시베리아 여러 종족의 곰·호랑이 신화와 비교해서, 또한 단군신화와
비교해서 사람과 곰·호랑이 사이의 벽이 더욱 높아진 모습을 보여 준다. 여

전히 신화적 사유의 흔적은 간직하고 있었을지언정 역사의 변화를 감추지는 못했던 셈이다. 이처럼 역사의 변화에 따라 신화도 변했다. 신화에 담긴 사유가 바뀌었기 때문이다.

인간과 자연의 이별, 권력의 신화로

농경과 목축이 시작되고 역사시대가 전개되면서 세계 각지의 신화는 꾸준히 변모하였다. 새로운 시대에 맞추어 새로운 이야기를 만들어 내기도 했다.

신석기·청동기 등 새로운 도구와 기술이 발달하며 인간은 수렵·채집에서 벗어나 한층 안정된 삶을 꾸려갈 수 있었다. 농경과 목축으로 자연을 제어하기도 했다. 이에 따라 인간은 자연의 일부가 아닌 것처럼 생각하기 시작했다. 자연을 낮추어 보게 된 것이다. 이제 자연은 개발 내지 지배 대상이었다. 개발에 장애가 되는 자연, 지배에 순응하지 않는 동물은 괴물처럼 여겨졌다. 보름달이 뜬 밤이면 난폭한 괴물로 변해 사람을 해쳤다는 중세 유럽의 늑대인간 설화는 그와 같은 변화를 단적으로 보여 준다.

단군신화와 김현감호설화의 배경이 된 고조선과 신라 사회도 수렵·채집의 원시 사회에서 벗어난 지 오래였다. 두 나라 모두 기본적으로 농경 사회였고, 국가 체제를 갖춘 고대 사회에 속했다. 그러하기에 비록 단군신화와 김현감호설화 속의 웅녀와 호랑이 낭자처럼 왕실의 조상 내지 연인이기도 하였지만, 사람과 곰·호랑이 사이의 경계는 비교적 분명했고, 인간 우위의 사유가 반영되어 있었다. 인간 사회의 정치질서가 반영되기도 했다.

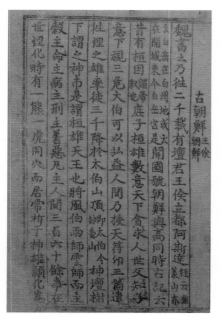

단군신화는 크게 두 가지 세계로 구성되었다. 하늘 위 신(神)의 세계와 하늘 아래 인간의 세계이다. 환웅은 하늘 위 신의 세계에 살고 있었다. 가장 높은 하늘신 환인(桓因)의 아들이었다. 하늘 아래의 인간 세계로 내려왔지만, 여전히 신이었다. 신으로서 환웅은 인간 세계의 온갖 일을 주관하였다. 또한 곡식과 생명 등 자연 세계의 일도 주관하였다. 풍백(風伯)·우사(雨師)·운사(雲師)를 거느렸다. 하늘 아래에서 인간 세계와 자연 세계를 모두 지배하였던 것이다. 그러하였기에 사람과 곰·호랑이, 인간과 자연의 만남은 환웅을 통해 이루어졌다. 환웅과 그가 속한 신의 세계는 왕권과 밀접하였다.

《삼국유사》고조선(파른본)
여러 종류의 단군신화가 있지만 《삼국유사》의 이야기가 가장 오래된 형태를 띠고 있다고 이해된다.

환웅은 인간 세계의 왕이 된 단군왕검의 아버지였다. 고구려의 주몽이 천제(天帝)의 자손이었다고 하였듯, 고대 여러 나라의 시조왕은 하늘신의 자손임을 내세웠다. 단군왕검과 주몽은 하늘 위 신의 세계로 돌아갔지만, 신의 성스러움은 하늘 아래에 남아 있었다. 왕위를 계승한 여러 왕 또한 하늘신의 자손으로 신성한 혈통과 능력을 이어받았기 때문이다. 고대 여러 나라의 왕은 하늘신의 능력으로 재난을 막고 풍요를 가져다 줄 수 있다고 믿어졌다.

적어도 3세기보다 오래전, 옛날 부여의 왕은 농경에 의한 풍요를 책임져야 했다. 홍수나 가뭄으로 오곡이 익지 않으면 번번이 그 책임을 왕에게 돌렸다고 하였다. 농경으로 풍요를 가져올 수 있어야 왕으로서 정당한 권위를 인정받을 수 있었던 것이다. 그렇지 못하면 가짜 왕이거나 능력이 사라진 왕으로 간주되어 죽임을 당하거나 쫓겨날 수밖에 없었다. 왕의 권력은 차츰 강화되어 아버지에서 아들로 세습이 보장되었지만, 그러한 권력은 신성한 혈통을 이어받아 백성의 삶과 안녕을 책임질 수 있었기에 부여된 것이었다. 그러므로 신화 속의 신의 세계는 왕권의 원천이자 상징이었다.

이와 같이 보았을 때 곰이 사람으로 변하도록 한 것이 환웅이었다는 이야기는 왕권 탄생 이후의 사회 변화를 반영한 것이었다고 할 수 있다. 사람과 곰·호랑이, 인간과 자연의 이야기에서, 권력의 이야기로 변모한 것이다. 김현감호설화에서도 그와 같은 변화가 엿보인다.

호랑이 낭자의 세 오빠는 하늘이 징벌하고자 했다. 하늘 위 신의 세계가 인간 세계와 자연 세계를 주관하고 있었던 것이다. 이와 관련하여 김현과 호랑이 낭자가 흥륜사에서 만났다는 점이 흥미롭다. 호랑이 낭자가 사람을 해쳐 생긴 상처의 치료제도 흥륜사의 장(醬)이었다. 흥륜사는 신라 최초의 사찰이자 대표적인 왕실 사찰이었다. 이로 미루어 보아 하늘 위 신의 세계와 신라의 왕권이 전혀 무관하지는 않았다고 짐작된다. 그뿐만 아니라 호랑이 낭자의 희생으로 김현은 관직을 얻었다. 김현과 호랑이 낭자의 만남, 낭자의 희생과 이별에 하늘 신의 세계가 개입하고 있었고 왕권이 빠지지 않고 등장했던 것이다.

이처럼 단군신화와 김현감호설화에서 사람과 곰·호랑이 사이의 벽, 인간 우위의 사유, 신의 세계는 농경 사회 출현과 이를 바탕으로 하여 성립된 고대국가와 왕권의 탄생을 반영했다. 이와 같은 역사적 변화는 반드시 달성되어야 할 진보 내지 발전이기만 했을까.

인간과 자연의 새로운 만남을 위해

자유로이 넘나들던 신화 속의 인간과 자연은 중세 사회의 전개와 더불어 한층 높은 벽을 쌓아 갔다. 여전히 인간 세계와 자연 세계가 밀접하다고 여겼지만, 전국 각지의 산과 강, 숲과 나무, 곰과 호랑이의 신령스러움은 잊혀졌다. 국왕 중심의 종교와 사상이 그 자리를 대신하여 인간과 우주·세계를 설명하였고, 자연은 개발과 지배의 대상으로 자리매김해 갔다. 도시는 확대되었고, 산림은 축소되었다. 사람의 경작지는 넓어졌고 곰과 호랑이의 서식지는 줄어들었다.

근대사회의 형성 이후 그와 같은 경향은 더욱 심화되었다. 서유럽에서 시작되어 지구 전역으로 확대된 근대의 과학 문명은 인간의 이성과 논리로 자연을 이해하는 데 그치지 않았다. 자본주의와 결합하여 자연을 독차지하고자 욕심냈다. 돈이 된다면 인간이 속한 지구의 생태환경을 파괴하는 데에도 꺼림이 없었다. 목재를 얻기 위해 나무를 마음껏 베었고, 가축을 키우고 사료를 재배하기 위해 울창한 숲을 불태웠다. 온갖 동물이 멸종되었고, 몇몇 동물은 오로지 식탁 위의 고기로 만들어지기 위해 공산품처럼 취급되고 있다.

21세기를 맞은 지금, 우리는 그와 같은 오만에 대가를 치르고 있다. 기후가 급격히 변화하고 있고 대규모 재난이 이어지고 있으며 각종 치명적인 전염병이 유행 중이다. 아직까지 이는 자연이 애처로운 눈길로 보내는 경고에 불과할지 모른다. 많은 과학자는 더욱 큰 자연 재난이 닥칠 것으로 예측하고 있다.

이처럼 위태로운 현실 속에서 신화적 사유의 역사적 변화는 마땅히 이루어야 할 진보 내지 발전으로 예찬할 수만은 없다. 오히려 원시·고대 사회의 신화적 사유를 다시금 주목하도록 요청한다. 물론 신화적 사유로 돌아갈 수 없을지 모른다. 그래야 한다고 단정할 수도 없다. 다만 신화적 사유를 진지하게 성찰해 보면, 지금의 우리를 반성하고 인간과 자연이 다시 만나 새로운 길을 모색하는 데 도움을 받을 수 있을 것이다.

이정빈 _충북대 교수

삼국시대 질병과 치료

이현숙

고고학 자료로 본 선사시대의 치료법

우리 선조들은 오랜 기간 동안 이 땅에 살면서 아플 때면 다양한 방법을 사용하여 치료해 왔다. 초기에는 치료를 담당하는 샤먼이 있어서 치병 의식을 하거나 간단한 시술 및 약들을 제공하였던 것으로 보인다. 《삼국유사》에 내물왕의 성덕공주를 치료하였다는 의무(醫巫, medicine man)라는 존재는 바로 선사시대 질병치료를 전담하던 샤먼(shaman)의 후예들일 것이다. 단군신화에 보이는 쑥과 마늘(달래라고도 함)은 이들이 사용하였던 간단한 약물 중 하나였다.

당시에 질병에 걸리면 이 병이 나을 것인지 길흉을 점쳤다. 주변에 흔하였던 사슴이나 멧돼지의 뼈인 복골을 이용하여 불로 지진 뒤 나타나는 형상을 보고 점을 치는 방식이었다. 나을 수 있다는 점괘가 나오면, 환자는 큰 위안을 받았을 것이다.

인수공통전염병의 유행

부여는 가축의 이름을 부족명으로 삼을 정도로 동이족에게 가축은 중요한 존재였다. 그만큼 늘 가축과 함께 생활하게 되면서, 인수공통감염병이 시작되었을 것으로 보인다. 인수공통감염병은 동물과 사람 간에 전파되는 질병을 말하며, 소의 탄저병과 가축의 부르셀라병, 조류 인플루엔자와 개의 공수병 등이 여기에 해당한다. 사냥을 하거나 가축을 돌보다 감염되어 가족이나 같은 마을에 사는 사람들에게 전파되는 경우도 종종 있었을 것이다. 그러한 경험을 통해 이를 방지하는 관습들이 생겨났을 것으로 보인다. 아파 보이는 짐승은 절대 사냥하지 않는다든지, 병든 가축은 식용하지 않는다든지 하는 관습을 통해 감염병의 전파를 미연에 방지하고자 하였다.

주거지가 오염되어 질병에 걸렸다고 생각하면 살던 집을 버리고 다른 곳으로 이주하기도 하였다. 중국의《삼국지》위서 동이전에 따르면 동예에서는 사람이 질병에 걸려 죽으면 옛집을 버리고 곧 새집을 지었다고 한다. 질병이 가지는 전염성을 이해했기에 이것이 하나의 관습으로 정착한 사례라고 할 수 있다. 실제로 1962년 발견된 신석기시대 춘천 교동 동굴에서 인골 3구와 다량의 부장품이 발견되었다. 동굴 윗천장에 검댕이 많았던 것으로 보아 오랫동안 거주하였던 곳에 사망자가 발생하자 주거하던 동굴에 시신과 함께 부장품을 넣고 동굴을 봉인함으로써 무덤으로 만든 것을 알 수 있었다.

춘천은 동예에 속한 지역이므로, 교동 동굴은 질병으로 사람이 죽으면 집을 버리는 관습이 매우 오래되었다는 것을 보여 주었다. 한꺼번에 3구를 묻어야만 했던 것은 감염성 질환으로 사망했기 때문일 것이다.

선사시대 이래로 인간이 질병에 걸리는 이유를 영혼의 노여움이나 신의

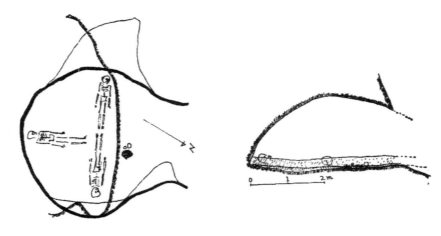
▌ 춘천 교동 동굴의 인골 발굴도

징벌이라는 형태로 설명하였지만, 질병이 전파된다는 인식은 일찍부터 알
고 있었던 것이다. 각종 사회적인 금기는 질병의 전파를 막는 역할도 하였
다. 특히 이들은 같은 부족끼리 결혼하지 않는 족외혼 전통이 엄격하였는
데, 근친혼이 가져오는 유전적 폐해를 잘 알고 있었던 것으로 보인다.

두개골 천공술

  의무의 시술에는 두개골 천공같이 어려운 일도 있었다. 1970년대 후반
김해 예안리 4세기 목곽묘에서 발굴된 인골의 두개골 가운데 천공이 된 두
개골이 발견되었다. 천공 흔적이 있는 선사시대 두개골은 전세계적으로 발
견되고 있는데, 특히 남아메리카 마야문명은 늦게까지 이를 시행하였다. 천
공은 두개골에 구멍을 내는 매우 위험한 작업이지만 숙달된 기술을 가진 샤

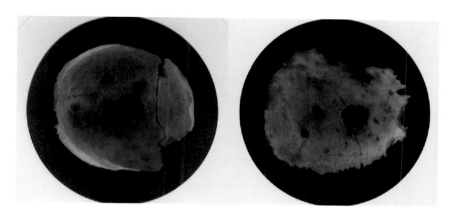

부여 능안골 출토 천공 두개골 2구

먼이라면 흑요석을 가지고 30분 만에 구멍을 냈다고 한다. 천공을 시행한
이유는 참을 수 없는 두통이나 정신질환 등 치료 목적이라고 한다.

천공된 두개골은 충남 부여군 능안골 일대 6세기 백제 고분군에서 발굴
된 인골에서도 찾을 수 있다. 160센티미터 이상으로 추정되는 여성의 두개
골이 천공된 상태로 발견되었는데, 새로 뼈가 자란 것으로 보아 상당 시간
생존했던 것으로 보인다. 천공술이 상당히 오랫동안 한국 고대사회에서 널
리 시행되었던 것을 알 수 있다.

침술

1940년대 발굴된 중국의 옌지(延吉) 지역 샤오잉쯔(小營子)유적의 출토품
에서 석침과 골침들이 다수 발견되었는데, 최근 이것이 기원전 11~9세기
무렵 옥저 지역의 의료도구라는 것이 밝혀졌다. 서울대 박물관에 소장된 유

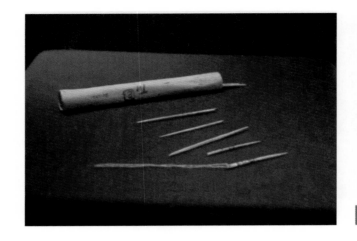

물 가운데서 시신의 배 위에 둔 것으로 추정되는 석재와 골재로 된 다량의
침과 침통은 물론이고 의료용 둥근 돌들이 확인된 것이다. 샤오잉쯔가 위치
한 지역은 후에 옥저의 문화가 널리 분포하였는데, 예맥족 계통에 속했던
옥저는 훗날 고구려에 예속되었다.

　남북조 시기 고구려는 침술로 유명하였다. 당나라 단성식의 《유양잡조》
에서 고구려 침술사의 신기한 능력에 대해 "위나라 때 고구려 객이 침을 잘
놓았다. 1촌 되는 머리카락을 10여 토막으로 끊어 이를 침으로 꿰어 연결시
켰다. 그는 머리카락 가운데가 비었다고 하였는데, 이처럼 재주가 신묘하였
다."라고 전해 오는 이야기를 소개하였는데, 머리카락을 꿰어 낼 정도로 침
의 굵기가 가늘었다는 의미이기도 하다. 과장이 심하였다고 하더라도 고구
려 침이 중국 침에 비해 매우 가늘었다는 것을 짐작할 수 있다. 이처럼 가늘
게 쇠를 단련하려면 상당한 제련기술이 뒷받침되어야만 한다.

　고구려의 침술을 배우기 위하여 일본에서는 유학생까지 파견하였다. 백제계 도래인이었던 쿠라쓰쿠리노 토쿠시(鞍作得志)는 호랑이라는 고구려인에게서 여러 가지 술수와 침술을 배웠는데, 그 침술로 치료하면 치료되지 않는 병이 없었다고 한다. 645년경 토쿠시는 피살당하였는데, 고구려의 비기가 알려지는 것을 막기 위해서였다. 고구려의 침술은 신라에도 전해졌다. 기카와 헨키마루(紀河邊幾男南麻)가 신라에서 침술을 배워 642년(선덕여왕 11) 일본에 돌아간 뒤 침박사가 되었다는 일본 침가의 전설이 전해지고 있다. 이처럼 장구한 세월을 거친 침술의 발전을 통해 침술은 중요한 의료 기술로 자리매김하였다.

삼국의 약물과 본초서

아플 때 약물을 사용하는 것은 선사시대부터 시작되었다. 경험으로부터 얻은 약물 정보는 구전되어 민간에 널리 사용되었을 것이다. 2004년 말 충남 부여군 은산면 가중리의 도로 개설 현장에서 발굴된 원삼국시대 집터 바닥에서 17개의 쥐손이풀 씨앗이 발견되었다. 아직까지 민간에서 지사제로 사용되는 쥐손이풀 씨앗은 현초(玄草) 또는 이질풀이라고도 하는데, 우리 선조들이 경험으로 알게 된 약물이다. 백제의 평민들이 곡식과 함께 보관하였던 약물들이므로, 민간경험방이 널리 사용되고 있었음을 알 수 있다.

중국 고대 본초서에는 고조선과 고구려, 백제, 신라의 약물까지 기재하고 있다. 우리 선조들이 해당 약물에 대한 약효와 사용 방법을 가장 먼저 발견하여 오래도록 이 땅에서 사용되던 것들이 뒤늦게 중국에까지 알려진 것이다. 중국과 일찍부터 교류하였던 고조선의 약물과 함께 고구려와 백제의 약물까지 남조의 도홍경(456~536)이 정리한 《본초경집주》에 남아 있다. 고조선의 약물은 한나라때 전해진 것이며, 고구려와 백제는 5세기 무렵 남북조와 교역을 하면서 알려졌다.

고조선의 약물로는 토사자와 흑자계(黑雌鷄, 검은색 암탉), 마륙(馬陸, 노래기) 등이 알려졌다. 토사자와 검은 암탉은 주로 보약으로 사용되었으며, 노래기는 그 효능으로 뱃속에 단단하게 된 적취와 피부에 올라온 싸래기, 머리가 빠지는 것 등에 좋다고 도홍경은 소개하였다. 이러한 약물의 효능은 고조선 사람들이 발견하여 중국에 전한 것이다.

당시까지 고구려의 약물이 10여 개나 소개되어 가장 많이 남아 있었다. 남북조 시기 전쟁을 포함하여 고구려의 대중국 교류가 가장 왕성하였기 때문일 것이다. 송대에 편찬된 《증류경사비용본초》에 도홍경이 고구려와 백제산 약물에 대해 주석을 달아 놓은 내용 가운데 인삼을 제외하고 정리해 보면, 다음과 같다.

① 금가루: 신경을 안정시키는데, 제련을 하지 않고 먹으면 사람이 죽을 수 있다. 고구려와 부남(扶南), 서역은 모두 제련을 잘하여 복용할 수 있다.

② 은가루: 마음을 진정시키는 데 사용한다. 환으로 복용하며 바로 먹지 못한다. 고구려에서 제련을 잘하였다.

③ 세신(細辛, 족두리풀 뿌리): 매운 맛이 강하기로는 고구려산이 좋다. 입에서 냄새가 나서 고민인 사람이 이를 머금으면 효과를 많이 본다.

④ 오미자(五味子): 고구려에서 나는 것이 제일이니, 살이 많고 새콤달콤

하다. 주로 기운을 북돋아 주어 기침과 피로에 좋고 남자의 정기를 더해 주며 오장을 튼튼히 하고 열을 제거해 준다.

⑤ 곤포(昆布, 다시마): 지금은 오직 고구려에서만 난다. 노끈으로 한 움큼씩 묶어 놓아 마치 삼베를 말아 놓은 것 같다. 혹이 생긴 데나 기가 뭉친 것에 좋다.

⑥ 관동화(款冬花, 머위꽃): (하북) 다음으로 고구려와 백제의 것이 좋은데, 꽃이 큰 국화꽃과 비슷하다. [담을 삭이며 기침을 멎게 하고 폐위(肺痿)와 폐옹(肺癰)으로 피고름을 뱉는 것을 낫게 하며 번열을 없애며 허로를 보한다.]

⑦ 여여(蕳茹, 오독도기): 제일 좋은 것은 고구려에서 난다. 굳은살을 없애고, 옴벌레를 죽이며, 고름을 빨아내고 궂은 피를 없앤다.

⑧ 백부자(白附子, 흰바꽃) 본래 고구려에서만 나온다. 심통, 혈비(血痺), 얼굴에 생긴 온갖 질병 등을 치료하며, 다른 약물의 힘을 경맥으로 이끌어 주기도 한다.

⑨ 무이(蕪荑, 느릅나무 열매): 오직 고구려에서만 난다. 사람들이 모두 장을 만들어서 먹는데, 벌레를 죽이는 성질이 있어서 물건 가운데 두면 벌레 먹는 것을 방지하나 냄새가 고약하다.

⑩ 오공(蜈蚣, 지네): 지금 다리가 붉은 것은 고구려 산중에 풀이 썩어서 쌓인 곳에 많이 난다. 이것을 잡아서 상하지 않도록 볕에 바싹 말린다. 다리가 노란 것은 사용하지 않는다.

660년경에 출간되었다는 《한원》에 따르면, 고구려의 마다산, 즉 백두산에서 인삼과 백부자, 방풍, 세신 등이 많이 산출된다고 하였다. 남북조를 이어 수·당대까지 고구려의 약재가 중국에 수출되었던 것이다.

신라의 약재는 739년에 진장기가 편찬한 《해약본초》에 바닷말, 다시마, 백부자, 남등근, 담라[큰조개], 가소 등을 처음 소개하면서 중국에 알려졌다. 이외에도 중국과 일본에 신라산 약재로 알려진 것은 우황, 백부자, 토과, 박하, 형개, 해석류, 해홍화, 석발, 잣, 복숭아, 가지, 올눌제(腽肭臍, 물개의 생식기), 위령선, 신라양지(新羅洋脂) 등을 들 수 있다. 고구려와 백제의 약물들은 신라가 삼국을 통일하면서 이후의 의학서에서는 점차 해동산 또는 신라산으로 명명되었다.

인삼

한국 고대의 약물 가운데 중국에서 가장 주목받았던 것은 인삼이었다. 도은거는 중국에서 나는 북위 상당 지역의 인삼은 복용하지 않고, 백제와 고구려 인삼을 사용한다고 하였다. 인삼의 약효는 "주로 오장을 도와주고 정신을 안정시켜 주며 놀라는 것을 그치게 해 주고 사기(邪氣)를 제거해 주며 눈을 밝게 해 주고 마음을 트이게 해 주며 지력(智力)을 도와주고…… 오래도록 먹으면 몸이 가벼워지고 오래 산다."라고 하여 일찍부터 인삼은 장수를 도와주는 약으로 중국에 알려졌다.

랴오둥에 근거하였던 고조선 지역의 대부분은 이후 고구려의 영토가 되었다. 부여를 위시하여 옥저와 동예 등을 통합한 것은 고구려였으므로, 이 지역의 의약적 지식은 고구려에 의해 계승되었다. 또한 고조선의 유민들이 진한 산곡에 와서 거주하여 사로 6촌을 이루었다는 기록으로 미루어 볼 때, 고조선 사람들의 약물 지식은 신라에도 전해졌다고 할 수 있다. 고조선때부터 전래되었던 약물 지식은 해당 지역의 토착 경험방이 첨가되면서 더욱 풍부해졌을 것이다. 그러나 신라의 약물은 나당전쟁 이후 당과 외교관계를 재개한 뒤 본격적으로 소개되었다.

인삼은 통일 이후에 해동인삼 또는 신라인삼으로 불리었다. 고려와 조선시대에 이르기까지 인삼은 약재 무역에서 가장 독보적인 위치를 차지하였다. 9세기 당나라 회남(현재 양주)에서 벼슬살이 하였던 최치원은 회남절도사였던 자신의 상관 고변의 생일 축하 선물로 시장에서 해동 인삼을 구입하였다. 약재로 말린 건인삼과 은으로 장식한 상자에 넣어 선물용으로 만든 인삼이었다.

삼국의 의학

기원전 2세기 중국과 군현이 맞닿으면서 한국 고유의 경험의학은 중국 의학의 영향을 받기 시작하였다. 삼국 가운데 고구려 의학이 가장 먼저 발달하였으며, 각국은 고유의 경험방을 축적하였다. 무엇보다 삼국간의 수많은 전쟁을 통해서 전장터에서 군사를 치료하는 군사의학이 발달하였으며, 병사를 치료하던 군의들은 평화시 민간 의료인으로 변신하였을 것이다. 1433년에 간행된 《향약집성방》에는 당나라 의서 《병부수집방》의 말고삐, 말발굽, 활줄, 우마의 대소변, 말이빨을 갈아서 쓰는 처방 등을 인용하였는데, 전장터에서 쉽게 구할 수 있는 것들을 약물로 사용하였던 군사의학의 편린이라고 할 수 있다.

백제는 일찍부터 약부가 있어 의약관련 행정을 담당하였다. 459년 백제 개로왕은 의사를 보내 달라는 왜의 요청을 받고 고구려 출신 덕래를 보내 주었다. 고구려 출신 덕래는 백제에서 의료활동을 하다 다시 일본까지 가게 된 것이다. 현재 오사카 지역인 단바(難波)에 정착해 살았던 덕래의 일족은 5대손 혜일이 605년 도당사절단과 함께 당나라에 가서 15년 동안 의술을 공부한 뒤 일본에 돌아와 단바 약사(藥師)라는 성을 받았다. 직업이 성씨가 된 것이다.

《일본서기》에 따르면, 백제는 554년(성왕 32)에 왜의 요청을 받고 전문인력을 육성할 수 있는 다양한 박사들을 파견하였는데, 의박사 나솔(奈率) 왕유릉타(王有凌陀)와 채약사 시덕 반량풍(潘量豊), 고덕 정유타(丁有陀) 등도 함께 3년간 파견되어 일본에서 의료인을 육성하였다고 한다. 약물을 채집하여 약재로 만드는 일을 담당하는 채약사와 약재를 사용하여 치료를 담당하는 의박사를 일본에까지 파견할 정도로 백제의 의약 수준은 상당했던 것으로 보인다.

신라의 경우, 568년 진흥왕이 지방을 순행할 때 수행하였던 "약사(藥師) 독지차 대사(大舍)"(마운령비)라는 존재가 기록되어 있다. 제반의 제도 정비가 이루어졌던 법흥왕대(514~539)에 의약을 담당하는 관부인 약전과 약사 직책이 설립되었을 것으로 추정되고 있다.

불교 의학과 사찰

삼국 모두 불교를 수용한 뒤에는 불교의학의 영향을 많이 받았다. 불교 의학은 단순히 주술이나 기도에만 의지하는 것이 아니라 고대 인도 의학을 기반으로 하여 비교적 과학적 색채를 지닌 의학이었다. 불교 경전에는 의사가 지켜야 할 의계와 간호인이 지켜야 할 간호계, 병자가 지켜야 할 병인계 등이 있으며, 이 3자의 조화 속에 질병이 치료된다고 보았다.

불교는 포교를 위해 질병 치료에 매우 적극적이었다. 불교를 가장 늦게 받아들였던 신라가 성덕공주의 질병을 치료해 준 승려를 위해 흥륜사를 창건 해주었다는 《삼국유사》의 설화는 질병치료가 포교활동에 큰 역할을 하였다는 것을 보여 준다.

삼국의 승려들 가운데 질병 치료에 뛰어난 의승들이 있었다. 고구려의 경우, 752년에 당나라 왕도가 편찬한 《외대비요》에 다리를 잘 쓰지 못하는 질병에 모과를 사용하는 '고려노사방'이 인용되어 있다. 이 치료법은 중국에서 청목향과 서각이 첨가되면서 소공방과 서왕방으로 발전하였다.

'고려변사방'은 중국의 천태 지의(智顗: 538~597)가 제자들에게 가상에 관해 설명하면서 고구려 승려 변사가 최면이나 정신요법을 사용하여 질병을 낫게 했다는 사례를 소개하면서 알려졌다. 즉 고구려의 변사가 목의 혹을 치료하는데, 자신의 혹을 혹이라고 생각하지 않고 벌집에서 새끼벌이 다 날아가서 구멍투성이가 된 집이라고 가상하라고 지시하고 환자는 고름이 흘러 내려서 혹이 빈 벌집 같이 된 상황을 상상해서 치료하였다는 이야기이다.

신라의 불교 의학은 《신라법사방》을 통해 짐작해 볼 수 있다. 984년 일본의 단바 야스요리(丹波康賴, 911~995)가 편찬한 의학서《의심방》내에 3개 처방전이 인용되어 있다.《신라법사방》은 언제 만들어진 방서인지 확실히 알 수 없지만, 대개 경덕왕(재위 742~764) 무렵의 8세기 중반으로 추정되고 있다. 비록 8세기 무렵에 이루어진 방서라 하더라도, 여기에는 신라 전래의 오래된 비방들이 채록되었던 것으로 보인다.

《의심방》에서 약을 먹을 때 외우는 주문 복약송은《신라법사방》에서 인용한 것이 유일하다. 복약송에는 오장육부와 경맥을 언급하여 중국 의학이 가미되어 있음을 잘 보여 준다. 즉 신라에 수용된 불교 의학은 인도에서 중국과 고구려를 거쳐 신라에 이르기까지, 오랜 기간 동안 다양한 문화와 공간을 섭렵하였으므로 복합적인 모습을 가지고 있다. 인도와 중국, 고구려의 의학이 혼재되어 있는 상태에서 신라 고유의 민간 경험방까지 더해졌던 것으로 파악된다. 말린 말벌 집을 옹기 안에 넣고 흰 재가 되도록 달여 그 반을 따뜻한 술에 타서 마시고, 반은 침으로 개어 남성 생식기에 반복해서 바름으로써 정력을 강하게 하는 노봉방의 사용법은《신라법사방》에서 유일하게 발견된다.

사찰은 공적 의료가 발달하지 못하였던 고대에 치료 공간과 치료 인력까지 겸비한 곳이었다. 특히 대형 사찰에는 아픈 승려를 치료하는 '병원' 공간이 설치되었으며, 선종 사찰에서는 이러한 공간을 연수당이나 성행당이라는 이름으로 불렀다. 승려들에게 부여된 여러 계율 가운데 아픈 자를 부처님 돌보는 듯 해야 한다는 간병계로 인해 불교 의학과 승려는 고대 사회에서 질병을 치유하는 데에 중요한 역할을 담당하였다.《신라법사방》은 바로 이러한 전통 속에 만들어진 의학서였다.

삼국의 의학서와 고유 처방

삼국에서 고유의 의학서를 편찬하였을 것으로 추정되나 현전하는 것은 없고 중국이나 일본의 의서에 이름만 전하고 있다. 《외대비요》에서 인용한 《고려노사방》이나 《의심방》의 《백제신집방》과 《신라법사방》 등이 그것이다. 《의심방》에는 《백제신집방》의 처방이 2개 인용되어, 백제 의학서의 모습을 짐작해 볼 수 있다. 폐옹을 치료하는 처방으로 황기(黃蓍)를 불에 달여서 복용하는 것과 정종(딱딱하게 근이 박힌 종기)을 치료하는 처방으로 국화잎을 줄기와 함께 찧어서 즙을 마시는 처방이다. 두 개 모두 포박자 갈홍(283?~343?)의 《갈씨방》을 원처방으로 하였는데, 국화 잎만 사용하는 원처방과는 달리 국화 줄기까지 사용하는 변용을 찾아볼 수 있다.

신라 고유의 처방으로는 만성적인 다릿병을 치료하는 위령선 처방을 들 수 있다. "중풍으로 대변이 나오지 않는 것을 치료하는 데는 위령선(향명 으아리)을 곱게 갈아 꿀을 넣고 졸여 벽오동 씨만 하게 환을 만든 다음 이른 새벽에 따뜻한 술로 60알을 복용하는데, 다리가 무거워 걸을 수 없는 것도 능히 치료한다. 당나라 상주(商州)에서 어떤 사람이 다리에 힘이 없어 걸을 수 없는 병을 십 년 동안 앓고 있다가 길가에 앉아서 낫기를 구하였다. 한 신라스님이 보고, '이 병은 하나의 약이면 나을 수 있는데, 이 땅에 있는지 알 수가 없다.'라고 말하면서 알려 주었다. 바로 산에 가서 약을 찾아보니, 으아리였다. 며칠 간 약을 복용하니 능히 걸을 수 있었다(차나 밀가루 음식을 금해야 한다)."《향약구급방》 앞에서 인용한 신라승의 위령선 에피소드는 당나라 주군소의 〈위령선전〉을 후대 본초서에 채록한 것을 고려

《향약구급방》이 다시 인용한 것이다. 당나라에 유학하러 왔던 신라 승려
는 위령선의 중국 명칭도 알지 못하였다. 으아리를 다려 먹는 신라 고유의
처방이기 때문이다. 786년 9월 상주 출신인 등사제가 신라 승려가 치료한
것을 보고 만성 다릿병에 특효약인 위령선초를 대궐에 바쳤다. 황제는 약
효가 있는지 궁인들에게 시험해 본 뒤, 본초서에 기재하고 등사제는 태의
승 벼슬을 주었다.(《당회요》권82, 의술) 신라의 향약이 당약으로 전환된 것
이다.

신라 '의학'의 설립

692년(효소왕 2)에 신라는 최초의 의과대학을 설립하였다. 그 이전에도 의
료인을 양성하는 기관이 있었지만, 정식 교육기관으로서 설치된 것은 처음
이었다. 이때의 교육과정은 당나라의 의학교육과 거의 동일하였던 것으로
보인다. 당 의질령에 규정되었던 의학교과서 대부분이 《삼국사기》에 보인
다. 의학생들은 우선 《본초경》과 《갑을경》·《소문경》·《침경》·《맥경》·《명당
경》·《난경》 등을 기본으로 학습하였다. 이는 당나라와 일본의 의학에서도
공통으로 가르쳤던 과목들이다.

8세기 이후 한·중·일 삼국에서는 공통의 의학교육과정을 통해 질병명과
약물명 및 중량이 통일된 동아시아 의학세계가 탄생했다. 그 이전까지 각국
은 저마다 질병명과 약물명이 달리 존재하였는데, 이제 의학교육기관에서
동일한 의학용어를 사용하는 궁중의사들이 매년 배출되었다. 이들은 신지
식인으로서 의사로 불렸으며, 이전의 약사보다 높은 사회적인 지위를 가지

게 되었다. 또한 질병명과 약재명, 중량이 통일된 동아시아 중세의학의 탄생으로 한중일 간에 약재 무역이 더욱 성행하게 되었다.

이현숙 _연세대 의학사연구소

숲 벌채와 인간 공간의 확대

서민수

　자본과 개발의 논리로 숲이 잘려 나가고, 숲이 건강히 지켜 온 생태계가 무너졌다는 얘기는 이제 흔한 서사가 되었다. 생태계 파괴란 숲에 사는 동·식물 친구들이 죽거나 살 곳을 잃는 것만을 뜻하지 않는다. 하천이 메마르고 토양이 척박해지며, 토사 유출로 홍수나 산사태를 걱정하는 등 인간의 삶도 굴절된다. 날로 심각해지는 기후 위기도 숲의 보전과 깊은 관련이 있다. 무분별하게 숲을 잘라 내는 일이 우리의 숨통을 옥죄고 있다. 우리가 숲의 모습을, 다시 숲이 우리의 모습을 규정하며 살아가는 셈이다.

　숲과 인간의 유기적 상호관계는 역사의 시간에서도 헤아려진다. 인간이 처음 지구에 발을 내딛었을 때, 세상은 온통 숲이었다. 인간은 야생동물이나 곤충 같은 단백질 자원과 임산물이 풍부한 숲에서 생존을 모색하였다. 풍부한 목재와 비옥한 토양도 숲에 있었다. 농경지를 조성하고 마을을 이루려면 숲을 태우거나 잘라 내면 되었다. 국가가 들어서자 숲은 농지 개간, 마을 영역의 구획, 시지(柴地)의 지급, 벌목과 조림, 토산물의 수취 등 여러 조치에 따라 모습이 바뀌었다. 대체로 숲은 잘려 나갔다. 장기적 시야에서 볼 때, 숲의 관리와 개간 사이에 놓인 생태 균형의 추는 차차 기울었다. 인간은 헝클어진 생태의 리듬에 맞춰 살아가는 법을 익혀 나갔지만, 가끔은 예기치 못한 자연재해로 공동체의 존속을 걱정해야 했다.

숲은 자연환경과 인간 사회가 서로를 무수히 재구성한 상호작용의 역사를 담고 있다. 단순히 인간의 역사가 전개되는 고정불변의 배경이나 무대 장치가 아니라, 생태 천이(遷移)와 인간의 간섭에 따라 변화하는 역사적 공간이었다. 숲의 역사에 대해 우리가 아는 것은 아직도 별로 없다. 생태환경사의 눈으로 과거를 읽으려는 노력이 필요하다.

한반도 숲의 변화 스케치

마지막 빙하기 동안 한반도는 나무가 듬성듬성 자라는 초원지대였다. 숲이라곤 춥고 건조한 기후에서 자라는 한대성 침엽수림이 일부 분포할 뿐이었다. 약 1만 년 전 빙하기가 끝나고 지구는 점차 따뜻해졌고, 한반도의 빈 땅은 나무로 채워지기 시작했다. 7천 년 전쯤에는 따뜻하고 강수량도 안정적으로 공급되었던 '홀로세 기후최적기(Holocene Climate Optimum)'가 한반도를 찾았다. 초원의 시대는 완전히 끝나고, 숲의 시대가 열렸다.

이 무렵 한반도에 최초의 농부가 등장했다. 빈 땅을 뒤덮는 숲에서 영감을 얻었던 걸까? 농부는 곡물의 씨앗을 땅에 묻어 두고 나무처럼 자라나길 기다렸다. 여전히 자연에서 식량 자원을 얻는 수렵이나 채집·어로 생활이 선호되었지만, 농부의 방식도 차츰 인기를 얻었다. 이때부터 숲은 조금씩 사라졌다. 부엽토가 깔린 숲은 생산성이 좋았다. 농부들은 숲을 불태우거나 돌로 나무를 쓰러트려 농경지로 바꾸었다. 게다가 농부는 정착생활을 선호했다. 가옥을 짓기 위한 건축재, 취사와 난방용 땔감, 토기를 굽는 연료, 생활도구의 제작 등 농부의 일상에서 나무는 시간이 갈수록 더 많이 필요해졌다.

다만 숲도 스스로 몸집을 불릴 줄 알았다. 나무들은 전략적으로 씨앗을 퍼트려 빈 땅을 숲으로 개척했다. 인간의 훼방에도 숲의 제국은 견고했다. 인간이 돌로 나무를 쓰러트리는 속도보다 숲의 확장이 더 빨랐다. 인간은 숲이란 바다에 에워싸인 섬 같은 존재였다.

숲과 인간의 관계 역전은 한국 고대사의 시작과 가까운 시점에 일어났다. 지역마다 차이는 있지만, 대체로 기원전후경 한반도의 숲은 눈에 띄게 감소했다. 인구가 늘면서 공동체의 구조는 복잡해졌고, 조그만 나라들도 여럿 생겨났다. 그만큼 목재의 소비는 늘고, 논과 밭을 얻기 위한 숲의 개간도 활발해졌다. 돌보다 단단하고 예리한 철 소재도 등장했다. 처음에 선철로 만든 공구는 부러지기 십상이었지만, 강철이 생산되면서 나무의 벌채 효율은 좋아졌다. 금속 제련에도 엄청난 양의 목재가 필요했다. 나무 벌채와 금속 제련은 서로 선순환 관계를 이루며 숲의 면적을 좁혀 나갔다.

숲은 면적과 밀도 면에서 조금씩 해체되었다. 여백은 인간의 일상 영역으로 채워졌다. 마을을 포위하고 있던 숲의 선명한 대비감은 희미해지고, 군데군데 들어선 논과 밭에서 이삭이 익어 갔다. 물론 숲의 해체 속도는 지역마다 불균일했다. 인구가 밀집한 곳에서 목재의 수요는 더 높았고, 숲의 농경지 전환도 활발했다. 벌채에 쓰인 철제공구도 고대국가의 지배층이 집중소유했다. 그래서 숲은 고대국가의 중심지에서 더욱 뚜렷이 개방되었다. 그로부터 멀리 떨어져 있고 인구가 적은 곳에서 숲은 여전히 울창했다.

신화가 깃든 숲

숲의 해체로 숲과 인간의 관계도 이전과 달라졌다. 숲에 둘러싸여 생존을 모색하던 인간과, 숲을 경작지로 바꾸던 인간에게 숲은 각기 다른 의미를 가진 공간일 수밖에 없다. 기후위기가 심각한 오늘날, 숲은 산소를 내뿜는 고마운 허파로 생각되듯이.

그럼 인간이 숲에 에워싸였을 때, 고대보다도 더 오랜 '고대'에, 인간은 숲을 어떤 공간으로 생각했을까. 문헌에서 숲을 향한 가장 오랜 '고대' 인간의 생각은 단군신화에 담겨 있을 것 같다.

> 환웅(桓雄)은 무리 삼천을 거느리고 태백산 꼭대기의 신단수(神壇樹) 밑에 내려왔다. 이곳을 신시(神市)라 불렀다.

단군신화에서 환웅은 산 정상부의 신단수라는 나무 아래로 내려왔다고 한다. 그는 신과 같은 존재인 환인(桓因)의 아들이었다. 그래서 그가 머문 지상공간은 신시나 신단수처럼 '신(神)'자를 붙여 신성을 표현했다. 그런데 신시의 '시(市, 5획)'를 '불(市, 4획)'자로 읽어야 한다는 의견이 있다. '불'은 초목이 무성한 모습을 의미한다. 두 글자는 획수만 다를 뿐 정말 비슷하다. '신불'로 읽는 의견을 따른다면, 환웅이 하늘에서 내려온 지상공간은 신단수와 그 곁에 초목이 우거진 '신의 숲' 내지 '신성한 숲'으로 해석된다. '신시'로 읽는 게 옳대도 그곳은 태백산 꼭대기의 신단수 아래다. 하늘을 향해 솟아오른 신단수와 그 아래 산림으로 구성된 공간이 떠오른다. 어떻게 읽든 단군신화를 입에서 입으로 전했던 옛사람들은 산 정상부의 나무와 숲으로 이루어진 곳에 환웅이 내려왔다고 생각했던 게 분명하다. 사람이 되게 해 달라 환웅을 찾았던 곰과 호랑이도 숲에 사는 동물 아니던가?

시조의 성은 박씨, 이름은 혁거세다. …… 고허촌장 소벌공(蘇伐公)이 양산 기슭을 보니, 나정(蘿井) 곁의 숲 사이에 말이 무릎을 꿇고 울고 있었다. 가 보니 말은 보이지 않고 큰 알이 있어 갈라 보니 갓난아이가 나왔다.

가락국의 바다에 어떤 배가 와서 닿았다. …… 그 배를 끌어다가 나무 숲 아래에 매어 두고, 이것이 흉한 일인지 길한 일인지를 몰라 하늘을 향해 고했다. 잠시 후 궤를 열어 보니 단정히 생긴 사내아이가 있었고, 일곱 가 지 보물과 노비도 그 속에 가득하였다.

왕이 금성 서쪽 시림(始林)의 나무 사이에서 닭이 우는 소리를 들었다. 날 이 밝고 호공(瓠公)을 보내 살펴보니 금색의 작은 궤짝이 나뭇가지에 걸려 있고 흰 닭이 그 아래에서 울고 있었다. 호공이 돌아와 고하자 왕은 사람 을 시켜 궤짝을 가져와 열게 했다. 작은 남자아이가 그 안에 있었는데, 자 태가 훌륭하였다.

숲은 신라의 건국신화에도 보인다. 박혁거세는 나정 곁의 숲에서, 김알지 는 훗날 계림(鷄林)으로 불리는 시림이란 숲에서 태어났다. 두 시조가 탄생 한 신성한 공간은 바로 숲속이었다. 탈해의 이야기는 조금 다르지만, 마찬 가지로 숲과 관련되었다. 탈해는 한 노파가 견인한 배의 궤짝 속에 들어 있었다. 노파는 상황이 심상찮았는지 숲 아래로 배를 끌어다 하늘을 향해 길흉을 물었다고 한다. 아마 그 숲은 하늘과 소통할 수 있는 매우 영험한 공간이었던 듯하다. 즉, 신라 건국신화의 세 숲은 모두 시조가 탄생한 성스러운 공간이었다.

세 숲이 모두 평지에 있었다는 점도 눈여겨볼 만하다. 산이 많은 우리나라에서 숲은 흔히 산림과 같은 의미로 통용되곤 한다. 그런데 경주로 여행을 떠나 보면, 계림이나 나정 곁의 숲이 모두 평지에 있다는 것을 알아차릴 수 있다. 탈해의 숲은 어디인지 정확히 알려지지 않았다. 탈해가 탄 배를 끌어다 두었던 곳이니, 해안가에서 그리 멀지 않은 데 조성된 평평한 지대의 숲이 아닐까 싶다. 이로 미루어 보면, 단군신화처럼 꼭 하늘과 지상이 맞닿은 산 정상부의 숲만 신성하게 여겨진 것은 아니었다. 옛사람들은 입지와 상관없이 숲이란 공간 자체를 특별하고 성스럽게 생각했다.

나라 동쪽에 큰 굴이 있는데 수혈(隧穴)이라 부른다. 10월 국중대회(國中大會)에 수신(隧神)을 맞이하여 나라 동쪽의 강 위에 모셔 제사를 지내는데, 나무로 만든 수신을 신의 자리에 모신다.

신을 모시는 사당이 두 곳 있는데, 하나는 부여신(夫餘神)이라 하여 나무를 깎아 부인의 형상을 만들었고, 하나는 등고신(登高神)이라 하는데 이는 그 시조인 부여신의 아들이라 한다. 모두 관사를 두고 사람을 보내 지키는데 아마 하백의 딸과 주몽인 듯하다.

한편, 고구려에선 수신이나 부여신같이 나무를 깎아 만든 신을 모셨다. 고구려 주변의 북방 유목민·수렵민 사회에서 두루 관찰되는 신목(神木) 제의의 일종이었다. 그들은 살아 있는 나무, 잘려진 나뭇가지, 나무 기둥 등 다양한 형태의 나무를 신으로 모셨다. 고구려처럼 사람의 모습을 나무로 새겨 제의를 치르는 경우도 있었다. 그런데 신목 제의가 숲에서 연원했음을 말해 주는 사례가 있다. 중국 동북부 지역의 선비(鮮卑)는 숲 주위를 도는 형식으로 제의를 치른 흉노(匈奴)의 습속을 이어받았는데, 숲이 없으면 버드나무의 가지를 세워 돌았다고 한다. 버드나무 가지, 즉 신목은 성스러운 제의 공간인 숲을 대신하는 의미로 세워졌다. 고구려의 신목제의도 그 원형이 숲에서 성립했을 가능성이 있다. 나무를 깎아 만든 부여신이 하백의 딸이자 주몽의 어머니고, 그의 이름이 '버드나무' 꽃을 뜻하는 유화(柳花)인 게 우연만은 아니다.

그럼 숲은 어떻게 신화와 제의의 공간에 배치되었을까? 중국의 고대문헌을 두루 검토한 이토 세이지(伊藤淸司)는 고대인의 세계를 '내부세계'와 '외부세계'로 나누어 본다. 인간의 일상 공간인 마을과 밭은 '내부세계', 인간에게 길들지 않은 숲과 늪지대, 즉 산림수택(山林藪澤)은 '외부세계'다. 나무가 무성하게 자란 숲은 낮에도 어두컴컴하고, 인간의 생명을 위협하는 맹수가 득실대는 위험한 야생 공간이었다.

한반도에서 숲이 해체되는 기원전후경까지 사방이 트인 마을과 그를 에워싸듯 밀집한 숲의 대비감은 매우 선명했다. 숲은 마을에서 느끼는 소속감, 일상과 경험, 질서와 안전이 사라진 전혀 다른 세계였다. 깊은 숲속에서 보고 겪은 일을 과장하거나, 기존 상식으로 이해되지 않는 경험을 신적 존재와 연결하는 이도 있었다. 숲속에 말이 보여 다가갔더니 사람을 품은 알이 있었다거나, 닭 울음소리가 들려 숲에 갔더니 나무에 금궤가 걸려 있었다는 식의 서사도 숲을 '외부세계'로 생각했던 고대인의 심성에서 만들어졌다. 숲에 둘러싸인 채 숲을 향한 예민한 감각을 발달시켰던 고대인은 신적 존재가 머물고 건국영웅이 탄생한 성스러운 공간을 숲이라 생각했다.

임수(林藪)의 공간, 경주

천년 왕국의 역사가 스민 경주, 오랜 역사만큼 숲에 관한 기록도 많다. 대부분 세 하천이 둘러싼 경주분지, 즉 현 경주 시내와 주변 일대의 숲 이야기다.《삼국사기》와《삼국유사》는 알지가 태어난 시림과 그 다른 이름인 계림과 구림(鳩林), 석가모니 부처가 오기 이전 시대의 절터로 여겨진 천경림(天鏡林)과 신유림(神遊林), 해와 달을 위한 제사를 치렀던 문열림(文熱林), 황룡사의 장육존상이 만들어진 문잉림(文仍林), 김현(金現)과 호랑이 처녀의 사랑 이야기를 담은 논호림(論虎林) 등을 전한다. 조선시대《동경잡기(東京雜記)》와《경상도읍지(慶尙道邑誌)》, 그리고 조선총독부 임업시험장의《조선의 임수(朝鮮の林藪)》도 비보수(裨補藪), 오릉림(五陵林)=남정수(南亭藪), 북수(北藪), 고양수(高陽藪)=논호수(論虎藪), 류림(柳林), 서부렵림(西部獵林), 지북림(枝北林), 임정수(林井藪), 오리수(五里藪) 등 여러 숲 이름을 남겼다. 모두 신라 때부터 있던 숲인지는 알 수 없지만, 옛 경주분지의 숲 경관과 생태에 다가설 소중한 정보를 담고 있다.

숲 이름은 '임(林)'과 '수(藪)'로 구별되었다. '임'은 평지나 산을 따라 나무가 밀집한 공간이다. 우리가 잘 아는 숲의 모습이다. '수'는 물이 고여 습지가 될 수 있는 축축한 땅, 즉 물의 영향을 받아 나무와 수풀이 번성한 곳을 말한다. 둘다 숲을 가리키는 말이지만, 입지와 경관 그리고 생태가 달랐다. 옛사람들은 숲의 모습에 따라 이름을 달리 붙였다.

오늘날 경주 시내의 숲은 야트막한 산과 구릉을 따라 형성된 '임'이 대부분이다. 이 경관은 신라 때부터 저습지를 육지로 개발하려는 노력 끝에 만들어졌다. 그 이전에는 지형 기복에 따라 지하수위가 높아져 형성된 저습지가 많았다. 황룡사지나 월성해자, 월지 일대의 발굴 조사에서 확인된 습지 토양은 과거에 저습지가 상당히 넓게 분포했음을 일러 준다. 바로 이 저습지에서 '수'가 자라났다. 저습지는 자연 상태에서, 또는 외부 요인이 개입하면 수풀과 관목, 교목이 자라는 습초지로 발달한다. 옛 경주분지는 '임수(林藪)'의 공간이었다.

고고학 발굴조사에 따르면, 경주분지에서 유적은 3세기 전후 조성되기 시작했다. 월성 일대에 3~4세기대 유구가 조성되고, 이후 월성을 중심으로 인간의 흔적이 확대되었다. 경주분지를 둘러싼 세 하천 바깥의 황성동이나 탑동, 그리고 경주시 외곽에 비해 유적 조성 시기는 꽤 늦은 편이다. 3세기 전후까지 경주분지는 인간 개입이 유달리 적은 공간이었다는 얘기다. 아마 경주분지 이곳저곳에 형성된 너른 저습지가 인간의 정착을 방해했던 듯하다. 당시까지 경주분지는 임수로 뒤덮인 공간이었다.

이 나라는 아직까지 불법(佛法)을 모르지만, 이후 3천여 월이 지나면 계림에 성왕(聖王)이 출현하여 불교를 크게 일으킬 것이다. 서울(경주)에 일곱 곳의 절터가 있다. 첫째는 금교(金橋) 동쪽의 천경림(天鏡林)이다. 둘째는 삼천기(三川歧)다. 셋째는 용궁(龍宮) 남쪽이고, 넷째는 용궁 북쪽이다. 다섯째는 사천미(沙川尾)고, 여섯째는 신유림(神遊林)이며, 일곱째는 서청전(婿請田)이다. 모두 전불 시대의 절터이며, 불법의 물결이 길이 흐를 곳이다.

임수로 뒤덮인 경주분지는 인간에게 길들지 않은 전형적 '외부세계'였다. 김알지의 성스러운 탄생도 경주분지의 계림을 배경으로 하지 않았던가? 그뿐 아니다. 《삼국유사》는 석가모니 부처가 세상에 오기 이전 시대의 일곱 절터가 경주에 있었다는 내용을 담았다. 그대로 믿기는 어렵다. 신라에 불교가 전해지기 이전 토착신앙의 성소였던 일곱 장소에 불교적 색채를 덧칠했다고 해석한다. 일곱 장소 중 천경림과 신유림은 숲, 용궁은 황룡사가 조성되기 전 그 일대에 있던 저습지를 가리킨다. 사천미는 훗날 영묘사(靈妙寺)가 들어섰는데, 커다란 저습지를 매립하고 지었다는 별도의 전승이 있다. 자연경관을 특정하기 곤란한 삼천기와 경주분지 바깥의 서청전을 제외하면, 경주분지에 있던 토착신앙의 성소는 모두 숲과 저습지였다.

숲, 왕경으로 변모하다

3세기 이후 경주분지로 인간의 개입은 조금씩 확대되었다. '외부세계'이던 임수의 공간이 신라인이 일상을 꾸리는 '내부세계'로 전환되는 과정이었다. 예컨대 4세기경 대릉원 동쪽의 쪽샘지구와 월성로 부근에 고분이 조성되었다. 쪽샘지구에서는 4~6세기의 고분이 수백 기나 발굴되었다. 이 무렵

경주분지를 거주지로 삼은 사람들이 일정 공간을 묘역으로 할당했던 것이다. 쪽샘지구의 서쪽 대릉원 일대에도 5세기 신라의 랜드마크인 초대형 적석목곽분이 밀집 조성되었다.

그런데 경주분지의 지형조건상 대릉원 일대는 여름철 강수량에 따라 지하수위가 지표면까지 상승할 수 있었다. 이곳을 묘역으로 기획하려면, 지형기복을 따라 형성된 저습지를 육지로 개발하는 작업을 선행해야 했다. 인간의 간섭 없이 오랫동안 번성했던 습지의 숲 '수'를 제거하고 땅을 고르는 작업이 병행되었다. 묘역은 하나의 예시일 뿐, 마을과 경작지, 궁궐과 관아 등 인공 공간을 마련하려면 어김없이 숲의 해체 작업을 거쳐야 했다.

실성이사금 12년(413) 가을 8월, 낭산에 구름이 일어났다. 바라보니 누각 같았고 향기가 가득 퍼져 오랫동안 없어지지 않았다. 왕이 "이것은 신선이 하늘에서 내려와서 노는 것이다. 복 받은 땅이 틀림없다."라고 말했다. 이 때부터 사람들이 나무 베는 것을 금하였다.

진흥대왕 5년 갑자년(544), 대흥륜사를 지었다. 《국사》와 향전에 따르면, 실은 정미년(527)에 터를 잡고, 을묘년(535)에 천경림을 크게 벌채하여 처음 공사를 시작했다. 서까래와 대들보 모두 그 숲에서 얻어 쓰기에 넉넉했고, 계단의 초석이나 석감도 모두 있었다고 한다.

경주분지로 인간의 간섭이 확대되는 추세에서 토착신앙의 성소인 숲마저 베어지는 일이 발생했다. 5세기 초 실성왕은 낭산에서 나무 베는 일을 금지

했다. 낭산의 숲은 '신선이 하늘에서 내려와 노는 복된 땅'이었다. 앞서 열거한 토착신앙의 일곱 장소 중 하나인 '신유림(神遊林)'이 바로 여기였다. 즉, 실성왕의 조치는 토착신앙의 성소인 숲을 보호하기 위해 내려졌다. 그 무렵 신유림에 들어와 벌목하는 사람이 꽤 생겨났던 모양이다. '신선이 노니는 숲'의 신성은 이미 균열되고 있었다.

또 다른 토착신앙의 공간인 천경림도 흥륜사 조영을 위해 잘려 나갔다. 천경림은 대대적으로 벌채되었고, 서까래나 대들보로 쓸 만큼 훌륭한 목재도 넉넉했다고 한다. 6세기 전반까지 천경림은 인간에게 훼손되지 않은 채 울창한 모습을 유지해 왔다. 그러나 이제 개간을 가장 꺼렸을 토착신앙의 성소인 숲마저 왕의 의도대로 해체 가능한 공간이 되고 말았다.

자비마립간 12년(469) 봄 정월에 서울의 방리(坊里) 이름을 정했다.

경주분지에서의 숲 해체는 이방제(里坊制) 실시로 가속되었다. 4~5세기의 숲 개간은 묘역의 사례처럼 일정 공간을 국지적으로 개발하는 형태였다. 그러나 이방제는 장기적으로 경주분지 전체에 격자형 도로망을 구획하려는 의도가 있었다. 격자형 도로망 구현에 방해되는 숲과 저습지는 모두 잠정적 해체 대상이 된 셈이다. 경주분지를 뒤덮은 숲을 해체하고, 인간의 일상이 전개되는 공간으로 전면 전환할 예정이었다.

경주분지는 '외부세계'에서 '내부세계'로 바뀌어 갔다. 구석구석이 궁궐과 관아, 사찰, 주거지와 묘역, 도로, 농경지로 개발되기 시작했다. 숲은 잘려 나가고 인간의 영역임을 선언하는 건축물이 들어섰다. 토착신앙의 성소였던 숲들도 예외가 아니었다. 숲 개간과 저습지 매립 현장이 경주분지 곳곳에서 잦은 빈도로 노출되면서, 숲은 물리적 면적뿐 아니라 '외부세계'로서 신성하고 때론 두려움마저 주던 공간적 이미지도 잃고 말았다. 비단 경주분지의 왕경 개발에만 국한되는 사례는 아니다. 시간과 공간의 차이가 있을 뿐, 삼국시대 인간 활동의 대부분은 숲을 해체하고 인간의 일상 공간을 확대하는 과정이었다.

서민수 _경동대 강사

고대 도시의 오물 처리

권순홍

국가기관에서 일하는 A는 어느 날 직장에서 일하던 중 배가 살살 아파 왔다. 아무래도 어제 먹은 음식 중에 안 좋은 게 있었던 모양이다. 그는 하던 일을 멈추고 화장실로 달려갔다. 얼른 빈칸에 바지를 내리고 앉았다. 긴장이 풀린 상태로 장의 내용물을 변기 안으로 비워 내면서 안도의 한숨을 내쉰다. 조금만 늦었으면 직장 동료들을 보기 민망해서라도 이직을 고민했을지 모르니까. 볼일을 마친 후, 챙겨 온 닦을거리를 꺼내 뒤를 닦고 변기에 버린다. 그런 다음 물을 콸콸 쏟아부어 내용물을 하수구로 내려보낸다.

누구나 겪었을 법한 위의 이야기를 읽으며, 당신은 과연 주인공 A를 현대인이 아닌, 고대 신라인이라고 상상할까. 수세식 화장실(WC: water closet)을 마치 자기들의 발명품인 양 선전하는 영국인들의 자랑을 들었다면, 고대의 화장실은 일명 푸세식 혹은 똥돼지 우리 위에 설치된 것으로만 상상하기 쉽겠다. 그러나 이미 청동기시대 파키스탄의 하라파에도 시트 달린 변기와 수세식 화장실이 있었고, 고대 로마에도 화려한 분수가 설치된 수세식 화장실이 있었으니, 저 영국인들의 무지(물론 오늘날 우리가 사용하는 S자형 트랩이 있는 수세식 좌변기는 1775년 영국인 알렉산더 커밍스가 발명한 것이다.)를 조롱할 일이다.

높으신 분들의 화장실

A가 사용한 화장실은 8세기 신라 동궁에 설치되었던 화장실이다. 돌로 된 타원형의 변기에는 아래쪽으로 뚫린 구멍이 한쪽으로 치우쳐 있고, 그 구멍을 향해 약간의 경사가 나 있다. 경사가 심하지 않아서, 오물을 구멍 아래로 흘려보내기 위해서는 물을 직접 콸콸 쏟아붓거나 별도의 급수장치가 필요했을 것 같다. 요즘에야 많이 없어졌지만, 오래된 화장실에는 간혹 남아 있는 일명 화변기 혹은 수대변기로도 불리는 쪼그려 앉아야 하는 변기와 그 모양이나 사용법이 닮았다. 변기 위에는 발판을 도드라지게 깎은 돌판 두 개를 맞대어 놓는데, 발판 사이로 아래의 변기 사이즈에 걸맞은 구멍이 나 있다. 돌판의 가장자리에는 네모 모양의 홈이 네 군데 있는데, 아마 그 위로 나무로 된 칸막이가 세워졌을 것으로 보인다.

이 화장실이 높으신 분들이 사용하던 고급화장실이었다는 평가는 그 위치가 동궁이라는 사실 때문만은 아니다. 일단 화장실 설치에 들었을 비용이 만만치 않았겠다. 강도가 세서 다듬기 어려운 화강암으로 길이 90센티미터 정도의 변기를 정교하게 깎고 그 안에 지름 13.4센티미터나 되는 구멍을 뚫는 일은 비용이 많이 드는 작업이었다. 변기의 구멍으로 내려간 오물은 하수구를 따라 배출되는데, 하수구의 바닥과 뚜껑을 매끈한 전돌로 깔았다. 오물의 흐름을 용이하게 하기 위해서였겠지만, 호텔 로비에나 사용될 고급

대리석 타일을 하수구에 사용했다고 상상해 보자.

사용자에 대한 배려도 돋보인다. 이 화장실에는 세 가지 인테리어 포인트가 있는데, 첫 번째 포인트는 화장실 한 칸의 내부 공간이 꽤 넓다는 점이다. 변기 위에 맞대어 덮어 놓은 두 개의 돌판은 길이가 약 175센티미터, 너비가 약 120센티미터나 된다. 슈퍼싱글 침대사이즈가 대략 200×110센티미터이니 그 크기를 가늠해 보자. 그 위에 세워진 칸막이를 고려하더라도 그 공간은 한 사람이 움직이기에 충분히 넓다. 좁은 것보다 넓은 것이 사용자 입장에선 훨씬 쾌적하다는 점은 경험을 통해 누구라도 쉽게 공감하리라. 두 번째 포인트는 발판을 약 3센티미터나 도드라지게 만들었다는 점이다. 아마 두 가지 효과를 바랐던 것 같다. 첫째, 이렇게 발판을 지정하면 덩달아 배변 지점도 정해지면서 의도치 않은 오발(?) 사고를 막을 수 있다. 둘째, 이

▎신라 동궁 화장실 유적 돌판(발판)(국립경주문화재연구소)

정도나마 발판을 높이면 혹시 발생할지 모를 옷이나 신발의 오염을 방지할 수도 있다. 사용자를 위한 세심한 배려가 아닐 수 없다. 세 번째 포인트는 발판 사이의 구멍을 아래 변기의 폭보다 훨씬 좁게 만들었다는 점이다. 혹시 튀어 오를지 모를 오물을 막는 효과가 있었다. 이 정도면 최고급이라 할 만하지 않은가.

화장지가 없을 땐 뭐로 닦았나?

고대 로마에서는 스펀지가 달린 막대기를 뒤처리용으로 사용했는데, 아무리 소금물이나 와인, 식초 등에 담갔기로서니, 그것을 여러 사람이 돌려

쓰던 그들의 방식은 우리로선 쉽게 받아
들이기 어렵다. 차라리 백제와 신라 사람
들의 뒤처리 방법이 조금 더 위생적이었
던 것 같다. A가 뒤처리를 위해 사용했던
닦을거리는 나무 막대였다. 종이가 없거
나 귀하던 시절에는 나무 막대가 종이의
역할을 하는 경우가 많았다. 전라북도 익
산 왕궁리의 화장실 유적에서는 7세기 백
제의 높으신 분들이 사용했던 뒤처리용

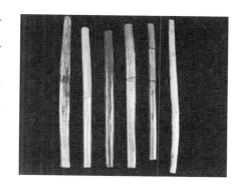

익산 왕궁리유적 출토 뒤처리용 나무 막대(국립
부여문화재연구소)

나무 막대가 여러 점 출토되었다. 30센티미터 남짓한 나무 막대는 효과적인
뒤처리를 위해 접촉 부분을 둥글고 매끄럽게 다듬었다.

중국에서는 이미 진(秦)나라 때부터 뒤처리용 나무 막대가 사용되었고,
일본 후쿠오카의 츠쿠시관[筑紫館] 화장실 유적에서도 8세기의 뒤처리용 나
무 막대가 다량으로 출토된 것으로 미루어 보아, 백제뿐 아니라 고구려와
신라에서도 어김없이 뒤처리용 나무 막대가 사용되었을 것이다. 아마 A가
소속된 기관의 종들은 하루 일과를 뒤처리용 나무 막대를 다듬는 작업으로
시작했을지도 모른다.

일반 가정의 변소

얼마 전까지 우리도 재래식, 일명 푸세식 변소를 사용했던 경험을 기억한
다면, 고대에도 여러 종류의 변소가 있었으리라는 추정은 어렵지 않다. 높

으신 분들처럼 배수시설을 마련할 형편이 안 되는 일반 가정에서는 오물을 모아 두었다가 주기적으로 바가지 따위로 길어서 비워 낼 수밖에 없었다. 우리가 흔히 재래식이라고 부르는 급취식(汲取式) 변소이다. 백제 사비도성이나 신라 왕경 등 고대 도시의 일반 가정에도 주로 급취식 변소가 설치되었다. 구덩이를 파고 그 위에 나무판을 대거나 입구가 좁은 토기를 묻어서 변기로 활용했다. 그래도 돈이 조금 있는 집들은 변조에 배수로를 이어서 변조와 배수로의 깊이 차이를 이용하여 오수를 정화하기도 했다. 일명 저류식(貯留式) 변소로, 오늘날 도로가의 배수구에서 많이 쓰이는 정화방식이다. 덩어리가 큰 오물은 변조 안에 남고, 그 위로 고이는 물은 배수로를 따라 배출되는 방식이다. 단, 오늘날에도 정기적으로 배수구의 구덩이에 쌓인 나뭇잎과 흙모래 등으로 퍼내야 하듯이, 저류식 변소도 주기적으로 변조를 비워 내야 했다는 점에서 급취식 변소와 크게 다르지 않았다.

오물이 일정 기간 저장되었기에 급취식 변소나 저류식 변소는 언제나 악취를 동반한 오염된 곳이었고, 따라서 사람들의 눈과 코로부터 멀리 떨어뜨려 저 건물 뒤편에 주로 마련된, 말 그대로 뒷간이었다. 다만, 고대의 읍루(挹婁)에서는 변소의 위치가 뒤가 아니었던 모양이다. 《삼국지》 읍루전에는 "중앙에 혼(溷)을 만들고, 사람들이 그것을 둘러싸며 바깥으로 살았다."고 전하고, 《후한서》 읍루전에도 "가운데 측(厠)을 만들고, 그것을 둘러싸서 살았다."고 전한다. 혼과 측은 모두 변소를 가리키는데, 가운데 공용의 변소를 만들어 놓고, 그 주위를 빙 둘러 가옥이 만들어졌다는 묘사이다. 《삼국지》와 《후한서》의 찬자는 읍루의 이러한 주거 형태를 보고 동이(東夷) 중에서도 특히 독특하다고 여김과 동시에 가장 불결하다고까지 평가했으니, 읍루를 제외한 나머지 한국 고대의 여러 나라에서는 변소가 눈에 띄는 중앙이 아니라, 저 뒤편에 설치되었다는 반증이겠다.

여담인데, 사실 집집마다 변소를 두는 것보다는 몇몇 집들이 공동으로 사용하는 변소를 하나 딱 만드는 것이 더 청결할 수도 있지 않을까. 위의 불결하다는 평가는 지식인의 오만에서 비롯된 낯선 것에 대한 괄시일 수 있다. 중국 지식인들의 기록 중에는 이런 사례가 한둘이 아니다. 《위서》 물길국전에 따르면 "읍루는 오줌으로 몸이나 식기를 닦았다."고 하는데, 《구당서》 흑수말갈전에서는 이러한 읍루의 습속을 또 동이에서 가장 불결하다고 평가했다. 그러나 고대 로마에서는 오줌물에 옷을 담가 발로 밟으며 세탁했고, 포르투갈인의 오줌으로 양치를 하기도 했으니, 꼭 읍루 사람들만 이상했던 것은 아니었다. 오줌은 옷의 더러운 때와 합쳐져서 알칼리성 물질을 생성하여서 오늘 우리가 사용하는 비누의 화학작용과 크게 다르지 않다. 20세기 초까지도 전 유럽의 방직공장에서 오줌을 이용한 세탁법이 활용되었으니 말 다했다. 읍루 사람들은 3세기경에 이미 샤워와 설거지에 일종의 액상세제를 사용했던 셈이다. 여하간 고금을 막론하고 지식인들은 한결같이 무지할 뿐만 아니라 오만하다.

뒷간에 가기 싫으면 요강에다가

변소가 멀어서, 밤에 가기 무서워서 혹은 냄새나고 더러워서 등의 이유로 뒷간에 가기 싫어지면 요강으로 통칭되는 실내용 변기를 사용했다. 동서고금을 막론하고 사용되어 온 생활필수품 요강은 당연히 한국의 고대에도 있

▌ 부여 군수리 출토 동물형 호자(국립부여박물관 소장)

▌ 6~7세기 백제의 항아리형 호자(국립중앙박
물관 소장)

었다. 당시에는 잠자리 곁에 두는 휴대용 변기를 호자(虎子)라고 불렀다. 충청남도 부여군 군수리에서 출토된 백제시대의 호자는 그 이름에 걸맞게 어린 호랑이의 자태를 뽐낸다. 뒷발을 약간 굽혀 앞발에 힘을 모아 상체를 세우고 고개를 좌측으로 꺾어 입을 크게 벌리고 있는 모습이다. 그 기교와 예술성으로 미루어 보아, 높으신 분들이 사용하던 고급 호자였음에 틀림없다. 반면, 장식이 거의 없는 항아리형 호자도 있었다. 동물형의 고급 호자보다는 아무래도 값이 쌌을 테다. 중국 지안과 평양, 공주와 부여, 경주 등지에서 다량 출토되는 것으로 보아, 고구려·백제·신라 도성의 일반 사람들이 주로 사용했겠거니 상상해 보자.

그곳에 한 남자가 살고 있었는데, 입이 험하기 짝이 없는 그의 아내가 또 다시 온 동네가 떠나갈 정도로 욕을 퍼부어 대자 그는 결국 집 밖으로 나와 자기 집 앞에 있는 돌덩어리 위에 말없이 걸터앉아 있었다. 아무 말도 하지 않고 참기만 하는 남편의 침착함에 더 화가 난 아내는 위층으로 뛰어 올라가 창밖으로 요강을 내밀고는 남편의 머리 위에 대고 쏟아 버렸다. 하지만 그 불쌍한 남자는 여전히 아무렇지도 않은 듯 이렇게 말했다. "그처럼 요란하게 천둥이 치고 나면 비도 좀 올 거라고 방금 생각하고 있었지."

이 이야기는 주인공 소크라테스와 그의 아내 크산티페의 관계 혹은 그녀의 악독함을 알려 주는 일화로 주로 인용된다. 그러나 고대 도시에 관심을 갖는 나 같은 사람은 소크라테스의 말솜씨에 감탄하면서도, 이야기에 나오는 2층의 요강과 창문 밖으로 버려지는 오물을 주목한다. 2세기에 로마에 살았던 시인 쥬베날은 평판 좋은 로마인이라면 밤에 산책을 나갔다가 요강의 내용물만 자기 머리 위에 쏟아지면 다행이라고 여길 줄 알아야 한다고 했다. 가끔은 헌 요강까지도 내다 버리는 일이 있었다는 얘기인데, 그만큼 아테네와 로마 같은 고대 도시에서는 요강의 내용물을 창밖으로 쏟아 버리는 것이 흔한 일이었다. 오늘날에도 'gardez l'eau'('물 조심'이라는 뜻의 이 말은 지나가는 행인에게 위에서 쏟아지는 오물을 피하라는 경고로 사용되었다.)라는 말이 경고의 의미로 여전히 프랑스에서 사용된다는 점에서 미루어 보건대, 요강의 내용물을 길거리에 쏟아 버리는 유럽의 습속은 비교적 최근까지도 이어져 왔다.

반면, 동아시아에서는 이러한 오물 투기가 일찍부터 법적인 제재를 받았다. 2층집이 흔하지 않았으니 창밖으로 쏟아 버릴 수도 없었겠지만, 당나라 때의 법률을 전하는 《당률소의(唐律疏議)》라는 법률서에 따르면, "집의 담장을 뚫어 오물을 배출하는 자는 장(杖) 60대에 처하고, 이를 주관하는 자가 제대로 관리하지 않으면 같은 죄로 처벌한다.”고 한다. 도시 오물을 함부로 아무 곳에나 버릴 수 없을 뿐만 아니라, 이를 관리하는 관청이 따로 있었다는 사실을 알 수 있다. 이를 바꿔 말하면, 각 가정의 오물은 정해진 장소로 모였다는 말이기도 하겠다. 하기야 《한비자(韓非子)》라는 책에 전하는 중국 고대 은나라의 법에는 “길에 재를 함부로 버리면 그 손을 절단하였다.”고 하였으니, 도시 위생을 명분으로 했다지만, 동아시아 지배 권력의 강한 구속력은 오래도 되었다.

도시 오물은 어디로?

1918년 인구 25만 명의 서울에서 하루 800석의 똥오줌이 배출되었다고 하니, 전성기에 적어도 17만 명 이상이 살았던 신라 왕경의 하루 똥오줌 배출량은 적어도 544석쯤 되었을까. 높으신 분들의 오물이야 배수로를 따라 하천으로 흘러 들어갔겠지만, 일반 가정집의 급취식 변소에 모인 상당량의 오물은 어떻게 처리했을까.

1960년대 말까지도 멜대 양쪽에 똥통을 건 아저씨들이 골목을 누비며 외친 ‘똥 퍼’ 소리가 서울 곳곳에서 울렸던 기억이 실마리이다. 이젠 자취를 감춘 이 ‘똥 퍼 아저씨’는 조선시대에도 있었다. 박지원의 《예덕선생전》에 나오는 엄행수라는 똥장수에 관한 일화는 조선시대 도시 오물 처리의 일면을 보여 준다.

“그는 날마다 마을의 똥을 져 나르는 것이 생업이었다. (중략) 남의 뒷간의 똥찌꺼기·마구간의 말똥·홰 밑에 구르는 쇠똥·닭똥·개똥·거위똥 등을 치운다. (중략) 왕십리의 무, 살꽂이 다리의 순무, 석교의 가지·오이·수박·호박, 연희궁의 고추·마늘·부추·파·개나리, 청파의 미나리, 이태인의 토란 등은 제일 좋은 밭에 심지만 모두 엄씨의 똥을 써야 토질이 비옥하고 잘 자란다."

이 일화에 따르면, 조선시대 한양의 똥오줌은 근교의 채소밭에서 거름으로 활용되었다. 고대 도시도 크게 다르지 않았다고 보는 것은 무리일까.

고대 그리스에서는 코프롤로고이(koprologoi)라는 도시 오물 처리업자가 있었다. 아테네의 일반 가정에서 나온 오물은 코프론(kopron)이라고 불리는 오물통에 모였는데, 코프롤로고이는 이 통에서 수거한 오물을 비료가 필요한 아테네 근교의 농민들에게 팔았다고 한다. 고대 로마에도 그리스의 코프롤로고이처럼 도시 오물을 수거한 다음 근교의 농민과 도시의 축융공(모직물에 열이나 압력을 가하여 조직을 촘촘하게 가공하는 직공)에게 비료와 염료로 팔아 돈을 버는 직업군이 있었다. 고대 도시의 오물 처리사업의 수익성이 꽤나 좋았는지, 로마의 베스파시아누스(Vespasianus, 재위 69~79) 황제는 사람의 똥오줌에 세금을 부과하기도 했다.

고대 동아시아에도 비슷한 예가 있었다. 주로 측천무후 집권기(690~705)의 사회상을 기록한 장작(張鷟)의 《조야첨재(朝野僉載)》라는 책에는 당 장안성의 똥오줌을 처리하는 것을 업으로 삼아서 큰 부자가 된 나회(羅會)라는 인물이 등장한다. 그가 처리한 것이 사람 똥오줌인지, 가축 똥오줌인지는

부여 군수리 출토 변기형 토기(국립부여박물관 소장)

불분명하다. 다만 분명한 것은 도시 오물을 필요로 하는 이들이 도시 바깥에 있었고, 나회는 그들에게 도시의 오물을 팔아서 큰 이윤을 남겼다는 사실이다. 996년에 편찬된 《사시찬요(四時纂要)》라는 농서에는 마를 기를 때, 사람 똥보다는 소똥이 비료로서 보다 적합하다고 독자를 일깨운다. 이미 사람 똥이 농업용 비료로 활용되고 있었다는 반증이다. 아마 나회도 엄행수와 마찬가지로 도시 오물을 도시 근교에다가 농업용 비료로 팔았을 게다. 자료가 부족하여 변죽을 울렸지만, 한국 고대 사회라고 크게 달랐을까.

이 대목에서 주목할 만한 유물이 있다. 부여 군수리와 익산 왕궁리에서 나온 일명 변기형 토기이다. 특히, 군수리에서 나온 토기는 여성용 요강(변기)으로도 알려져 있으나, 아래의 세 가지 측면에서 그렇게 보기 어렵다. 첫째, 뚜껑도 없이 입구가 너무 넓어서 요강의 용도에 걸맞지 않다. 모름지기 오물을 담는 그릇이라면 냄새를 차단하고, 자칫 엎질러질 위험을 막기 위해서라도 뚜껑을 만들거나 입구를 좁게 하는 것이 상식 아닌가. 둘째는 토기의 타원형 입구가 한쪽이 다른 쪽보다 낮고 좁게 되어 있어 그 부분을 아래로 기울여 내용물을 따라 비우게끔 만들어졌다는 점이다. 토기의 형태로 보건대, 그 용도가 담는 것에 있지 않고, 비우는 것에 있다는 인상이다. 양 옆에 돌출되어 있는 손잡이도 마침 그러한 용도에 알맞아 보인다. 셋째, 지금껏 우리가 보아온 요강 가운데 이러한 형태의 것은 없었다. 오히려 귀때동이라고 불리는 그릇과 그 모양이 닮았다. 귀때동이는 최근까지도 밭에다가 비료를 줄 때, 들고 다니며 귀때(주전자의 부리같이 그릇의 한쪽에 바깥쪽으로 내밀어 만든 구멍) 쪽으로 비료를 조금씩 흘려 주며 사용하던 그릇이다. 모양이 닮았으니, 그 용도 역시 닮지 않았을까.

그렇다면 군수리와 왕궁리에서 나온 일명 변기형 토기야말로 출토된 장소와 그 형태로 보건대, 도시 오물이 농업용 비료로 활용되었다는 증거가 아닐까. 똥오줌을 비료로 활용하는 농법, 이른바 시비법(施肥法)은 고려시대에 처음 시작되었다고 알려져 있다. 그러나 시비법을 적극 장려한《제민요술(齊民要術)》이라는 6세기 중국의 농서가 9세기에 일본에 이미 전래되어 있었으니, 그 중간에 있는 한반도에도 시비법의 정보가 9세기 이전에 전해졌을 가능성은 충분하다. 과감하게 한반도 시비법의 시작을 삼국시대로 앞당기는 것은 어떨까.

순환하는 도시 생태

우리는 도시를 하나의 완전한 독립세계로 상상한다. 어릴 적 숙제로 그리던 해저도시나 우주도시는 주변 세계와 연결되지 않는 독립공간으로 묘사되곤 했다. 그러나 사실은 그렇지 않다. 하나의 도시는 그 주변 사회와의 관계를 통해서만 존립할 수 있고, 도시민들의 삶은 주변 사회에 의지함으로써 유지된다. 예컨대 서울의 주거 기능은 벌써 오래전에 성남과 고양 등이 나누어 가졌고, 서울 사람들은 과천의 대공원으로 소풍을 가거나 파주의 아울렛으로 쇼핑을 간다. 수많은 서울 사람들이 죽은 후 구리에 묻혔고, 난지도

가 폐쇄된 이후 서울의 쓰레기는 인천으로 모였다. 이처럼 도시와 도시민의 삶은 주변과의 관계 속에서만 존립·유지될 수 있다. 이러한 도시의 특징은 현대 도시에만 해당하는 것은 아니다. 고대 도시도 다르지 않았다.

《삼국지》고구려전에는 고구려에 경작하지 않는 좌식자(坐食者), 즉 직접 식량 생산을 하지 않는 자가 만 명이나 된다고 했다. 그리고 그들을 위해 하호(下戸)라고 불리는 일반 백성들이 멀리서 곡물식량과 소금 등의 생활필수품을 공급한다고 했다. 고대 이래로 도시는 직접 생산에서 벗어난 사람들이 모여 사는 곳이었고, 그들을 위한 생산 활동은 주변 사회에서 도맡아 왔던 것이다. 다만, 그렇다고 해서 도시가 주변 사회를 오로지 착취했던 것만은 아니다. 아니, 오히려 고대 도시와 주변 사회와의 관계가 현대 도시들보다 훨씬 더 쌍방향적이라고 보아도 좋다. 그 단적인 예가 바로 도시 오물이다.

농업사회에서 발생하는 생활 쓰레기는 지금과는 비교도 안 될 정도로 양도 적었고, 종류도 사실상 똥오줌과 재뿐이었다. 태울 수 있는 생활 쓰레기는 모두 아궁이로 들어가 연료로 소비된 후 재로 배출되었고, 그렇지 못한 쓰레기는 뒷간이나 외양간에 넣어 똥오줌과 뒤섞였다. 그런데 놀라운 일은 이 두 가지가 섞였을 때 일어난다. 똥오줌이 재와 결합되면 냄새가 많이 없어질 뿐만 아니라, 재가 똥오줌의 수분을 흡수하여 딱딱해지면서 저장과 취급이 비교적 쉬워진다. 게다가 나무 재는 알칼리성이 강해서 병균과 기생충의 번식을 막는 효과가 있다.

고대 농민들은 이미 알았다. 똥오줌과 재는 훌륭한 농업용 비료였다는 사실 말이다. 오늘날 우리와 같은 산업사회에서 도시 오물은 폐기되거나 정화되어야 할 쓰레기일 뿐이지만, 고대 이래의 농업사회에서 사람과 가축의 똥오줌, 그리고 도시에서 나오는 재는 매우 중요한 농업용 비료였다. 똥오줌과 재로 만든 비료는 일단 땅의 함수율, 응집력, 통기성을 증가시키고, 거기에 포함된 유기성분은 지력을 보전하여 같은 면적의 땅이라도 더 많은 소출을 거두게 한다. 이렇게 보면 도시는 일종의 거대한 비료 생산지였다.

도시에서 생산된 비료는 도시 근교의 농민들에게 공급되었고, 박지원의 《예덕선생전》에 나오듯, 근교에서 생산된 무·오이·고추·마늘 등 채소 작물은 대체로 도시에서 소비되었다. 도시에서 발생한 오물은 근교의 농촌에 농업용 비료로 소비되고, 근교의 농촌에서 생산된 작물은 도시에서 소비되는 순환 고리가 만들어지는 셈이다. 현대 도시와 주변 사회와의 관계가 오로지 도시로의 집중과 흡수만이 있는 일방적 관계라는 점에서 도시와 주변 사회가 공생하는 쌍방향의 순환 고리는 오늘날 우리의 도시 생태에 시사하는 바가 작지 않다.

권순홍 _ 대구대 연구교수